Herausgegeben von Bernhard Roloff
und Georg Seeßlen

Grundlagen
des populären Films 6

Kino, das ist Faszination, Traum und Vergnügen. Das Kino spiegelt unsere Ängste und Wünsche. Das Kino entführt uns aus der Alltagswirklichkeit und ist doch zugleich ein Kommentar zu ihr. Das Kino verstehen heißt deshalb auch die Gesellschaft und unsere Rolle in ihr verstehen.

Der populäre Film ist die Form des Kinos, die Unterhaltung für alle bieten will. Er bedient sich dazu bestimmter Genres, die von der Erwartungshaltung des Publikums geprägt sind. Sein Wesen ist die Schaffung und Aufrechterhaltung von Mythen, in denen sich moralische und kulturelle Vorstellungen verdichten.

Die zehnbändige Reihe «Grundlagen des populären Films», herausgegeben von Bernhard Roloff und Georg Seeßlen, bringt einen neuen Ansatz in die Filmliteratur. Hier werden erstmals die wichtigsten Genres des Unterhaltungsfilms erschlossen: ihre Geschichte beschrieben, ihre Merkmale erklärt und ihre sozialen Bezüge ermittelt.

Was lange Zeit als «Liebesfilm» oder auch «Problemfilm» eher geringgeachtet wurde, ist in Wahrheit ein Genre, das nicht nur Sentimentalität, sondern immer wieder auch einen kritischen Blick auf die Realität unserer Verkehrsformen und die Unmöglichkeit des Glücks in ihnen gestattet. Nach seiner Rehabilitierung durch eine junge Generation von Film-Autoren in den siebziger Jahren ist das Melodram auch in der Filmgeschichte wieder zu Ehren gekommen. «Kino der Gefühle» verfolgt – am amerikanischen Beispiel – zum erstenmal die Geschichte dieses Genres und zeigt, wie sehr der melodramatische Film auch eine Form des vitalen Protestes gegen das Unglück in der Welt sein kann.

Programm Roloff und Seeßlen

Georg Seeßlen

Kino der Gefühle

Geschichte und Mythologie des Film-Melodrams

Mit einer Filmografie von Georg Seeßlen
und einer Bibliografie von Jürgen Berger

 Rowohlt

Originalausgabe
Redaktion Ludwig Moos
Umschlagentwurf Heinz Waldvogel
(Foto: Greta Garbo und John Gilbert)
Für die Bereitstellung der Filmfotos danken wir den Verleihfirmen.

Veröffentlicht im Rowohlt Taschenbuch Verlag GmbH,
Reinbek bei Hamburg, November 1980
Die Taschenbuchausgabe erfolgt mit freundlicher Genehmigung
des Verlages B. Roloff (Programm Roloff & Seeßlen),
8919 Schondorf/Ammersee
Copyright © 1980 by Programm Roloff & Seeßlen
Satz Times (Linotron 404)
Gesamtherstellung Clausen & Bosse, Leck
Printed in Germany
980-ISBN 3 499 17366 2

Inhalt

Vorwort

Einen Überblick über die Entwicklung des filmischen Melodrams zu geben ist ein schwieriges Unterfangen. Schwierig wird diese Aufgabe nicht nur dadurch, daß es sich um ein mißachtetes, mißdeutetes und oft belächeltes Genre handelt, dessen Filme für einen begrenzten «Frauen-Markt» produziert zu sein scheinen und daher nicht viel mehr wären als die filmische Fortsetzung des literarischen Kitsches und der Regenbogenpresse. Sie wird auch nicht allein dadurch schwierig, daß, von wenigen Ausnahmen abgesehen (Stroheim, Sirk etwa), kaum etwas zum filmischen Melodram und schon gar nichts Systematisches publiziert worden ist. Sie wird vor allem dadurch schwierig, weil das Melodram ein sehr offenes Genre ist, das eine fixe Ikonografie nur in bestimmten Phasen oder bei bestimmten Regisseuren aufweist.

Soll jemand definieren, was ein filmisches Melodram ist, so fällt ihm zumeist erst einmal ein: Filme (wie) von Douglas Sirk, und dann folgt: Liebesgeschichten mit tragischen Verwicklungen, Tod und Leiden, meistens eine Art von Happy-End. Diese Definition beschreibt zunächst eine Methode zu erzählen (die in Sirk einen Meister gefunden hat) und dann einen thematischen Rahmen. Eine solche spontane Eingrenzung zu vertiefen ist von uns versucht worden. Zum einen war die Frage nach den melodramatischen Stilmitteln zu stellen, zum anderen die nach den Themen des filmischen Melodrams. Für uns ging es dabei viel weniger darum, einen lückenlosen Katalog der Filme zu erstellen, als vielmehr darum, die «Seele» des Melodrams zu finden. Sie liegt in einer bestimmten Art, mit Problemen umzugehen, vor allem mit dem Problem, daß soziale Anforderung und individueller Wunsch nicht zur Deckung gebracht werden können und daher alle Liebe vergebens ist. Das Melodram steht auf der Seite der Frauen, der Unschuld, der Liebe, der Unterdrückten, der Wünschenden, in einer Form des Mit-Leidens, das weder den Anspruch noch die sozialen Bedingungen exploriert. Insofern mag man schon von einer «künstlichen Welt des Melodrams» sprechen, wie es mittlerweile fast zu einem Gemeinplatz geworden ist.

Das Melodramatische ist eine Form von Sinnstiftung, von Erklärung und von Trost, in ihm aufgehoben aber ist auch eine Form des vitalen Protestes, vielleicht nicht so sehr gegen die Ungerechtigkeit der Welt als gegen das Unglück in ihr, das Unglück, wie es die mittelständische Existenz erfährt und denkt, um präziser zu sein. Anders als so hermetische

Genres wie den Western oder den Gangsterfilm kann man das Melodram sozusagen nur von innen heraus verstehen. Man muß sich auf die Sprache und die Probleme des Melodrams einlassen, das heißt auf jene Gefühle, für die wir uns in unserem Alltag eher schämen würden. Wenn das Melodram schon das Unglück beschwört, dann liefert es doch zugleich das Glück, darüber hemmungslos in Tränen ausbrechen oder vor sanfter Zärtlichkeit vergehen zu dürfen.

Gegenstand dieser Untersuchung ist also, überspitzt formuliert, die Darstellung der Verhinderung von menschlichem Glück und die Suche nach einem Ausweg im Film. Hat man sich mit dieser Grundfrage einmal vertraut gemacht, wird man sehr bald das Vorurteil, das Melodram sei nichts als sentimental und kleinlaut, überwinden. Zwar scheitern sehr viele Melodramen so grandios an der Darstellung von Gefühlen, wie ihre Helden an ihrer Erfüllung scheitern, zwar hat das Genre viel weniger wirklich zeitlose Filme hervorgebracht als jedes andere Genre, aber dennoch hat uns das Genre, haben uns viele seiner Filme heute etwas zu sagen, auf einer Ebene der (Film-)Geschichte ebenso wie auf einer emotionalen. Was zunächst scheinen mag wie Fossilien begrabener Wünsche und überwundener Konventionen, erweist im Zusammenhang seine Lebendigkeit. Es ist noch längst nicht erfüllt, was das Genre nicht aufhört einzuklagen, mal larmoyant, mal zynisch und mal ganz einfach sehr wahrhaftig, und in einem Film von Douglas Sirk mag man durchaus die Genese einiger unserer Liebeskrankheiten sehen. Neben die Entwürfe der Hölle und des Himmels in anderen Genres tritt hier eine Form des Kommentars zum alltäglichen Unglück.

Dies ist die Geschichte des «Kinos der Gefühle», und wer Gefühle verabscheut, dürfte es schwerlich in die Hand nehmen. Melodramen leben nicht von der Bedingungslosigkeit, sondern von der Maßlosigkeit von Gefühlen, sie zu erzeugen, uns lachen, weinen, zu Hause oder einsam fühlen zu lassen, geliebt oder verlassen, ist die Metaphysik des Genres; es ist, ganz ohne denunziatorische Absicht gesagt, eine Pornografie des Herzens. Und dennoch braucht man sich nicht mit jenem Übermaß an Ironie und Distanz zu wappnen, mit dem man sich gern Attacken aufs Gemüt vom Leibe hält; die Ironie ist in den besseren Arbeiten des Genres schon drin.

Die Probleme beim Zustandekommen dieses Buches sollen nicht verhehlt werden. Es war zunächst vorgesehen, einen gleichberechtigten Abschnitt über das Melodram in Europa neben den über das Genre in Amerika zu stellen. Wir haben jedoch gemerkt, daß dies nicht zusammengehen will. Das Melodram in Amerika ist etwas grundsätzlich anderes als melodramatische Filme in Europa, die sich nicht zu einem Genre ordnen wollen, es sei denn um den Preis einer Unverbindlichkeit, die jedem «Problemfilm», jedem «Autorenfilm» und jedem Restaurationsepos, in dem Menschen vorkommen, die Schwierigkeiten mit der Liebe und der Umwelt haben, das Etikett des «Melodrams» verpaßte. Und was sich im europäischen Film bewußt als Melodram gibt, das hat viel mehr mit der Stilisierung von Gefühlen zu tun als mit deren Erzeugung. Wir haben uns deshalb entschlossen, wie im Fall des Gangsterfilms, die Darstellung des Genres auf den amerikanischen Film zu beschränken (mit einigen wenigen Ausnahmen von englischen Filmen, die auch auf dem amerikanischen Markt reüssierten). Und wie beim Gangsterfilm soll auch hier nach Abschluß der Reihe das gesammelte Material zu diesem Thema gesondert veröffentlicht werden.

Das Melodramatische ist für den populären Film so unerläßlich wie Suspense, Thrill und Aktion; es gibt kaum einen Film, der ohne melodramatische Momente auskommt. Es läßt sich für die Darstellung der Frau im Film eine Skala aufstellen, die etwa folgende Markierungen hätte: Sex-Appeal – Glamour – Melodram, als Stadien des Übergangs vom «Objekt» zum «Subjekt» der Handlung. Die Übergänge solcher Darstellungsweisen sind sicher fließend. Es ist so aussichtslos wie unnötig, «reine» Melodramen aus dem Reservoir der Gegenwartsfilme auszufiltern. Wir haben also nur, ohne Grenzen festzulegen, Präferenzen bei unseren Beispielen gesetzt. So etwa haben wir die *soap operas* im allgemeinen nicht als Melodramen verstanden (also die Filme, die das Leiden von einzelnen in den positiven Zusammenhang einer Dynastie stellen – so besehen hat es übigens in Deutschland nur sehr, sehr wenige echte Melodramen gegeben); wir haben romantische Filme im historischen Gewand vernachlässigt; wir haben Problemfilme und Thesenfilme ebenso wie filmische Biografien nur am Rande behandelt und sind über psychologische Fallstudien, filmische Kammerspiele und den «Spülsteinrealismus» mehr oder weniger hinweggegangen, ganz einfach deshalb, weil in allen diesen Filmen das Melodramatische nur ein Aspekt unter mehreren anderen ist und oft genug durch die anderen relativiert wird. Andererseits haben wir Ansätze zu «Metamorphosen» des Melodramatischen, wie etwa bei Cassavetes, aufzuzeigen versucht.

   Durch diese Eingrenzungen sind wir der Gefahr entgangen, so hoffen wir, undezidiert und episodisch über die Filme hinwegzuhuschen. Und so ließ sich zeigen, wie Filme Methoden entwickeln, auf die Gefühle von Menschen in den zwiespältigen Situationen zu reagieren, die die Gesellschaft zwangsläufig hervorbringt, und wie aus solchen Methoden Formeln für den populären Film werden, die schließlich ein Genre konstituieren. Verstehen zu machen, wie wir uns über Gefühle, Beziehungen,

Versagungen, Tabus verständigen, zum Beispiel über das Medium Film, ist eine der Grundaufgaben dieses Buches so sehr, wie einen roten Faden (nein: mehrere) zu liefern für die Geschichte eines Genres, das wiederzuentdecken ein intellektuelles, ein cineastisches und eben auch ein emotionales Vergnügen bereitet, und das erst überflüssig sein wird, wenn sich unsere Gesellschaften so weit verändert haben, daß wir sie (und uns) nicht wiedererkennen würden.

Unser Dank gilt allen, die uns geholfen haben, insbesondere Fernand Jung und Lothar Köster. Der Autor möchte das Buch Douglas Sirk widmen, was vielleicht nicht besonders originell ist, aber seine Berechtigung hat, denn ohne seine Filme wäre ihm der Zugang zum Genre wahrscheinlich sehr viel schwerer gefallen.

Die Herausgeber

Ästhetik und Mythologie des Melodrams

Die melodramatische Erzählweise

Das Melodrama

Eine exakte literaturgeschichtliche Bestimmung von Wesen und Form des literarischen «Melodramas» ist für die Diskussion des Film-Melodrams zwar nicht besonders hilfreich, wenn es, wie in diesem Zusammenhang, um anderes als gattungsgemäße «Regeln» geht, für die zwischen Bühne und Film Analogien zu finden wären, aber ganz sicher gibt es eine Parallelität der «Genres» in bezug auf die Verbürgerlichung ihrer Medien. Was das Melodrama des Theaters betrifft, so gehört es zu den Formen der Bühnenrepräsentation, die es einem neuen, bürgerlichen Publikum gestattete, eigene Vorstellungen und Wünsche ästhetisch widergespiegelt zu bekommen. Und das Film-Melodram ist am Anfang eine der Formen des Kinos, die das neue Medium respektierlich auch für ein neues Filmpublikum machten, das sich aus der bürgerlichen und kleinbürgerlichen Schicht rekrutierte. Das Melodrama des Theaters ist also gleichsam ein «Herabsinken» im sozialen Status des Mediums, während das Film-Melodram einem sozialen Aufstieg entspricht. Auch von daher ist es wohl gerechtfertigt, die melodramatische Erzählform als imaginären Treffpunkt zwischen «herabgesunkenem» Drama und «aufgestiegenem» Volkstheater/Grand Guignol zu sehen, als das Klassenspektakel der Schicht, die zwischen Herrschern und Beherrschten steht und vermittelt.

Näherungsweise läßt sich das Melodrama als eine in der zweiten Hälfte des achtzehnten Jahrhunderts entstandene Bühnenpräsentationsform definieren, die zwischen Oper (bzw. Singspiel) und Theater steht, wobei nur gesprochen wird, während die instrumentale Musikbegleitung die Handlung akzentuiert und «bekräftigt». Dies scheint eine sehr «filmische» Form des Theaters zu sein, zumal wenn man bedenkt, daß das Melodrama seine Entstehung dem Bemühen um «Natürlichkeit» auf der Bühne verdankte. Das Melodrama ist, vor allem als darstellerische Technik, die Quelle der Art von Kino, das für sich in Anspruch nimmt, das wirkliche Leben wiederzugeben.

«Diese neue Gattung erwies sich für starke Affektwirkung besonders geeignet, da die Vermischung der deklamatorischen und der musikalischen Sphäre einen eigenartigen Sinnenreiz ausübt», schreiben Leo Balet und E. Gerhard. Diese Affektgeladenheit, die im Melodrama gewissermaßen einen Endpunkt erreicht, hineinwirkend bis in die Schichten des mählich entstehenden – und wuchernden – Kleinbürgertums, ist ein notwendiges Beiwerk in der auch mit den Mitteln der Kunst vollzogenen Emanzipation der bürgerlichen Klasse inmitten des europäischen Feudalismus.

Ist die Geschichte der europäischen Kunst im achtzehnten Jahrhundert vor allem die Geschichte ihrer Verbürgerlichung, so kennzeichnet die Herausbildung von Stilformen wie dem Melodrama den Beginn einer Entwicklung, während der sich spezifisch kleinbürgerliche Stil- und Präsentationsformen von der bürgerlichen Kultur abspalteten, von der Operette über die sogenannte Trivialliteratur bis hin zum stilmischenden, repräsentierend nachahmerischen *ameublement*, um nur drei sehr disparate Elemente aufzuführen, Stilformen, die zunehmend der Verachtung vom Standpunkt der «eigentlichen» bürgerlichen Kunst anheimfielen und ästhetisch als das galten, was sie von ihren sozialen Ursachen her präsentierten: Abfall.

Allen diesen von der ästhetischen Bildung des Bürgertums geächteten «billigen» Formen des Kultur-Konsums gemeinsam ist die Distanzlosigkeit, mit der Gefühle dargestellt werden, und die Tatsache, daß sie letztendlich auf Erfüllung des Glücks bestehen, während die bürgerlich hohe Kunst von «vornehmer Zurückhaltung» und von Weltschmerz und Negativität geprägt ist (einer Negativität zumal, die zugleich das «schlechte Gewissen» der Klasse gegenüber ihrem historischen Verrat dem ehemaligen proletarischen Verbündeten gegenüber beinhaltet wie dessen Beschwichtigung durch die Katharsis von Leiden, Verzicht und Welterfahrung). Was diesen kleinbürgerlichen Stilformen der Kultur im Vergleich zur «echten» bürgerlichen Kunst weiter mangelt, ist der Wille zur unbedingten Innovation und Originalität um jeden Preis. Die «hohe» bürgerliche Kunst ist leistungsorientiert, die kleinbürgerliche Kunst des «Trivialen» formuliert sich aus den Bedürfnissen.

Die melodramatische Erzählweise ist also mehr als herabgesunkenes, zur bloßen Formel erstarrtes Kulturgut, sie gehört zum vitalen Protest und zur Forderung der «Zukurzgekommenen», ja Betrogenen innerhalb der bürgerlichen Klassen, die zugleich dringend und dementsprechend affektgespeist eine ästhetische Barriere vor der eigenen «Vermassung», dem Absinken ins Proletariat verlangen. Die Negativität der bürgerlichen Kunst ist die Kehrseite der Saturiertheit der Klasse, und das Melodramatische ist die Kehrseite des Mangels. Die hohe Kunst wie das Melodramatische funktionieren als Abwehr von emotionalen Bedürfnissen, wobei das Melodramatische dem gebildeten Bürger lächerlich vorkommt, weil ihm der Anspruch darin mehr oder minder peinlich erscheinen muß.

Johann N. Schmidt, dessen vorzüglicher Studie über die politische Ästhetik des Melodramas viel zu entnehmen ist, wofür die offiziöse Literaturgeschichtsschreibung blind sein muß, beschreibt die Anfänge des Melodramas: «Entgegen allen Behauptungen in der Sekundärliteratur gibt es kein erstes Melodrama, allenfalls eines, das mit Verspätung als erstes diese Bezeichnung für sich reklamierte. Seine Vorformen und Anfänge reichen weit ins 18. Jahrhundert und schließen die *domestic tragedy* eines Lillo und Moore, Coleman und Cumberland ebenso ein wie die *heroic pantomime*, die *sentimental novel*, die *comic opera, musical romance* und die *burletta*, die in den achtziger Jahren sogar zum Allerweltsbegriff für melodramatische Protoformen wurde. Jean-Marie Thommasseau bringt die diffuse Entstehungsgeschichte auf einen schönen Nenner: ‹Es zeichnet sich dadurch aus, alles durcheinanderzuwerfen, und hierin besteht seine am geschicktesten eingefädelte Intrige.› Ein ‹Bastardengenre› nannte man es in Frankreich, und wenn auch die englische Bezeichnung *illegitimate drama* auf die besonderen Aufführbedingungen der *patent* und *minor houses* abhob, so deutet sie doch in erster Linie auf einen Verlust normästhetischer Gattungsfestlegung. Zeitgenössische Definitionen, was überhaupt noch als echte Tragödie und Komödie zu gelten habe, münden regelmäßig in komplette Verwirrung, eben weil das populäre Drama in der bedenkenlosen Assimilation tradierter Genremerkmale stets aktueller war, als es seine puristischen Gegner wahrhaben wollten. Die nur mehr formale Begründung, das *illegitimate drama* müsse einen vorgeschriebenen Musikanteil enthalten, half nichts mehr, schützte nicht einmal vor melodramatischen Shakespeare-Adaptionen: aus ‹Othello› wurde das Stück ‹Is He Jealous?›, aus ‹Romeo and Juliet› ‹How To Die For Love›, aus ‹Macbeth› ‹Murder Will Out›, aus ‹Hamlet› schließlich ‹Methinks I See My Father›. Bereits die Titel sind melodramatisches Programm in ihrer kuriosen Vermischung von zeitenthobener Formulierung und Sensationsaktualität. (Man betrachte einmal die Titel der Filme von Douglas Sirk unter diesem Aspekt! – d. Verf.)

Obgleich sich also das Melodrama im 19. Jahrhundert zur festen Kunstformel einer ganzen sozialen und semantischen Ordnung entwickeln sollte, entstand es als eine extrem eklektische Schreib- und Erfahrungsweise – so sehr übrigens, daß man in England sein Präfix von frz. *mêler* = mischen ableitete. Der Melos selbst hat freilich das Melodrama auch dann noch begleitet, als die expressive Orchestrierung von Stimmungslagen sowie die akzentuierend-leitmotivische Einführung der Charaktere nicht mehr von einer sinnlosen Lizenzvorschrift gefordert waren: Die Effektintensivierung, die über alles real Erlebbare gehobene Erlebtheit und eine zumindest intendierte Ausklammerung aller emotiven Dissonanzen gehören nun mal untrennbar zu seiner Partitur. Sie besitzen eine sinnstiftende Beweisfunktion, der letztlich auch die Harmonisierung disparater Gattungselemente unterliegt. Auf der thematischen Ebene wird nämlich nicht weniger behauptet, als daß die Verfassung bürgerlicher Zustände die natürliche Ordnung repräsentiere – und diese ist eben alles: tragisch, komisch, spektakulär und pathogen, ohne einschränkende Ständeklausel und Stilhöhen, dafür affektkräftig und noch in der Katastrophe sinnvoll. Kurz, das Leben selbst ist das schönste Melodram.»

Zur Definition der melodramatischen Schreibweise gehört also die Regellosigkeit wie die Maßlosigkeit. Alles scheint erlaubt, was den Effekt erhöht. Diese Maßlosigkeit gilt für die Reduktion – der Schurke ist schurkisch und nichts als schurkisch und über alle Maßen schurkisch – wie für die Erhöhung – es genügt nicht, Schönheit zu sehen, diese Schönheit muß sich noch tausendfach spiegeln, in der Musik, in der Architektur, in der Natur, diese Schönheit muß pausenlos beschworen, angeschwärmt, verbal erhöht werden, diese Schönheit muß noch von sich selber ergriffen sein. Das heißt, die melodramatische Schreibweise verzichtet vollständig auf den von der bürgerlichen Kunst erhobenen Anspruch von Objektivität oder zumindest gebrochener, sinnfällig und nachvollziehbar gemachter Subjektivität (vor allem seit ihrem Pakt mit der Psychologie, aber auch da, wo sie sich gegen ihn inszeniert); die melodramatische Schreibweise beschreibt die Situation aus dem Sinneseindruck heraus und inszeniert für ihn Beweise. Die Schönheit einer Frau, die überwältigend nur für den Augenblick sein kann, wird mit aller Kraft und mit allen Mitteln festgeschrieben, soll nicht sich verflüchtigen, sondern die Welt der Dinge und die Welt der Sprachen beseelen. Ein Moment intensiver Zärtlichkeit im Melodrama kommt nicht aus, ohne daß sich die Himmel verfärben und die Geräusche sich zu einem Chor der behutsamen Leidenschaft ordnen. Und umgekehrt gibt die melodramatische Schreibweise Negativfiguren unserem Haß nicht deswegen preis, *weil* sie böse sind, sondern weil sie dem Glück von Menschen im Wege stehen, und deswegen müssen sie böse sein. Das Melodramatische ist also nicht unbedingt eine moralische Sehweise; so wie im Alltagsleben kann man den Menschen hassen, der einem den Weg zum Ziel der Sehnsucht versperrt, ohne daß man ihn immer unbedingt verurteilen kann. (Man erfindet allenfalls die schrecklichsten Dinge, um ihn auch noch verabscheuen zu können, gerade so, wie es das Melodrama tut.)

Man darf also wohl davon ausgehen, daß der Kern des Melodrams nicht, wie oft angenommen wird, in der Darstellung, Bedrohung und letztendlichen Bestätigung der Tugend als Selbstzweck besteht, sondern daß vielmehr dieser vor allem verstärkende Bedeutung zukommt für die Geschichte der Erfüllung einer Liebe und den Protest gegen alles, was ihr entgegensteht. Da alles, was die melodramatische Schreibweise phantasiert, nur Wirklichkeit in der Potenzierung erhält, sind also auch die Helden mit den je vorteilhaftesten (aber nicht einzigartigen) Eigenschaften ausgestattet, die vom Konsens der Gesellschaft bestimmt werden. Die melodramatische Schreibweise kann keine Geschichte, die unter Außenseitern spielt, erfinden (es sei denn, sie setzte die Welt der Außenseiter, z. B. die gesellschaftliche Insel der homosexuellen «Szene», wieder als *die* Umwelt absolut). Aber das bedeutet nicht, daß das Melodrama immer teilhaben müßte am sozialen moralischen Konsens. Die melodramatische Erzählweise nimmt immer Partei für die Liebenden, daraus mag sich Gesellschaftskritik ebenso entwickeln wie moralischer Konformismus. (Natürlich ist auch eine Form des Melodramatischen denkbar, in der gewissermaßen der Zuschauer die Funktion des einen Teils eines Liebespaares hat; die Liebe kann «platonisch» sein; im extremen Fall kann sogar, wie in Goethes «Stella», die Zweier-Konstellation von Liebe aufgehoben sein. Zudem: es wäre sicherlich falsch, in dem Jungfrauen-Mythos der viktorianischen Melodramen nichts anderes als die rührend rückständige, sinnen- und frauenfeindliche Moral am Werk zu vermuten; die «Jungfräulichkeit» der Frau ist auch die Garantie für den Anspruch, also auch eine der melodramatischen Verstärkungen, die den Zuschauer an der Liebesgeschichte teilnehmen lassen und damit am erotischen Thrill. Eine Art von «Unschuld» ist der Heldin auch in den aufgeklärteren Melodramen zudiktiert, die sich erst ganz am Rand zur Komödie hin verliert.)

Dennoch hat auch das Melodrama seine gesellschaftliche Moral; wenn es die Liebe und die Unschuld verteidigt gegen die adeligen und/oder reichen Unholde, die Anspruch auf das bürgerliche Mädchen erheben, so richtet es sich mit all der Sinnlichkeit, die ihm gestattet ist, gegen die Unterdrückung einer Lebensform, in der noch nicht der Opportunität im Machtzusammenhang der vollständige Sieg über direkte sinnliche Impulse gelungen ist. Das Recht auf Gefühle erscheint so als die Belohnung für die soziale Bescheidenheit des Kleinbürgers. Zweifellos hat die «Unschuld», die das Melodrama verteidigt, nicht nur einen erotischen, sondern auch einen gesellschaftlichen Aspekt. Und der Sadismus der Schurken ist auch der Sadismus der Klasse, die im «Unten» auch das eigene Unbewußte, die Rückkehr der getöteten Wünsche haßt und bekämpft. Das Melodrama behauptet, daß der schurkische Adelige/Großbürger das Mädchen quälen und vernichten will, weil er selber nicht mehr zu Gefühlen fähig ist, die ihn erst zum Menschen machen würden. Unser Mitgefühl gilt den Frauen einer Klasse, die nichts anderes zu verteidigen hat als die Unschuld der Frauen und die Sicherung des Verbleibs in dieser Klasse zwischen den Klassen. In die Töchter ist also der Klassenstolz (nach oben wie nach unten) des Kleinbürgertums gespiegelt. So gibt das Melodrama den Frauen ihre Rechte, um sie ihnen sogleich wieder zu nehmen; es ergreift ihre Partei, wo ihr Wesen mit dem

Wesen der Klasse kongruent ist.

Der Held im Melodrama (wie später in vielen Film-Melodramen) ist im Grunde nicht sonderlich interessant; er ist, zumeist, ein netter junger Mann mit guten Manieren, guter körperlicher Verfassung und intakter Moral. Er ist ein Mann ohne besondere Eigenschaften, die neutrale Projektionsfläche für individuelle Phantasien des Publikums. Die Heldin liebt sozusagen durch ihn hindurch die netten Burschen ihrer Klasse, *one at a time*.

Die Dreier-Konstellation des Melodramas, Heldin, Schurke, Held, wird ergänzt durch die Figur des «despotischen, letztlich aber verzeihenden Vaters» (Schmidt), durch eine Reihe komödiantisch angelegter Figuren und durch Träger von Nebenhandlungen, in die sich die Gemütsverfassungen der Helden spiegeln lassen.

Das Melodrama ist also interpretierbar als das Drama der weiblichen Initiation in der (klein)bürgerlichen Gesellschaft: sie widersteht (mit männlicher Hilfe von außen) dem klassenfremden Verführer, sie entdeckt, daß sie eine Frau ist, sie widersetzt sich dem Vater, löst sich von ihm (um sich am Ende, in neuer Rollen-Sicherheit, mit ihm wieder zu versöhnen), und schließlich wird sie glücklich mit dem Mann ihrer Wahl und ihrer Klasse. Die wundersame Wunscherfüllung des Melodramas ist vor allem die in der Wirklichkeit so schmerzlich vermißte Identität von Gefühl und Moral, und die Universalität der bürgerlichen Moral, die hieraus versinnbildlicht wird: das Ewig-Menschliche der Gefühle, ist das Ewig-Menschliche der bürgerlichen Moral.

Diese Moral ist nicht nur angelegt in der Zeichnung der hauptsächlichen Charaktere, sondern auch in der Beziehung zwischen Außen und Innen im Drama. Die melodramatische Erzählweise erklärt das Drinnen der Familie, der bürgerlichen Architektur und Innenarchitektur, das Drinnen auch der Klasse zum Feld für Erfahrung in einer Art Inversion des Abenteuers. Die bürgerliche Moral selbst wird zum (paradoxen) Medium von Eros und Sinnlichkeit (in den Film-Melodramen sollte nach und nach dieses Medium zum Problem werden). Zudem ist das Drinnen der einzige wirksame Schutz vor den zügellosen Piratenzügen der adeligen Verführer, die draußen lauern. Die melodramatische Schreibweise erhöht das Haus und was in ihm und um es geschieht, zur Welt. Das Melodrama ist also zugleich eine Forderung (und sei's die, «in Ruhe gelassen» zu werden) und eine Verzichtserklärung: Das Draußen wird freiwillig abgetreten, an den Adel, später auch an die «Masse», das unordentliche Volk, damit das Drinnen um so gestärkter sei.

Da alles Gefühl und Moral ist, selbst in den unerläßlichen Konstruktionen von Zufall, Schicksal, Begegnung, senkt es sich als Selbstverständlichkeit zur Kulisse ab; die Moral ist nicht das *Problem* des Melodramas, sie ist die Luft, die vom Leben in ihm geatmet wird. Und so wie an die Stelle des Porträts im Melodrama die fixe Typologie tritt, so wird auch alles Natürliche «moralisiert», zum Spiegel der Seele. Die Natur gilt ausschließlich als Zeichen; sie löst keine Gefühle aus, sondern sie gibt sie wieder – kein Wunder, da es unerwartete Gefühle nicht geben darf. (Bei Darstellungen des Film-Melodrams wird man später immer wieder von der «Künstlichkeit», der «künstlichen Welt» des Melodrams lesen; hier wird ihr Ursprung deutlich als eine Form der bürgerlichen Aneignung.)

Alles, was geschieht, überhaupt was sichtbar ist durch die melodramatische Schreibweise, ist bezogen auf Gefühl und Moral der Heldin. Das heißt, die Natur (in der sich viel aufheben läßt von den unkontrollierteren Gefühlen, die man vergessen soll) ist selbst im Melodrama keine Herausforderung und keine Gefährdung an sich mehr; sie ist nicht aus dem Magischen und aus dem Traum belebt, sondern aus dem Gefühl, das man aussprechen kann. Die Welt besteht nur noch aus Gesellschaft, mehr noch, aus Familie. Die musikalische Paraphrasierung im Melodrama bezeichnet diesen Gleichklang von Seele und Natur, der von draußen hereinläßt, wofür drinnen schon ein Bild ist.

Überwältigend dabei ist die tiefe Sehnsucht danach, Emotionalität und Statik miteinander zu versöhnen: Das Gefühl, das doch immer für den Augenblick und in einer Dynamik von Begegnung und Bewegung wahrgenommen wird, soll nicht nur, wie beschrieben, von der ganzen Welt und also auch von der Natur Besitz ergreifen, es soll auch bestehenbleiben, ewige Erfüllung sein. «Müßte ich die Essenz des Melodramatischen beschreiben, würde ich zuerst auf die visuelle Darstellung von Bedeutungen verweisen, auf eine dicht gedrängte Bildfolge, die Gefühlszustände in übersteigerte Symbolisationen und vor allem in veräußerlichte Affektbewegungen auflöst. Auf der Bühne wurde schon im 18. Jahrhundert vorausgeahnt, was sich im 19. als Panorama und Diorama entwickeln sollte: Der Rundblick erfaßt eine scheinhafte Einheit von Welt – scheinhaft, weil die Bilder in jedem Sinne unvereinbare Wirklichkeiten darstellen, die sich nur mehr im Spiegel des Privaten und Sensationellen treffen. Die eigentliche Klimax jedoch ist erst erreicht, wenn Situationen hoher emotionaler Intensität im statischen Tableau angehalten werden, die Krise im *tableau of terror*, das Genrebild häuslicher Besitzbescheidung im dissoziierten Augenblick des *tableau of sympathy*. Hier soll der Zeitverlauf gleichsam einfrieren und in der Hypostase neue Maßstäbe für die Ewigkeit von Empfindungen setzen. Die Standardformel im Melodrama, daß Worte allein es nicht ausdrücken können (weil Sprache dem Vorgedanklichen doch nur hinterherlaufe), findet im festgehaltenen Ikon ihren Höhepunkt. Im 19. Jahrhundert wird das Tableau zum zeittypischen Gemälde, Menschliches nur mehr in Unbeweglichkeit festhaltend, während die Geschichte an ihm vorbeizieht. Das Melodram hat sich zur Gattung verfestigt» (Schmidt).

So entsteht das Melodramatische aus einer eigentümlichen Verbindung von Stabilität (die Welt als Tableau) und Durchdringung (Innen und Außen verbinden sich). Der einzige Augenblick, in dem alles stimmt, wo Häuslichkeit und Leidenschaft (noch) kein Gegensatz sind, wird festgehalten. Später, als dies nicht mehr möglich scheint, wird der Moment mythisch bewahrt im Verzicht. Die Metaphysik der Gattung liegt im Bewahren eines bestimmten Momentes in der Geschichte einer Liebe, des Momentes, in dem die Liebesgeschichte noch ganz für sich, also ohne die gesellschaftlichen Phantome als dritte und vierte in der Zweierbeziehung existiert und doch der Gesellschaft noch kein Ärgernis ist. Anders ausgedrückt (und der Struktur des literarischen Melodramas noch angemessener): das Melodrama fixiert einen Moment, in der ein Mädchen *für sich* zu einer Frau wird, aber noch nicht in der gesellschaftlichen Funktion «Frau» gefangen ist, dies aber nicht als direkten Widerspruch zwischen der Person und der Gesellschaft sieht. Das spätere Melodram kreist um diesen Punkt als verlorene Hoffnung.

Das Melodramatische ist eine bestimmte Art, am Schicksal der Frauen Anteil zu nehmen, die soviel ästhetischen Vampirismus wie Zorn auf die Wirklichkeit beinhaltet. Man kann eine solche Situation psychologisch, politisch, tragisch, metaphysisch, parabelhaft, moralisch und auf verschiedene andere Arten wiedergeben, mehr noch: interpretieren, und eine dieser Arten ist die melodramatische Erzählweise. Mit anderen Worten: das Melodramatische bezeichnet weder ein ästhetisches Defizit, noch, letztendlich, eine «Gattung» (die dann wieder ins Reich des Trivialen zu verweisen wäre), sondern eine Art, der Welt Fragen zu stellen und ihr Antworten zu entlocken. Die melodramatische Erzählweise ist, wenn man so will, eine Perspektive, die Welt als *ganz* und *ausgerichtet* zu sehen, d. h. als sinnvoll und bedeutsam (was nicht dasselbe ist). Sie wird als «weiblich» dargestellt, und doch muß sie sich wieder und wieder diese hierarchisierende Ordnung gefallen lassen, die das Haus (im Melodrama der bürgerliche Liebestempel) der Welt einordnet. Die melodramatische Erzählweise strebt aus der Geschichte in eine Parallelwelt des Privaten, in der freilich, mehr als sonst, sich Männer und Frauen zumindest in emotionaler Gleichgewichtigkeit entgegentreten. Ihre Perspektive muß vieles ausblenden, sie definiert den Weg vom Bild ins Herz des Sehenden (Träumenden), aber sie ist nicht notwendig, wie oft behauptet wird, eine antiwirkliche Erzählweise, und sie ist nicht das Medium, sondern ein Echo bürgerlicher Ideologie und Moral.

Das Melodramatische ist schön traurig. Wie beispielsweise der Thriller uns die Lust über die Angst vermittelt, so das Melodram das Gefühl über das Leiden. Verbotenes, Unmögliches abzulösen und zugleich zu bewahren ist die Aufgabe von «Genres». Wie immer geht es dabei auch um die (Wieder-)Herstellung einer Ordnung in der Welt. Und wie immer gibt es auch so eine Ordnung nicht ohne den Wahnsinn, und so hat die melodramatische Erzählweise ihre eigene Form der Paranoia, die für jeden möglichen Zufall einen Schuldigen oder etwas Schuldiges erfindet, bis es den Zufall in der Welt nicht mehr gibt. Man begreift die Aufregung aller Figuren im Melodrama: Der Regen fällt, eine Tür geht auf, die Heldin trägt das grüne Kleid, und all das kann kein Zufall sein.

Melodram und Tragödie

Das Melodrama ist die bürgerliche Form der Tragödie. Die Tragödie handelt von Menschen, die über sich nur die Götter haben, und ihre Väter; das Melodrama handelt von Menschen, die um sich herum eine Klasse haben, und über sich ihre Väter. Daher unterscheiden sich die Konflikte, die beide Formen abbilden, und sind sich auch verwandt. «In der Tragödie geht es um den Konflikt im Menschen selbst; im Melodram um den Konflikt zwischen Menschen oder den Konflikt zwischen Menschen und Dingen. Die Tragödie behandelt die Natur des Menschen, das Melodrama das Verhalten von Menschen (und Dingen). Das Verhalten gibt im allgemeinen einen Teil der Natur der Menschen wieder, und dieser Teil funktioniert, als wäre er das Ganze. Im Melodrama nehmen wir den Teil für das Ganze; dies gehört zu den Konventionen der melodramatischen Form» (R. B. Heilman).

Der einzelne in der Tragödie scheitert am Gesetz; der einzelne des Melodrams an der Konvention. Das Gesetz der Götter zu erfüllen ist etwas anderes als das der Menschen, denn die Gesetze der Götter verlangen den Entschluß, sie zu befolgen oder zu brechen, während die Gebote der Gesellschaft sich immer erst zu spät zu erkennen geben, um eine Entscheidung zu ermöglichen. Der Held, öfter die Heldin des Melodrams will sein/ihr Glück und bemerkt plötzlich, daß er/sie damit schon die Gesetze der Gesellschaft gebrochen hat, die besagen, daß man nichts Besonderes wollen soll, und er/sie wird bestraft. Der tragische Held setzt den Giftbecher an den Mund und leert ihn; der melodramatische Held bekommt jeden Tag einen Tropfen Gift, bis er sich einfach hinlegt und stirbt, an gebrochenem Herzen und aus Müdigkeit, wie die schwarze Frau in Douglas Sirks Film «Imitation of Life», deren Tochter sie verlassen hat, um eine Weiße zu werden.

Natürlich sind beide Formen, die tragische wie die melodramatische Schreibweise, auch so etwas wie Darstellungen klassenspezifischer *bona fides*, nicht ohne auch einen politischen Grund werden da Wunden vorgezeigt. Im schweren Schicksal der adeligen Helden in der Tragödie steckt auch ein Stück Rechtfertigung der Herrschaft gegen das Bürgertum (gewissermaßen auch eine Warnung vor dem Griff nach dieser Herrschaft); im Verzicht der Melodramen-Helden liegt auch eine Rechtfertigung der bürgerlichen Vorherrschaft gegenüber dem Kleinbürgertum und dem Proletariat (und auch eine Warnung vor allzu eifrigem Versuch des sozialen Aufstiegs). Noch die Restaurationsepen der Bundesrepublik in den Heftromanen und TV-Seifenopern beschwören das Leiden der «armen Reichen». Die Getragenheit, ja: Ruhe der Tragödie läßt sich dabei interpretieren als Reflex der «sicheren» Klassengrenze zwischen Adel und Bürgertum, die Hysterie des Melodramas als Konsequenz der unsicheren Grenzen zwischen Bürgertum und Kleinbürgertum/Proletariat. Tragödie und Melodrama sind zudem Versuche, eine Klassenmoral zur «natürlichen» Moral zu machen.

Aber während die Tragödie immer Legitimierung von Herrschaft ist, gerade wo sie die Sterblichkeit der Herrschenden registriert, ist das Melodrama gegen die Macht gerichtet. Es unterläuft die herrschenden Ideologien; es kommentiert die Lage der Menschen pessimistisch, weist keinen imaginären Ausgang, verspricht nichts anderes als die eventuelle kurze Tröstung einer glücklich verlaufenden Liebesgeschichte. Das größte Versprechen ist ein Kuß, und auch der scheint lange unmöglich, auch um den muß gekämpft werden. Das Film-Melodram ist der Endpunkt der bürgerlichen Verzweiflung.

Die eigentliche Ablösung der Tragödie durch das Melodram (schreibt heute einer eine Tragödie, gerät sie ihm entweder komisch oder zum Melodram) vollzieht sich in der Bewegung von der europäischen zur amerikanischen Mythologie, vom Theater zum Film, von der Kunst zur Unterhaltung. «Der allmähliche Niedergang des metaphysisch vertikalen Denkens im 19. Jahrhundert beschleunigte den Tod der klassischen Tragödie. Das neue, horizontale Bewußtsein, das in den Weiten Amerikas seine konkrete Symbolisierung fand (Rief nicht Kennedy zu neuen Horizonten und nicht zu neuen Gipfeln auf, wie es der Faschismus tat? Ist nicht die Idee des Übermenschen eine europäische, die des *fellow citizen* eine amerikanische Erfindung?), besorgte sich ein neues Ausdrucksmittel: den Film. (Auch deshalb hatte der Kommunismus in den USA nie eine Chance: weil er von einer vertikalen Gesellschaftsstruktur ausgeht, wie sie nicht dem Denken – wohlgemerkt – des amerikanischen Menschen entspricht.) Die Filmkamera zerstörte die kultische Distanz des Theaters; die traditionslose Keckheit der amerikanischen Kultur, die sich auch heute noch die ‹Geschmacklosigkeit› erlaubt, den Schlußsatz aus Beethovens Neunter als ‹Song of Joy› in die Pophitparaden zu bringen, diese Ehrfurchtslosigkeit hob den ‹Dualismus zwischen Mensch und Kunstgegenstand› (Balázs) zugunsten einer Identifizierung auf, zerschlug die starre Perspektive. Der Mensch und vieles mehr wurde sichtbar. Und der Mensch stand im Mittelpunkt. Nichts anderes. Nur eine soziologisch orientierte Filmkritik, betrieben von Leuten, die von Berufs wegen die Distanz wiederherstellen, konnte die jetzt gesellschaftlich abgeleiteten Gesetze und Strukturen, die im antiken Drama, jedem sichtbar als göttliches Diktum, wie ein Damoklesschwert über den Akteuren hing, aus der Masse der Filme herausfiltern. Dem Zuschauer geht's meist unbewußt mit unter die Haut» (Wolfgang Limmer).

Das Melodram ist noch mehr als eine säkularisierte Form der Tragödie; es ist der Ort für den ohnmächtigen Zorn darüber, daß es immer weiter ungerecht zugeht auf der Welt und daß es keinen Gott und keinen Himmel gibt. Strenggläubige Christen und Marxisten können mit dem Melodram nichts anfangen.

Das Melodramatische und die schöne Seele des Kitsches

Die melodramatische Form der Abbildung zeigt jeden Impuls und jede Stufe einer Beziehung auf einem hochgeschraubten Niveau von Affektivität; die affektiven Bedürfnisse der Mittelschicht scheinen sich in ihr ausdrücken zu wollen wie in der Trivialliteratur, in der im neunzehnten Jahrhundert das Gefühlige immer mehr an die Stelle des Belehrenden tritt. Man will angerührt sein und ergriffen, und zugleich ist die Bestätigung der eigenen Lebensform erwünscht. Die melodramatische Erzählweise zur Darstellung und Lösung sozialer und erotischer Konflikte ist ein Endpunkt der Aufklärung, die Kritik an einem Mittel und an einer Ideologie zur Veränderung der Machtverhältnisse, die ihren Dienst für die bürgerliche Klasse getan hatte, nun aber gleichsam entschärft werden mußte, damit sie nicht umschlagen konnte in eine Waffe gegen das Bürgertum. «Was am Anfang gegen die feudale Herrschaft durchgesetzt werden mußte und immer auch Kritik an ihr war: bürgerliche Verhaltensweisen, deren Propagierung als aufklärerische, emanzipatorische Aufgabe im Dienste der Allgemeinheit verstanden wurde, verkehrt sich zum Ausdruck und gleichzeitig zum Mittel der erzwungenen Verinnerlichung autoritativer Tugendforderungen. In der Darstellung genießt der Bürger seine Selbstdisziplinierung, die Verinnerlichung seiner Triebregungen als häuslich-familiäres Glück. Was ihn aus seiner selbstverschuldeten Unmündigkeit herausführen sollte, wird zum Ausdruck neuer Unselbständigkeit. Diese selber ist nicht Folge von Aufklärung, wie es auch die Literatur nicht ist, die den emotionalen Bedürfnissen eines immer breiter werdenden literarischen Publikums entspricht und die ja durchaus nicht auf die literarische Massenproduktion begrenzt ist», schreibt Gert Ueding (dem das Kapitel auch seine Überschrift verdankt).

Sequenz aus einem Romance-Comic der fünfziger Jahre. «Girl's Love Stories» No. 70, 1960. © Signal Publishing Co.

Kitsch ist also zunächst ein politisches Ritual, die suchterzeugende Beschwörung eines sozialen und ideellen Status. Aber er ist auch das Eintauchen in einen Bereich, der von den allfälligen gesellschaftlichen Organisationen noch relativ frei ist (das Weit-Draußen der Abenteuer-Literatur, das Tief-Drunten des Phantastischen, das Innen des Melodramatischen), und eine Berauschung an einem Übermaß an Emotionen, die in der Wirklichkeit mehr oder weniger unmöglich (gemacht) sind. (Übrigens läßt sich so der Prozeß der steigenden Ablehnung von Kitsch in der bürgerlichen Schicht unter dem Signum der Ablehnung von «Trivialität» in den Medien und das «Absinken» der literarischen Massenproduktion zur Kindheit/zum Proletariat hin deuten als erneute Phase der Verinnerlichung bürgerlicher Tugenden und des Emotionsverlustes; der Bürger von heute glaubt, des Kitsches nicht mehr zu bedürfen, weil er behauptet, seine Gefühle zu kennen und ihnen «vernünftig» Ausdruck zu verleihen.) Kitsch produzierte sich zugleich mit der bürgerlichen Familienideologie, das heißt mit dem realen Zerfall der Familie, ja mit der beängstigenden Entfernung der männlichen und der weiblichen Kontinente in der Kultur, so der extremen, neurotisierenden Trennung zwischen Privat- und Berufsleben, damit der Entfremdung zwischen Männern und Frauen, die nicht anders zu überbrücken war als durch gegenseitige Schwärmerei und daneben, gleichzeitig, damit verbunden, gegenseitigen Haß. Zugleich führte der Weg von der Sehnsucht nach den himmlischen Refugien zur Sehnsucht nach dem inneren Paradies der Träume in die Resignation. Kitsch ist eine Form, die Ordnung des Verhaltens mit der schrecklichen Gewalt der Wünsche zu versöhnen; in der Welt des Kitsches kann man zugleich wahnsinnig werden vor Sehnsucht und alle Fesseln sprengen und daran denken, daß zuallererst das Geld und die Sicherheit kommt.

Die melodramatische dürfte von allen Schreibarten diejenige sein, die den Kitsch-Vorwurf am schnellsten provoziert. Das Melodramatische offenbart nicht nur ein Übermaß an Gefühlen, sondern auch an Verantwortlichkeit – es ist nicht nur Evozierung des Versagten, sondern auch Bekräftigung des Tatsächlichen. Und wie im allgemeinen der Kitsch ist das Melodramatische, wennzwar nicht immer so harmoniesüchtig, zugleich Ersatz für Religion und für Sex. Kitsch zumindest wird um so dringlich notwendiger, als die Kirche und ihre Kultur dem einzelnen nicht mehr die Angst abnimmt, und um so notwendiger, als Sexualität und Solidarität nicht (mehr) zusammengehen wollen. Die melodramatische Weltsicht ist der des Kitsches verwandt, behält sich aber die Möglichkeit des Wahnsinns vor. Ein Melodram muß nicht gut ausgehen, damit es guttut.

Augenscheinlich und allzu betont in der Literatur zum Thema ist die Verwandtschaft des Film-Melodrams mit der romantischen Trivialliteratur. Wie beim Melodrama des Theaters, das affektgeladene Situationen gleichsam mit Verstärkungen überhäuft, jedes Gefühl grotesk, aber – wie hoffentlich deutlich geworden ist – nicht «sinnlos» überdeterminiert, so ist auch die übliche Trivialliteratur, die für den «Frauen-Markt» bestimmt ist (und die in ihren aufsehenerregenderen Beispielen dem Kino die Quellen liefert), auf die Ausschließlichkeit eines Affektes durch Verstärkung aus. So lädt sich etwa die Sprache mit Reihen von Adjektiven auf, alles wird sozusagen zu Tode beschrieben. Die Sprache des Kitsches verhält sich ein wenig so zu seinem Konsumenten wie der Finger voll Honig in Bertoluccis Film «La Luna» zu dem Kind, das in seiner Wonne zu ersticken droht. Die Alltagssprache wird durch Übertreibung und Anhäufung verwandelt, die (scheinbare) Klassensprache der Super-Klasse (Adel, Akademiker, «Künstler») wird imitiert: eine Sprache der Väter, die nichts als gütig und verständig sind. Es ist nicht die Sprache für einen Traum; die Sprache selbst träumt.

Walter Nutz hat drei «Gesetze» für den trivialen Frauenroman festgelegt:

«1. Personen, Lokalitäten, Handlungen und Sprache sind stets schwarz-weiß gezeichnet.

2. Die Personen sind Typen.

3. Beschreibungen und Nennungen fester ‹Durchschnittsvorstellungen› halten sich genau an die Schablone.»

Diese Regeln, die wohl als mit denen des Film-Melodrams verwandt gedacht werden können, wurden sicher zum Zwecke des Beweises für ästhetische Minderwertigkeit zusammengestellt. (Es ist der alte Vorwurf an das «Triviale», nicht differenziert und nicht originell zu sein.) Immerhin belegen auch sie in der Gattung den absoluten Sieg der Vorstellung, des Wunsches über die Wirklichkeit. Solche Begrenzungen der Wahrnehmung, die nur zulassen, was von einer oder mehreren inneren Instanzen zugelassen wird (Sehnsucht + Moral = Kitsch), sind indes nicht, wie es gelegentlich in der Sekundärliteratur durchscheint, gleichzusetzen mit einer niederen, reaktionären Ideologie des Genres. Welcher Prophet hat eigentlich verkündet, daß die Welt *nicht* schwarz-weiß ist, daß es Chancen gibt dafür, daß mehr als Typen aus den Menschen werden, daß nicht Schablonen den Alltag bestimmen? Das ästhetische Gebot der Differenzierung entspringt der Furcht des Bürgers, der seinen Glauben verloren hat und seine Situation zwischen den *Klassen* nicht sehen will: Jeder Mensch möchte doch, bitte schön, eine Klasse für sich sein. Anders ausgedrückt: Daß es Klassen und Klassenschranken gibt, hat im bürgerlichen Zeitalter nur der Kitsch deutlich ausdrücken können. Und sie zu überwinden hat auch nur, mit freilich untauglichen Mitteln, der Kitsch unternommen.

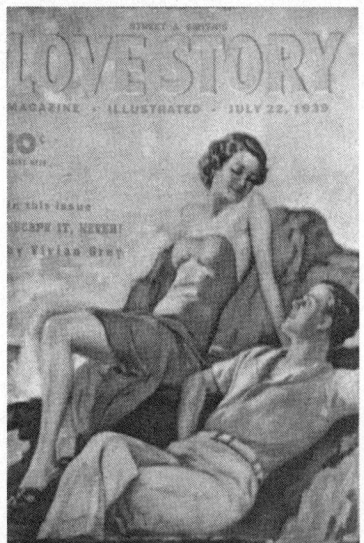

Amerikanische Pulp-Magazine.

Ein Film von Douglas Sirk gehorcht Nutzens Regeln ebenso wie ein «Lore»-Roman (den ein «Groschenheft» zu nennen bedeuten würde, die politische Ökonomie unserer Massenkultur gründlich zu verkennen). Die Kritik an der Unterhaltungsindustrie und ihren Produkten und die Kritik an dem, was sich die Bildung als Kitsch denkt, ist trotz aller akademischer Versuche dazu nicht unter einen Hut zu bringen, es sei denn um den Preis eines Verrats. Kitsch ist die am sozialen Konsens gebrochene fließende, massenhafte (vielleicht daher der Ekel?) Verbreitung eines vollständig im Sozialen aufgegangenen Lustprinzips: Ich will glücklich werden, und wenn dazu alle Grafen und CSU-Politiker mobilisiert werden müßten, ich will glücklich werden um den Preis meiner Person, meines Leibes, meiner Sexualität, ich will auf toten Menschen und Träumen erreichen, was diese Welt zu verheißen hat: als glücklich zu *gelten*, erlöst sein vom Untenleben, Arbeitleben.

Man darf annehmen, daß die melodramatische Schreibweise gleichsam anfällig ist für die Wiedergabe der Träume von Rapunzelfrauen, denen man den Zopf geschnitten hat, welche, gefangen vom alltäglichen Bewußtseinsverbot, die pragmatischen Ideologien ihrer Männer absolut setzen, ohne sie an einer erkennbaren Umwelt relativieren, ironisieren zu können. Sie träumen Erlösung aus materiellem, sozialem Elend (dem relativen Elend des Neids), und was der Erlösung dienen soll, wird mit allen nur erdenklichen Vor(ur)teilen beladen, die sich zur Verstärkung finden lassen. Anstatt eine nachprüfbare gute Eigenschaft im Helden anzulegen, wird er mit guten Eigenschaften überhäuft (möglicherweise, bis auch der Dümmste merkt, daß er gar nicht gemeint ist, sondern nur die Erlösung, die er verspricht: Männer, so scheint es, können in der populären Mythologie von den Frauen am leichtesten den Sex-Appeal abspalten, Frauen von Männern den sozialen Status). Der Arzt, der Fürst, der berühmte Künstler, der Star, der Architekt, der gute Fabrikant – die Männer, die die Macht zur Erlösung der Frau hätten, sind gut, edel, feinfühlig, erhaben und wahrscheinlich auch ein bißchen impotent. Der reaktionäre Teil der Kitsch-Melodramatik muß nämlich seinen Liebesgeschichten die Liebe exorzieren. Was wir uns Kitsch zu nennen angewöhnt haben, umfaßt unter anderem die verborgene Bereitschaft, auf die Liebe zu verzichten um des sozialen Aufstiegs willen. Die «ideologische» Spannweite des Melodramatischen reicht von der Situation, in der Sexualität dem sozialen Aufstieg geopfert werden muß, zu der, in der sozialer Status zugunsten der Liebe aufgegeben wird. Dies mag als Grundgleichung des Genres gelten: Der soziale Status verhält sich zur Sexualität wie das Glück zum Spiel. Gefühl und Erfolg müßten ausbalanciert sein, aber es gibt nur die Bewegungen von einer Sackgasse zur anderen.

Im Frauenroman ist der Held privilegiert, nicht *weil* die herrschende

Klasse idealisiert werden soll, sondern weil nur der privilegierte Mann die Macht zur Erlösung der unterprivilegierten Frau hat. Dies entspricht keineswegs der Ideologie, sondern der ganz alltäglichen Erfahrung: Ein Arbeiter, ein kleiner Angestellter kann, so gutmeinend, verständnisvoll und ehrlich er auch immer sein mag, nicht der Erlöser sein; er hat das Geld nicht dazu, und nicht die soziale Macht. Diese reaktionären Engel sozialer Erhebung werden nie an ihrer Wirklichkeit gemessen, weil sie lediglich Hilfskonstruktionen entsprechen; sie sind Phantome der Hoffnung auf Erlösung, die sich in die Demut hinübergerettet haben. Entsprechend katastrophal wirkt sich auch die wirkliche Begegnung aus; der erlösende *high class man* existiert zu dem einzigen Zweck, zu existieren: Man könnte durch ihn erlöst werden, aber man verzichtet darauf. Immer gibt es einen Weg aus dem Tagtraum zurück in die Wirklichkeit, und wäre es die bescheidene Tracht, die den hohen mit dem niederen Mann verbindet. Der Verzicht, zudem, ist ja der beste Beweis für die Existenz einer Möglichkeit zur sozialen Erlösung.

Diese vertrackte Konstruktion des Traums, der die Wirklichkeit bestätigt und doch Traum bleibt, der Entwürfe, die es nur gibt, um verworfen zu werden, macht den ideologiekritischen Zugriff zugleich leicht und unsinnig. Daß rückständigste Moral die Guten motiviert, daß ihnen über allem Schöngeist der Rede eine Kälte, Leere, eine Grausamkeit nachzuweisen wäre, daß die Natur zur Postkarte wird, daß schließlich die Welt klein und künstlich wird wie die sattsam bekannten kleinbürgerlichen Nippes-Welten der Wohn- und Schlafzimmer, das alles mag der Verachtung des Privilegierten anheimfallen, die sich pädagogisch und aufklärerisch tarnt. Aber es ist tatsächlich gar nicht das Wesen des Genres, auch an seinen armseligsten Rändern nicht. Ist nämlich die Erlösung der Wunsch und nicht die Liebe, so muß im Mann das Väterliche dominieren; von daher ist die Raffaelisierung seines sozialen Status legitimiert (siehe dazu auch das Kapitel «Die Politik des Melodrams»).

Im Frauenroman mag sich also ein «Familienroman» im Sinne der Psychoanalyse verkleiden, und insbesondere die Verbesserung des Vaters (des Patriarchen, des Mannes) in der Phantasie. Es ist auch das Flehen um Schutz. Der Kitsch wird zum mit allen zur Verfügung stehenden ästhetischen Mitteln vorgenommenen Versuch, in der Phantasie den drohenden oder schon halb vollzogenen Schritt zu negieren, der in die Fabrik, ans Fließband, an den Herd, in tötende Arbeit oder tötende Familien führen würde. Dazu muß wirklich alles recht sein, auch die Umkehrung von Regel und Ausnahme.

Der Mann hat einen anderen Weg heraus aus dem Elend; die Frau muß auf ihre Mitgift der möglichen Verdinglichung ihres Daseins vertrauen: «Dem Ladenmädchen gelingt ohne weiteres die rosafarbige oder gebräunte Dame, dem männlichen Angestellten aber mißlingt der Herr.

Denn die Dame blüht auch auf dem erotischen Feld, nicht bloß auf dem sozialen, und gepflegtes Äußere kann hier manches ersetzen; doch der sogenannte Herrenmensch ist heute keiner als der Herr des Profits. Ja, nicht einmal die ‹Erscheinung› kann der Angestellte vom Chef übernehmen (weil dieser sie meist nicht hat); also bildet sich der neue Typ am Film, läßt den Sinn für Gesten zur bloßen Filmperson zusammenschließen. So daß die Hämischkeit des früheren Kleinbürgers gegen Tänzerinnen, Lebenskünstler und dergleichen erlischt; auf der Straße wird wahr, was Ernst Blaß einmal sang: Die Herren kommen wie aus Operetten» (Ernst Bloch). Die schöne Seele des Kitsches umschließt die Inszenierung des Glücks, das es nicht mehr gibt. Nur wenige Menschen auf dieser Welt haben auch nur ein bißchen Glück; das ist wahr, und es ist ein Skandal. Und jeder Bürger sagt: Glück, ihr dummen Proleten, das ist doch nicht das große Haus, das Geld, die Sicherheit, die Blicke voll Bewunderung und Neid, Glück, sagt der Bürger aus seinen Betten und Studierstuben heraus, das ist doch nicht, ohne Angst arbeiten zu können, sich die Natur zurückkaufen zu können, überall jemand zu sein! Doch, sagt der Kitsch, weil man nämlich sogar zum Leiden privilegiert sein muß.

Bestseller: das soziale Melodram

Unter den Formen der populären Literatur, die auf den Bestsellerlisten zu finden sind, nimmt die Sparte des melodramatischen Romans, des historischen wie des sozialen Melodrams, einen prominenten Platz ein. Gerade die sozialen Melodramen in der Literatur haben einen nicht zu unterschätzenden Einfluß auf das Film-Melodram, da sie die «ewigen Gesetze» der melodramatischen Schreibweise mit aktuellen Bezügen, sozusagen mit zeitgeschichtlichem *thrill* verbinden. «Die charakteristische Struktur dieser literarischen Formel verbindet die Motive des Melodramas mit einem bestimmten Ausschnitt von aktuellen Ereignissen oder einem Aspekt einer sozialen Institution. Das Resultat ist ein komplexer doppelter Effekt: der soziale Hintergrund wird meistens recht kritisch behandelt, verborgene Motive, die heimliche Korruption und die menschlichen Schwächen, die sich dahinter verbergen, werden aufgedeckt; der Hauptstrang der Handlung aber funktioniert nach melodramatischen Grundsätzen, und er zeigt, nach vielem Leiden und vielen Irrwegen, daß Gott im Himmel ist und alles in Ordnung mit der Welt. Die Sympathischen und Guten unterliegen vielen Prüfungen und haben viele Probleme zu meistern, aber sie werden am Ende gerettet. Das Böse erhebt sich hoch, wird aber am Ende überwunden, zumindest soweit es die Helden anbetrifft» (John G. Cavelti).

Der letztendliche Sieg des Optimismus ist zwar die Sache des Melodrams nicht immer, aber vergleichbar sind doch die Formeln für die beiden miteinander verbundenen Ebenen der Aussage im sozial-melodramatischen Bestseller und im Film-Melodram (vgl. die Kapitel «Die Politik des Melodrams» und «Die Perspektive des Genres»). «Alles ist schlecht», sagt die eine, die beschreibende (die Ebene der Zeichen im Film); «alles ist gut», sagt die andere, die dramatische (die Ebene der Story). Es scheint also, der illusionslose Blick auf die Wirklichkeit ist gestattet nur in Verbindung mit einer noch tieferen Illusion. Die naive ideologiekritische Frage, die sich jedes Melodram, jeder sozial-melodramatische Bestseller gefallen lassen muß, ist die, ob der Eskapismus mit dem «Realismus» oder umgekehrt vermittelt werden soll. Doch die Kunst liegt vielmehr in der Verbindung der beiden Ebenen; man ist fast immer fein heraus. Denn wie das Film-Melodram empfindet der sozial-melodramatische Roman den Widerspruch zwischen Gesellschaft und Individuum als unlösbar. Was also liegt näher als das Individuum zu erlösen und die Gesellschaft zu verdammen. Man privatisiert die Tugenden und sozialisiert die Sünden.

Der sozial-melodramatische Bestseller (natürlich auch der nur erhoffte Bestseller) wählt als Hintergrund Ereignisse oder Institutionen, die sich als wirkliche ausweisen: Arthur Haileys «Airport» hat den wirklichen Flugplatz, Joseph Wambaughs «The New Centurions» die wirkliche Polizei zum Thema (obendrein erhalten Wambaughs Bücher Authentizität durch die eigene Erfahrung); Irving Wallaces «The Chapman Report» bezieht seine Inspiration vom Kinsey-Report; Persönlichkeiten des öffentlichen Interesses kommen in den Romanen von Harold Robbins oder Jacqueline Susann vor; Grace Metalious' «Peyton Place» spielt in einer wirklich existierenden Stadt. (Alle erwähnten Romane wurden übrigens verfilmt.) Selbst unser Johannes Mario Simmel ist stolz darauf, vor Niederschrift seiner Romane erhebliche Arbeit in Recherchen vor Ort zu investieren. Von der klassischen melodramatischen Formel unterscheidet den sozial-melodramatischen Roman und seine Umsetzung im Film also die Aussicht auf einen Blick «hinter die Kulissen», nicht so sehr die Bestätigung der Moral als vielmehr die Entlarvung der Amoral. Der sozial-melodramatische Roman hat einen Aspekt des Obszönen, Voyeuristischen, der im allgemeinen dem Melodrama fremd ist, er kann aber auch einen aufklärerischen Impetus zurückerhalten, den das Genre längst vergessen hatte.

Was die sozial-melodramatischen Romane versprechen, ist also ein (fast verboten gewähnter) Blick hinter etwelche soziale Kulissen, hinter denen sich Böses tun mag, aber auch, allgemeiner, Einsicht in die Wirklichkeit der Macht. Wir wollen etwas erfahren von der Welt, die uns bestimmt, aber sie möchte nicht gerade vor unserer Haustür beginnen.

Hier führt die melodramatische Schreibweise, wie schon bei Harriet Beecher Stowes, «Uncle Tom's Cabin», Sinclair Lewis' «Main Street» oder Margaret Mitchells «Gone With the Wind», in die Realität über die «moralische Phantasie» (Cavelti) des Genres. Die Möglichkeit des einzelnen Menschen, gut zu sein, triumphiert über die schlechte Wirklichkeit.

Wie das Melodrama, wie der «Kitsch», wenden die sozial-melodramatischen Bestseller eine Technik der Verstärkung von affektiven Situationen an, der gewissermaßen jedes Mittel recht ist. Aber anders als Melodrama und die als «Kitsch» bezeichnete Massenliteratur weist das sozial-melodramatische Romanwerk einen Stil, einen *touch* auf (der Autor wirkt als Garantie für das, was das Publikum erwarten darf; er darf auch eigene Obsessionen einbringen), und er bezieht nachprüfbare Wirklichkeit als Nachweis von Fleiß und Mut ein.

Während also Western, Detektivgeschichte oder Science-fiction-Roman gleichsam eine universale, mythische Formel in der populären Kultur errichtet haben, die sich allenfalls in Nuancen oder in Abspaltungen neuer Sub-Genres entwickelt, ist das soziale Melodram an die Zeiterscheinungen gebunden. So wird verständlich, daß ein Roman dieses Genres, der gerade noch die Gemüter bewegte, schnell veraltet ist und bald schon unfreiwillig komisch wirkt. Wenn der reißerische Aspekt der gesellschaftlichen Attacke nicht mehr wirksam ist, bleibt nur das melodramatische Gerüst, dessen viele Verstärkungen, dessen Feinstruktur von Gefühlen durch nichts Besonderes mehr gestützt wird.

Die melodramatische Schreibweise behandelt ja das Leben seiner Helden episodisch; sie begleitet es von Krise zu Krise. Mit Kleinigkeiten für sich gibt sie sich nicht ab, wie es vielleicht eine Form der naturalistischen Schreibweise tun kann. Das heißt: die melodramatische Schreibweise tut alles andere, als ihr Publikum zu sensibilisieren. Sie reagiert auf die schon vorhandene Hysterie, die nur nach Bildern und Bestätigung verlangt. So verschwindet mit der Sensation im sozial-melodramatischen Roman der Anlaß.

Der sozial-melodramatische Roman benutzt die Zeitgeschichte als Verstärkung; umgekehrt erhalten die Figuren ihre Weihe dadurch, daß sie eine – wenn auch bescheidene – Rolle in der Geschichte gespielt haben. Für Sekunden vielleicht nur hat sie der Atem der Geschichte gestreift, wenn der Präsident, der Mogul, der Star, der Rebell in ihre Nähe kam. Der Hintergrund ist aber nicht *die* Geschichte, nicht eine Epoche, eine Ära, sondern ein historisches Schauspiel: Revolution, Krieg, Prozesse, Kampagnen, technische Revolutionen, Katastrophen etc. Das Genre verhält sich zu diesen Sujets eher journalistisch als episch, es ist verliebt ins Detail.

Beispiele für Verfilmungen von sozial-melodramatischen Bestsellern: «The Group» (Die Clique – 1966 – Regie: Sidney Lumet) nach dem Roman von Mary McCarthy; «The Arrangement» (Das Arrangement – 1969), Regie: Elia Kazan nach seinem eigenen Roman. Fotos: ORF.

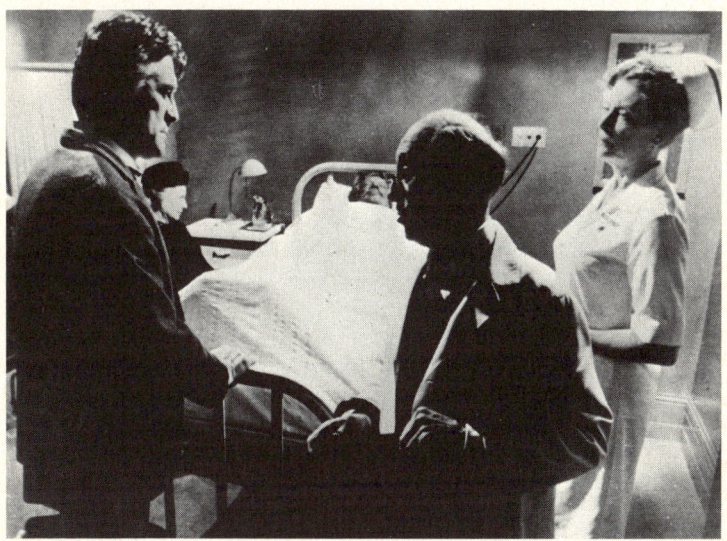

Ein weiteres Charakteristikum des literarischen Genres, dem man in vielen Filmen wiederbegegnet, ist die Zeichnung der Figuren als Opfer. Die melodramatische Schreibweise kennt praktisch nur Objekte der Handlung; sein Schicksal (nach freiem Willen) zu gestalten ist keinem der Protagonisten erlaubt: Er ist getrieben von seinen nicht zu kontrollierenden Wünschen ebenso wie von den äußeren Anforderungen und Zwängen, kurzum, der Held des sozial-melodramatischen Romans ist zerrissen zwischen seiner Seele und der Geschichte, beide größer und mächtiger, als er ertragen kann. Er ist charakterisiert nicht für sich (wie etwa der Western-Held), sondern ausschließlich im Vergleich und in Beziehung zu anderen. Und schließlich unterscheiden sich die Helden von sozialen Melodramen von denen anderer Genres dadurch, daß sie nicht nach einer direkten, schnellen Lösung streben können. Vielmehr sind sie gebannt von den zahllosen Retardierungen, von der gelegentlich quälenden Langsamkeit, mit der sich eines ihrer Probleme entwickelt.

Die Konflikte in Männer-Genres lösen sich explosionsartig, die im Melodram fast unmerklich durch Übergänge von Lügen zu Wahrheiten. In den Männer-Genres ist der Antagonismus zwischen Individuum und Gesellschaft einfach und direkt: Der Held hat einmal beschlossen, autonom und frei zu sein, die Gesellschaft mag ihn verfolgen, ihn töten, beugen wird sie ihn nicht. Das soziale Melodram hingegen sieht den Kampf zwischen Individualität und Gesellschaft in der Person der Helden selber stattfinden. Wenn Veräußerlichung das Wesen jeder Abbildung im System der populären Mythologie ist, so veräußerlicht das Männer-Genre den Konflikt und verinnerlicht die Gefühle; das Melodrama verinnerlicht die Konflikte und veräußerlicht die Gefühle. Das heißt, um die Gefühle eines Helden von Männer-Genres kennenzulernen, muß man seine Konflikte verstanden haben; um die Konflikte von Melodramen-Helden kennenzulernen, muß man ihre Gefühle verstanden haben. Und noch einmal anders ausgedrückt: Der Held des Männer-Genres verdrängt seine Gefühle, indem er pausenlos Konflikte austrägt; die Helden von Melodramen verstehen ihre Konflikte nicht, weil sie an ihren Gefühlen zu ersticken drohen. Aber allen Helden der populären Mythologie, vom Western bis zum sozialen Melodram, allen Männern und Frauen, Greisen, Kindern und Tieren, allen Monstren und Superwesen ist zumindest eines gemeinsam: Ihr eigentlicher Feind ist die Gesellschaft. Was immer das sein mag.

Das Kino und die Gefühle

Theater und Kino

Paradoxerweise gilt gerade das am meisten «bewegende» Genre des populären Films, das Melodram, als das statischste, das literarischste und theatralischste, kurz, als das unfilmischste. (Ob sich diese Annahme beweisen ließe, soll dahingestellt bleiben.) Das Melodram steht zwischen dem filmischen Drama, das seine Spannung aus physischer Präsenz und Bewegung schöpft, und dem filmischen Kammerspiel, das, wie das Theater, seine Spannung durch die psychologische Zeichnung der Protagonisten aufbaut. Zwar ist der Widerspruch zwischen physischer Präsenz (das vollständige Da-Sein) und psychologischer Darstellung (das vollständige So-Sein) potentiell in der Funktion des Stars aufgehoben, doch haben sich als Tendenzen beide Formen des Kinos erhalten; selbst heute, wo sich das Medium gegen die Konkurrenz des Fernsehens zur Wehr setzen muß, das noch größere Affinität zum Theater zu haben scheint, weil es von vornherein in der Wiedergabe physischer Realität beschränkt ist, gibt es den Theater-Film (vorwiegend, aber nicht nur auf dem Gebiet der Komödie).

Melodram bezeichnet zugleich eine bestimmte Art, eine Geschichte zu erzählen, als auch ein Prinzip, aus dem Reservoir von erzählbaren Geschichten geeignete auszusuchen. Weil der Genre-Begriff also stilistische wie thematische Aspekte deckt, kann der literarische mit dem filmischen Begriff des Melodrams nicht identisch sein. Das Film-Melodram ist zwar eine Fortsetzung des literarischen Melodramas, es ist aber zugleich auch dessen Revolutionierung zu einer neuen Qualität. Zu einer wirksamen Film-Geschichte gehört das Melodramatische so sehr wie eine Form von Suspense, eine Form von Action und eine Form der Auflösung emotionaler Spannungen (*happy ending, comic relief, last minute's rescue* etc.). Es geht mit diesen anderen Elementen eine untrennbare Verbindung ein. So läßt sich das Melodrama aus einer Geschichte sowenig herauslösen wie, zum Beispiel, die Liebe aus der Lebensgeschichte eines Menschen. «Reine» Melodramen würden folgerichtig aufhören, eine Geschichte zu erzählen, um ein Ritual zu beschreiben. Daß sich dennoch das Film-Melodram als Genre etablieren konnte, ist auf eine eigene filmische Sprache zurückzuführen, auf einen eigenen filmischen Realismus und auf eine eigene filmische Stilisierung. So kann es, will

man die Mythologie des Genres begreifen, nicht um die Definition von
Gesetzen des Genres gehen, sondern um die Beschreibung thematischer
Konstanten, von filmischer Atmosphäre, und von einer Form des Kinos,
zu erzählen.

Kino war, bevor es durch Regisseure wie Griffith oder Eisenstein zu
seiner von der Montage bestimmten Sprache gelangte, und zu einem
Teil noch lange Zeit später, oft nicht viel anderes als mit feststehender
Kamera abgefilmtes Theater, bei dem die Sprache durch Zwischentitel
ersetzt war. Die Entwicklung der Montage ebenso wie die Entwicklung
der Filmtheorie, der Sprache des Films und ihrer Wissenschaft, besteht
zunächst zu einem großen Teil aus Bestrebungen, den Film von seiner
Theaterhaftigkeit zu emanzipieren. Die Widersprüche zwischen beiden
wurden zunächst so betont, daß die offensichtlichen Gemeinsamkeiten
kaum erörtert wurden. Daß dieser Widerspruch dort am meisten betont
wurde, wo man im Film am ehesten ein politisches, revolutionäres Medium für die Massen sah, dürfte kaum verwundern. Besonders bekannt
ist etwa das von Eisenstein, Pudowkin und Alexandrow verfaßte Mani-
fest aus dem Jahr 1928, in dem vor dem Rückfall des Films in die «foto-
grafische Darbietung nach Art des Theaters» nach der Einführung des
Tons gewarnt wird. Und Viktor Schklowskij betonte noch 1946 in einem
Aufsatz die Unvereinbarkeit von Theater und Film durch eine Analogie
mit der Unvereinbarkeit zwischen Drama und Prosa: «Man muß sich gegenwärtig halten, daß die Form eines Werkes nicht sein Äußeres ist,
sondern das Gesetz seiner Konstruktion.» Dieses Gesetz sieht der Autor
in einer Verkettung von Ideen, in einer Technik zur Verarbeitung von
Widersprüchen, die nicht nur mit jedem neuen Medium, sondern auch
mit jedem neuen Kunstwerk eine neue Form findet. Und auch
Schklowskij meint: «Der Tonfilm erweckt die Illusion, daß es möglich
sei, Dramen zu kopieren. Das ist unmöglich.»

Politisch gesehen bedeutet das Bemühen um die Eigenständigkeit des
Films letztlich auch Kampf um die Emanzipation von der bürgerlichen
Ästhetik und Ideologie des Theaters, von seiner elitären Praxis soviel
wie von seinem immanenten moralischen Auftrag. Im Theatralischen
liegt für den Film also zweierlei Gefahr: der Rückfall in ästhetisch/tech-
nisch überholte Erzählformen (das filmische Melodram als «beschleu-
nigtes» Theater-Melodrama) einerseits, die Angleichung an bürgerliche
Inhalte andrerseits. «Bürgerliche Inhalte» bedeutet in diesem Zusammenhang nicht nur eine mehr oder minder verdeckte Parteinahme für
die Interessen der bürgerlichen Klasse, sondern auch, allgemeiner, Ver-
anschaulichungen von lustfeindlichen, rationalisierenden und psycholo-
gisierenden Modellvorstellungen. Sowohl der revolutionäre Film als
auch der «plebejische» Film (Slapstick, Western etc.) mußten also gegen
das Theater rebellieren, um sich zu behaupten. Sie mobilisierten die

Lust am Bild und an der Bewegung gegen die Zwänge von Idee und Erklärung; sie erzeugten Gefühle, anstatt sie darzustellen. Daher ist es
nicht verwunderlich, daß unser filmhistorisches Gedächtnis nicht hinter
diese technisch-ästhetische Revolution zurückreichen will. Gegenwärti-
ger sind uns schon die zahllosen Restaurationsversuche, die wohl immer
neben einem technischen auch einen politischen Aspekt aufzuweisen haben. In diesem Prozeß ist das Melodram exponiert; es ist zugleich besonders anfällig für das Theatralische (hier nicht im gebräuchlichen Sinne
von «übertrieben» exaltiert, sondern als theatergemäß verwendet), wie
es auch berufen ist, am meisten zur Überwindung des Theatralischen im
Film beizutragen. Nicht erst im Werk von Douglas Sirk hat das filmische
Melodram eine Sprache gefunden, die nicht mehr zurückführbar ist auf
die Sprache des Theaters.

Wenn das Modell richtig ist, nach dem der Film bei seiner Geburt als
Unterhaltungsmedium zunächst «proletarische» und kleinbürgerliche
Bedürfnisse ansprach (abzulesen an seinem Umfeld der Varietés,
Marktplätze und anderer Orte erschwinglicher Sensationen), um
schließlich vom Bürgertum wegen seiner technischen und wirtschaftlichen Möglichkeiten entdeckt und in seinem Sinn transformiert zu werden, dann läßt sich manch einer der Versuche, den Film durch neue Inhalte «respektabel» zu machen, als ein Versuch der bürgerlichen Aneignung des Mediums deuten. Den proletarischen Elementen des Kinos:
Slapstick, Klassen-Politik, Pornografie und Action, traten schon früh
bürgerliche an die Seite: Bildung, Moral, Philosophie und Ideologie.

1908 wurde in Frankreich, der führenden Filmnation zu dieser Zeit,
eine neue Filmgesellschaft gegründet, Le Film d'Art, deren erste Produktionen den Anspruch auf eine künstlerische Adelung des neuen Mediums am deutlichsten wiedergeben. Mit «L'Assassinat du Duc de
Guise» wurde zum erstenmal versucht, den Film bewußt als künstleri-
sches Medium zu etablieren, das dem Theater vergleichbar sei und das
zu konsumieren sich niemand zu schämen hätte.

«Die Gebildeten konnten nicht länger von oben auf ein Medium her-
absehen, das solch erhabene Ziele verfolgte. ‹Duc de Guise› strebte also
danach, das Kino im Namen der ‹Kunst› zu rehabilitieren. Und da seine
Hersteller mit den Traditionen des Theaters erfüllt waren, glaubten sie
natürlich, das Kino müsse, um Kunst zu sein, dieselbe Richtung wie das
Theater verfolgen. Die Handlung im ‹Duc de Guise› erinnert stark an
historische Dramen, wie sie sich auf der Bühne abspielen. Und ein Glei-
ches gilt für die Regie. Daß Méliès besonderen Wert darauf legte, die
Handlung mit Hilfe spezifisch filmischer Mittel vorwärtszutreiben,
scheint vergessen; statt dessen fotografiert eine unbewegliche Kamera
das Drama aus der Perspektive des Zuschauers im Parkett. Die Kamera
ist der Zuschauer. Und die handelnden Personen selber bewegen sich

vor Kulissen, die trotz ihres Realismus niemals übersehen lassen, daß sie bemalte Leinwand sind – ein *Château de Bois*, das den Theaterbesucher, nicht den Kinobesucher als echt beeindrucken soll. Beachtenswert ist immerhin, daß sich im ‹Duc de Guise› ungeachtet seiner Theaterhaftigkeit ein gewisses Gefühl für die Unterschiede zwischen den beiden Medien bemerkbar macht. Die Geschichte von der Verschwörung gegen den Herzog und seiner Ermordung am Ende scheint in der Absicht gestaltet zu sein, theatralische Kunst den Bedürfnissen des Kinos anzupassen. Jedenfalls ist die sprunghafte Folge isolierter ‹lebender Bilder›, wie sie damals üblich war, hier von einer Art bildlicher Kontinuität abgelöst, die auch ohne lange Zwischentitel verstanden werden kann. Außerdem entfernen sich die Schauspieler dadurch von den Konventionen der Bühne, daß sie ihre Charaktere durchdetaillieren und mit einem Minimum an Gesten spielen» (Siegfried Kracauer).

Filme wie dieser, der übrigens, wie Kracauer mitteilt, von einem Mitglied der *Académie Française* geschrieben und von Mitgliedern der *Comédie Française* gespielt worden war, führten also nicht zur vollständigen Lähmung der Entwicklung der Filmsprache, sondern in erster Linie zu einer Domestizierung, zu einer Verlangsamung des Tempos, mit dem dem Publikum neue Darstellungsformen zugemutet wurden.

Dieses neue bürgerliche Kino, das mit «L'Assassinat du Duc de Guise» seinen Anfang nahm, brachte neue Schichten dazu, Filme anzusehen, und brachte den Produzenten unerwartet hohe Profite. Le Film d'Art, die dem Bankhaus Lafitte verbunden war, setzte seine Dramenverfilmungen mit historischen und mythischen Themen fort; die Schauspieler der *Comédie Française* und Regisseure wie André Calmettes und Charles-Gustave-Antoine Le Bargy, die «L'Assassinat du Duc de Guise» inszeniert hatten, sorgten für eine auch stilistische Kontinuität. In Frankreich wurden Dutzende von Filmen nach dem Muster dieses «bekanntesten Werks des Bühnenfilmakademismus, bei dem ein ‹seriöser› Komponist wie Saint-Saëns Pate stand» (Günter Peter Straschek) gedreht, und selbst in Amerika war der Einfluß dieser Richtung zu spüren. Unter anderem führte er zu einer Vorliebe für «europäische» Themen, für die oft ein wenig morbiden, gleichwohl von Moral erfüllten Bühnen-Mythen des Fin de Siècle, und er führte dazu, daß sich eine – theaterverwandte – Vorform des Starkults etablierte. Adolph Zukor etwa produzierte Filme, die «berühmte Schauspieler in berühmten Stücken» zeigten, wie die Werbung versprach. Die Reklame profitierte von den großen Namen der literarischen Vorlagen und der großen Bühnen, selbst wenn diese, anders als bei den Produktionen von Le Film d'Art, oft eher anekdotisch übersetzt waren. Das Abfilmen von Theaterstücken mit feststehender Kamera etablierte sich indes als eine nicht nur vergleichsweise billige Filmform, sondern auch als Angebot sicherer, publikumserprobter Themen. Nur war in Amerika das Theater längst nicht so als Bildungsanstalt des Bürgertums definiert wie in Europa; neben melodramatischen Stoffen überwogen Kolportage-Stücke mit Themen des Kriminalgenres und des Phantastischen (die ersten «Dracula»- und «Frankenstein»-Filme waren solch abgefilmtes Theater), und es gab sogar so etwas wie ein Western-Theater. Die Differenz zwischen Revueund Vaudeville-Theater auf der einen und dem klassischen Theater auf der anderen war nicht so unüberbrückbar, und wie sich das Theater immer wieder gestattete, in seinen Massen- und Ausstattungsszenen den Rahmen der Guckkastenbühne zu sprengen, mehr physische Realität zu vermitteln, als es dem Theater angestammt ist, so drängten bald auch die Bühnenverfilmungen nach Experimenten und Erweiterungen. Das amerikanische Kino konnte sich unter anderem auch deswegen schneller von der Umklammerung des Theaters lösen, weil das Theater selber «filmischer» war als das in Europa.

Auch im Theater selbst lassen sich zwei Hauptströme unterscheiden, von denen wohl beide auf ihre Art den «theatralischen Film» beeinflußt haben. Die eine Form des Theaters behandelt ihre Geschichte in einer für den Zuschauer in gewissem Sinne offenen Form; er ist, wie in der alten griechischen Tragödie oder wie beim Vaudeville, ein Mitspieler, und die Grenzen zwischen Bühne und Zuschauerraum werden fließend. Es gibt direkte Dialoge mit dem Publikum, in Form eines Epilogs etwa in vielen Stücken der Klassik, oder als eine Zwischenbemerkung eines Mitspielers, der das Publikum in die Lage setzt, mehr zu wissen als die übrigen Protagonisten (die Umkehrung: Kasperl Larifari wird von seinem Publikum über den Verbleib des Teufels informiert). Jede Art von Verfremdung, Stilisierung, Brechung rückt ein Theaterstück näher an eine offene Form, die ein gemeinsames Ritual, ein gemeinsamer Erkenntnisprozeß ist.

Im Gegensatz dazu steht eine geschlossene Form des Theaters, seine Form des Naturalismus. Hier ist die Welt, die dargestellt wird, vollkommen von der des Zuschauers abgeschlossen. Hier gibt es nichts, was nicht innerhalb der Geschichte logisch und konsequent ist, und es gilt nichts, was nicht so oder ähnlich auch in der Wirklichkeit stattfinden könnte. Schlußfolgerungen, wo solche geboten sind, werden dem Publikum überlassen, und die Gefühle, die es entwickelt, entstehen nur aus der Identifikation, aus dem Mitleid. Vermutlich ist diese naturalistische Form des Dramas nicht unbedingt jene, welche der Realität des Theaters am angemessensten ist.

So lassen sich, wie unter anderen Rudolf Rach zeigt, zwei Wege vom Theater zum Film gehen: Eisenstein, der, um die Grenzen des geschlossenen Dramas zu sprengen, bei einer Aufführung etwa einen Zweikampf mitten unter dem Publikum stattfinden läßt, und der zum Film kommt, weil das Theater zu eng wird, und André Antoine, der Gründer des Théatre libre, der seine Filme im Gegensatz zu den Produktionen von Le Film d'Art mit Laiendarstellern besetzte und sich um möglichst wirklichkeitsgetreue Dekors, um reale Drehorte bemühte. Es ist dies mehr als der Unterschied zwischen der Suche nach der inneren Wirklichkeit und der Suche nach der äußeren Wirklichkeit; die offene und die geschlossene Form des Dramas, die im Theater die radikalsten Gegensätze sind, bewegen sich im Film aufeinander zu, vereinen sich zu einer neuen Form von Teilnahme. Die emotionale Sprache des Film wird sich als eine Abfolge von Wechseln zwischen Öffnung und Distanzierung, von «Subjektivität» und «Objektivität» gestalten. Der Film wird lernen, was das traditionelle Theater kaum gestattet, die Erzeugung hoher gefühlsmäßiger Spannung durch den Wechsel der Perspektiven.

Die Adaptionsprobleme freilich, die der Film mit dem Theater hat, die Suche nach den formalen Entsprechungen (der Akt ist mit der Sequenz verglichen worden, der Monolog mit der Großaufnahme etc.) sind nur der gestalterische Ausdruck eines tiefergehenden Problems, welches das Theatralische im Film heraufbeschwört. Denn die ursprüngliche Substanz des Kinos, die Magie des Mediums, geht über alles Theater hinaus.

Die Politik des Melodrams

Das Film-Melodram, insbesondere das Hollywood-Melodram, öffnet einen (wenn auch «schwierigen») Zugang zu Bereichen der bürgerlichen Alltagswirklichkeit, die die anderen Genres zu verschließen wie geschaffen scheinen. Diese Wirklichkeit besteht aus nichts anderem als aus dem Leben mit Widersprüchen und dem Leben in Widersprüchen; es ist, mit anderen Worten, der Versuch, nach «hinten» einen Widerspruch zu heilen, um gleichzeitig «vorn» einen neuen Widerspruch aufzureißen. Während die (meisten) anderen Film-Genres diese Widersprüche der bürgerlichen Welt in ihre spezifischen Mythologien aufzuheben bestrebt sind, kann das Melodram nicht anders, als sie zu thematisieren und zu kommentieren (was nicht heißen soll, das Melodram käme ohne Mythen aus).

Thematisch läßt sich das Melodram ebenso eingrenzen wie von seinen Produktionsbedingungen, nur werden beide Annäherungen kaum allzu interessante Ergebnisse zeigen, nicht nur deshalb, weil allzu viele «typische» Beispiele des Genres den idealen *patterns* nicht genügen würden. Das Problem des Genres ist die Unterdrückung der Sexualität durch die Familie, die Lösungen folgen den Gefühlen der Zeit. Das Melodram ist zunächst, nach dem Verständnis der Industrie, ein Genre, das auf ein weibliches Publikum zielt (und eine männliche Minderheit, von Leuten, die eine ängstliche Form von Wut und eine verzweifelte Leidenschaft für Frauenschicksale mit sich tragen, weil sie sich zu lange mit ihrer Mutter haben herumschlagen müssen – Ende der siebziger Jahre beginnt aus dieser Minderheit die Mehrheit zu werden; die Wiederentdeckung des Melodrams zu dieser Zeit ist eine männliche Angelegenheit). Den «Männer-Genres» (Western, Gangsterfilm, Science-fiction-Film) und den romantisch-bizarren Liebesgeschichten in Thrillern und Horrorfilmen, die wohl an ein (nicht nach dem Zufall) gemischtes Publikum adressiert sind, wird mit dem Melodram ein «Frauen-Genre» zugeordnet, das sicherlich Korrektur und Ergänzung in einem darstellt.

Jedes Melodram erzählt eine Liebesgeschichte; das heißt, was sonst notwendiges Beiwerk ist (welcher populäre Film kommt ohne Liebesgeschichte aus?), bildet hier das Zentrum. Die Liebesgeschichte des Melodrams wird im allgemeinen aus der Perspektive der Frau, zumindest aus einer «weiblichen» Perspektive gesehen. Das bedeutet, die gesellschaftlichen Rituale und Fetische der Männerwelt: Geld, Erfolg, Karriere, Krieg, Klassenschranken, Rassismus, Politik, Gesetz und Ordnung bilden die retardierenden Momente der Handlung. Liebesgeschichten werden aufgehalten, verzögert, unterbrochen, gar zerstört durch die gesellschaftlichen Konventionen und durch die von Männern bestimmte Geschichte. Das Melodram kritisiert die Gesellschaft im Namen des individuellen Glücks, das nichts als sich selber will. Es ergreift Partei für das jeweils kleinere System in der sozialen Struktur: für die Gemeinde gegen die Gesellschaft, für die Familie gegen die Gemeinde, für das Individuum gegen die Familie. Da diese Parteilichkeit aber keine politische oder soziale Dimension hat, sondern ausschließlich auf die Verwirklichung des privaten Glücks mit dem einen Partner ausgerichtet ist, verweigert das Melodram die Erkenntnis des entscheidenden Widerspruchs zwischen den Frauen und der Geschichte. Die Liebe macht die (männer)gesellschaftlichen Widersprüche zwar deutlich, sie überwindet sie aber auch (wenn nicht real, so doch im Mythos der «glücklichen Traurigkeit» des Genres).

Es scheint also zunächst, daß das Melodram die Welt der populären Mythologie auf den Kopf stellt: Was sonst die Aussicht am Ende ist, Ehe und Familie beispielsweise, ist hier der Ausgangspunkt, was sonst Beiwerk zu Geschichten von Erfolg, Macht und Männerehre, wird hier zum Inhalt, was sonst Tugend ist, die Kraft von steinernen Helden, wird hier zum Verhängnis. In der Tat gibt es wohl, von der Komödie abgesehen, sonst kein Genre, das so viele Möglichkeiten der Subversion hat wie das Melodram.

Das Melodram kommentiert das, was Freud den «Familienroman» genannt hat und was man, allgemeiner, als Mythologie des bürgerlichen

Triebschicksals bezeichnen könnte. Wie der «Familienroman» in Freuds Sinn die Phantasie unterdrückter Menschen, Kinder vor allem, wiedergibt, die sich eine noble oder «abenteuerliche» Abstammung träumen, Vater, Mutter, Bruder, Schwester, auf die stolz zu sein wäre, die der eigenen Person gemäßer wären, so verfährt das Melodram mit der Unterdrückung und dem Verzicht, indem es eine «noble» oder abenteuerliche Vorgeschichte dazu erfindet. Das überproportionierte Leiden im Melodram ist keineswegs der «Sinn», die Metaphysik des Genres, sondern sein Ausgangsmaterial. Auf seine Weise glücklich machen kann das Melodram nur Menschen, die auf Wünsche nicht verzichten wollen, schon gar nicht im Namen der Vernunft.

Das Melodram ist auch insofern dem Freudschen Familienroman verwandt, als es gleichsam nur funktionieren kann als Variation oder sozusagen feminine Übertragung von ödipalen Konfliktsituationen und Mythen. Die mannigfaltigen Widerstände, die ausgeräumt werden müssen, damit ein Paar zueinanderfinden kann, dürfen getrost als Instanzen der Familie gedeutet werden, die der Frau den Weg zu ihren Bedürfnissen verstellen. Im Melodram ist die Frau *stärker* als sonst, weil sie gleichsam mit männlichen Pflichten aufgeladen ist (explizit sieht das in den melodramatischen Familien-Sagas etwa so aus: Die Tochter muß das Werk des Vaters fortsetzen, nachdem sie auf ihre Sexualität hat verzichten müssen und nachdem sie erkannt hat, daß der schwache Sohn dazu nicht fähig ist, weil er an seiner eigenen Ödipus-Geschichte zerbrochen ist). Entsprechend dem Verhältnis von Wunsch und Widerstand lassen sich «reaktionäre» von «liberalen» Melodramen unterscheiden, je nachdem, wie stark der letztendliche Sieg der Familien-Instanzen über das Gefühl, über die Sexualität als vernünftig oder unabwendbar gedeutet wird.

Im Melodrama des Theaters mit seiner Dreierkonstellation: Held – Heldin – Schurke, ist der Schurke als Abspaltung der bösen Sexualität des Mannes, zugleich als Abspaltung des bösen Vaters, erkennbar. Durch die Überwindung des Schurken wird von der Heldin auch der Vater bezwungen (er sieht nämlich ein, daß er dem Glück des Mädchens, das Frau werden will, nicht länger im Weg stehen darf). Diese Bewegung setzt sich im Film-Melodram fort, wobei die Instanz «Vater» durchaus bereits in die Person der Heldin eingeschrieben sein kann (als Erfolgs-, als Konformitätszwang, als Verpflichtung zur Tradition etc.) oder in anderen gesellschaftlichen Agenturen eine nicht weniger rigide Vertretung gefunden haben mag. Eine so groteske wie realistische Sehweise finden manche Filme von Douglas Sirk, die die Instanz «Vater» in den Kindern der Heldinnen fortgeführt sehen. Die eigentliche Metaphysik des Genres, die Verdichtung seiner Botschaft, ist also die Überwindung des Vaters durch die Liebe (oder: die Befreiung der Sexualität durch die Überwindung des Vaters). Es mag im übrigen sein, daß auch durch diese Übertragung eines sozusagen männlichen Weltmodells einer ödipalen Persönlichkeitsbildung auf weibliche Triebschicksale die politische Neutralität des Genres begünstigt wird.

Dem inhärenten großen Wunsch des Melodrams stehen aber Tausende von Verboten, Unmöglichkeiten und Ängsten gegenüber, so daß es ein System von Verkleidungen, Bestrafungen und Relativierungen erfinden muß, das alle kulturellen, sozialpsychologischen Tageserscheinungen mit einschließt. Das Echo auf einen großen Wunsch sind viele kleine Nein, ein paar zögernde Vielleicht, und hier und da ein trotziges Ja. So wird durch die Einführung der Psychologie ins Genre (vor allem in den Filmen der fünfziger Jahre) ein Zusammenhang von Träumen und Rationalisierungen geschaffen, dem der eigentliche Kern (die Ursache für das Wohlbefinden des Publikums beim Betrachten eines Melodrams) kaum noch nachzuweisen ist. Das Melodram borgt sich immer wieder Stilmittel und Aussagen vom sozialen Drama; es revitalisiert sich und baut zugleich die mögliche Kritik als Distanzierungsmechanismen in die eigene Erzählstruktur ein.

Wenn das Melodram die Familie als das Grab der Gefühle deutet, so hat es doch ihr nichts entgegenzusetzen als den Keim einer neuen Familie. Doch möglicherweise kann man in der Bewegung des Melodrams nicht nur die Ersetzung des Vaters durch den Geliebten sehen (eine Bewegung, die im Grunde in der patriarchalischen Gesellschaft nie ganz abgeschlossen sein kann, denn immer wieder versteinert sich zwanghaft im Mann wieder etwas von *Vater*, die Unterdrückung; so mag die Flucht in die Freiheit, die sich im Melodram abbildet, als Wirklichkeit oder Traum, die weibliche Seele des Genres sein – es hat auch eine männliche). Es läßt sich auch eine Bewegung von der alten zur neuen Familie zeigen, von der patriarchalischen zur, wenn man so will, liberalen Familie.

Der Alptraum des Genres (wo es sich nicht um als Melodramen verkleidete Restaurationsepen handelt) ist die herrschende Familie. In Filmen wie «Home from the Hill» (1960 – Regie: Vincente Minnelli) oder «Written on the Wind» (1956 – Regie: Douglas Sirk) besitzt solche Familie nicht nur etwelche Produktionsmittel, sondern auch sehr viel Land, Natur. Wie der Besitz die Natur verändert, so die Familie die Gefühle und das Fühlen. Das Kreuz der Menschen in diesen Familien ist die Unfähigkeit zu lieben, einerseits, ganz direkt, die Unfähigkeit zu Sexualität (sich dem Anti-Besitz, dem Körper hinzugeben), andererseits die Unfähigkeit zu sehen, was in anderen Menschen vorgeht. Die Sprache des Geldes und die Sprache der Haut schließen sich aus. Der allfällige, zerstörerische Generationenkonflikt resultiert aus dem unterschiedlichen Verhältnis zur Welt: Der Patriarch hat seine Lust in der Aneignung gefunden, seine Kinder finden alles angeeignet und tot. Schon deshalb müssen die Frauen das Werk fortsetzen.

Warum gerade diese Familie die Hölle des Genres ist (die anderen Genres ein Paradies erscheint), ist nur verständlich: Wo der Vater der «Hauptfeind» ist, wird alles zum Schrecken, was seine Macht erhöht. Der Punkt der Ausweglosigkeit ist erreicht, wo die Familie mit dem Besitz kurzgeschlossen ist. Die Flucht führt in die Wälder, zur Liebe; dann gibt es ein Erwachen, und man erstarrt in Angst vor der Rache des Vaters. Man kann ihr nicht entkommen, denn in der Entwicklung der Handlung (und in der des Genres) wird «Vater» immer universaler. Der Endpunkt ist: «Vater» (patriarchalischer Mann), das ist die Zivilisation.

Das Melodram ist also, wie andere Genres auch, eine Form der filmischen Darstellung eines Stadiums im Prozeß der Zivilisierung (z. B. zeigt der Horrorfilm den Schritt vom Tier/Dämon zum Menschen, der Western den Schritt von der Wildnis zum Garten, der Gangsterfilm den Schritt der Urbanisierung etc.). Und auch hier wird nicht selten das Motiv eines «Rückfalls» zur narrativen Grundstruktur. Wie es den Westerner in die Wildnis zurückzieht, so zieht es die Helden des Melodrams «zurück» aus der Welt der Vernunft in die Welt der Sinne. Dieser Schritt, den das Melodram mythisiert, ist die (zwangsweise?) Harmonisierung von Patriarchat und Gefühl/Weiblichkeit/Körper/Sexualität. Im Melodram kommt das Patriarchat sozusagen den Frauen einen Schritt entgegen und darf geliebt werden. Es zeigt ein wenig Schwäche, es zeigt seine Wunden. Dies ist die männliche Seele des Melodrams.

Im Melodram wird der «Wunsch zu wünschen» erfüllt, während die konkreten weiblichen Wünsche häufig ihre Unerfüllbarkeit erweisen in der patriarchalischen Ordnung. Die Frauen befinden sich in einer klassischen *double-bind*-Situation: Die Natur ist die Versuchung (nur im Western, mit dem das Melodram mehr gemeinsam hat, als bloße Negation zu sein, hat die Natur eine ähnliche symbolhafte Funktion); die Zivilisation ist die Strafe. Die patriarchalische Familie ist der Ort der Bestrafung, zugleich der einzige Ort, an dem ein Rest Natur (durch Ehe und Besitz) zugänglich ist.

Das Leiden der Frauen im Melodram ist also einerseits Triumph: Mit jedem (Abschieds-)Schmerz ist auch ein Stück Vater überwunden, und es ist andererseits Strafe für ihre Wünsche und ihre Natur. Das Melodram hat (zumindest als Möglichkeit) die patriarchalische Reaktion in seine Struktur eingebaut, denn seine «Aufgabe» ist es nicht, den weiblichen (den antipatriarchalischen) Standpunkt zu vertreten, sondern auf Spannungen und Widersprüche zu reagieren.

Wäre somit die Frau auch in ihrem «eigenen» Genre zum Objekt degradiert? Sicher soviel es die allgemeine «Stimmung» der Kultur vorschreibt und soweit es die Produktionsbedingungen bestimmen. Aber

Jane Wyman, der Prototyp der «leidenden Frau» in den fünfziger Jahren, auf einem Publicity-Foto.

man würde das Melodram verkennen, ihm eine Ideologie anhängen, die es nicht hat (nicht als Genre), wollte man ihm eine kämpferische Aussage entlocken. Es geht vielmehr um die Frage, ob und unter welchen Umständen eine Frau sich außerhalb der patriarchalischen Institutionen begeben und sich (und vielleicht einen Mann) glücklich machen kann. Daher exploriert das Melodram das Schicksal von Frauen, die ausbrechen aus den an sie gestellten Erwartungen (Ehefrauen und Mütter, die mit ihren Geliebten fortgehen wollen, Witwen, die sich eine unstandesgemäße Liebesgeschichte erlauben, Töchter aus gutem Hause, die die Sehnsucht zu armen, schwarzen, abenteuerlichen, alten oder bösen Männern treibt) oder sich überhaupt außerhalb der patriarchalischen Moral zu stellen vermeinen wie die Stars, die Huren, die reichen Abenteurerinnen. Sie bezahlen mit dem Schmerz und den Leiden ihre Wünsche, aber auch Schmerz und Leiden sind Erhöhung und Individuation. Das Melodram ereignet sich beim Aufprall auf den patriarchalischen Panzer. Das Ergebnis ist weder Sieg noch Niederlage, weil das Melodram nicht in diesen Kategorien denkt. (Mag sein, auch hierin steckt ein Stück seiner Utopie.)

Die Struktur des Melodrams läßt sich dennoch auf eine Art von Antagonismus hin vereinfachen, der freilich in den komplexeren Beispielen des Genres mannigfaltig gebrochen erscheint. Thema und Entwurf des Melodrams ist die Sehnsucht nach Liebe, die sich der Einfachheit und der Moral halber als Sehnsucht nach der Liebe zu *einem* Menschen, schließlich als Sehnsucht nach einem Menschen abbildet. Des Melodrams Inventionen lassen sich nun in Verstärkungen des Wunsches und in Verstärkungen des Widerstandes einteilen.

Verstärkungen des Wunsches:		Verstärkungen des Widerstandes:
Frau	–	Vater
Natur	–	Zivilisation
Haut	–	Geld
Körper	–	Familie

Das heißt: Solange Vater existiert, existiert keine Frau. Solange Zivilisation existiert, existiert Natur nicht. Solange Geld existiert, existiert Haut nicht. Solange Familie existiert, existiert Körper nicht. Diese Kritik funktioniert im Melodram auf der Ebene des Bildes, nicht auf der Ebene der Geschichte. Geschichte und Bilder tendieren (nicht nur) im Melodram dazu, sich gegenseitig aufzuheben.

Auch die «kleineren» Zeichen bedeuten nach diesen Prinzipien:

Verstärkungen des Wunsches:		Verstärkungen des Widerstandes:
Erde, Holz, Wasser	–	Mauern, Stahl, Architektur
mildes Licht	–	Hell-dunkel-Gegensätze
Bewegungen	–	Statik
		(andererseits: hysterische oder «technische» Bewegung, die den Verlust signalisiert)
rot – grün	–	blau – gelb

Als Verstärkungen können auch Schwächen dienen: kranke, haltlose, erfolglose, geächtete, behinderte, schwächliche, kindische, hilflose Männer sind bevorzugte Liebesobjekte; es sind keine Väter. (Die Schwäche der Männer kann aber auch Verhängnis werden, wo sie die Abwehr der Welt nicht leisten, die starke Frau aber auch nicht freisetzen können.) Kranke, wahnsinnige, todgeweihte Frauen garantieren die nicht-familiale Zentrierung der Liebesgeschichte. Und die entsprechenden «Heilungen» zeigen schließlich die Versöhnung an.

Die Liebesgeschichten des Melodrams lassen sich jedoch nicht nur als Abbildung des Widerspruchs von Frau/Körper/Gefühl und Vater/Familie/Zivilisation deuten, sondern auch als Abfolge von Prüfungen. Es muß und soll sich zeigen, daß die Partner einander wert sind, sie haben sich zu bewähren. Die Liebe ist als Belohnung in Aussicht gestellt. Es gibt nämlich etwas, das noch schlimmer ist als die herrschende Familie, und das ist die Einsamkeit. So gibt es für die Heldinnen des Melodrams zwei gegenläufige Bewegungen, die ihr Schicksal bestimmen: die Flucht vor der Einsamkeit und die Flucht vor der Familie. Um nicht einsam zu sein, muß sie Patriarchalisches akzeptieren, um nicht ganz verloren zu sein, muß sie Einsamkeit in Kauf nehmen. Wirklich gutgehen kann das nicht.

Perspektiven des Genres

Auf den ersten Blick lassen sich zwei Hauptendenzen in den Motiven des Melodrams feststellen: die Geschichte einer Frau (mit der sich der Zuschauer identifiziert) im Widerspruch ihrer Gefühle (die klassische Form der Dreiecksgeschichte etwa), und die Geschichte vom Widerstreit des einzelnen (Mann oder Frau) mit den gesellschaftlichen Instanzen, Familie, Moral, Nachbarschaft etc. Die oben skizzierte pseudoödipale Grundkonstellation findet so ihre Anwendung auf die interessanteren Teile des Alltags. Dabei kann es, in einem einfachen Fall, um einen Generationskonflikt gehen, in komplizierteren um die Verzweiflung eines Menschen, der einen gesellschaftlich geforderten und von ihm nahestehenden Menschen vermittelten Wert (oder ein System von Werten) nicht erfüllen kann. Melodramen handeln von Konflikten, die weder durch Gewalt noch durch individuelle Vernunft zu lösen sind.

Das Wesen des Genres ist der (rhythmische) Wechsel von Glück und Unglück, ein Wechsel, der nicht zu bestimmen ist von dem, der beides erfährt. Und die Botschaft des Melodrams ist auch die Intensität, mit der Glück und Unglück erlebt werden. Es ist in einem Melodram nicht vorhersehbar, wann auf das Glück das Unglück folgen wird (nicht *logisch* vorhersehbar – stimmungsgemäß sehr wohl), aber es ist klar, daß das Unglück kommen wird. «Glück ohne Scheitern», sagt Douglas Sirk, «ist wie ein schlecht geschriebenes Gedicht.»

Das Unglück ist in der Ausgangssituation angelegt. Der Widerspruch zwischen der Welt und dem Haus ist nicht aufzulösen ohne das Leid. Politik, Beruf, Karriere, Geld, Ruhm, Krieg, *glamour*, Abenteuer gehen wie nach einem Gesetz auf Kosten der Liebe, der Familie, der häuslichen Harmonie, der Freundlichkeit im eigenen Lebensraum. Ein Axiom des Genres ist, daß Erfolg im Beruf zum Unglück in der Familie wird. Auf einer anderen Abbildungsebene ist dieser Widerspruch kein anderer als der zwischen privater und politischer Sphäre. Denn wie dem mit dem Beruf, der Politik, dem Krieg beschäftigten Mann (ebenso der Frau) die Familie zum Problem wird, so erfährt die Familie, und hier zuerst natürlich die Frau, ihre Ausgrenzung von jeder politischen, gesellschaftlichen Entscheidung. Ist die «Politik» des Melodrams also der Kampf der Liebe gegen die patriarchalische Gesellschaft, so entspricht seine Perspektive dabei einer Mythisierung ihrer Gesetze als Schicksal. Die Familie wird so zu einer statischen Einheit inmitten einer von dynamischen Kräften geformten Welt. Wer die Familie auch nur zeitweilig verläßt, macht Veränderungsprozesse durch, die bei der Rückkehr zu ihr nicht ohne weiteres aufgefangen werden können. Die Familie verändert sich nur, um als solche zu überleben; sie löst ihre inneren Spannungen durch Kompromisse, Anpassungen, Versagungen, Verzichte und nicht zuletzt durch Verbote. Niemand darf sich so weit von ihr fortbewegen, daß er ihre Werte aus den Augen verliert, ohne dafür bestraft zu werden.

Daß das Melodram ein sehr «weibliches» Genre sei (ein Genre für ein weibliches Publikum, ein Genre mit einer weiblichen Perspektive, ein Genre mit weiblichen Interessen, ein Genre mit weiblichen Helden), läßt sich bei näherem Hinsehen nicht mehr als selbstverständlich sehen. Zwar ist es das einzige Genre des populären Films, das seine Handlung aus der Sicht der Frau und/oder der Familie entwickelt. Aber im allgemeinen steckt im Zentrum des Geschehens auch noch ein männliches Problem: das Problem der Überwindung der Kastrationsangst, die von der Familie in der patriarchalischen Gesellschaft geschürt wird. «Wo die Kunst und das Drama im allgemeinen großzügig mit den männlichen

Phantasien umgehen, ist die Wiedergabe der Frustrationen der Frauen dazu geeignet, das männliche Ego ins rechte Lot zu bringen, eine soziologisch wie ideologisch nützliche Korrektur. Eine positive männliche Figur, die im Lauf der Handlung die zügellose Virilität ablegt und sich der unmäßigen Herrschaft des Vaters widersetzt, erreicht (spätestens im Happy-End) die Re-Integration beider Geschlechter in der Familie. Die phallokratischen, auf der Kastrationsfurcht basierenden, eher misogynen Phantasien der patriarchalischen Kultur stehen hier im Gegensatz zur Ideologie der Familie und werden im Melodram geopfert im Interesse der Zivilisation und der erneuten Bestätigung des Ödipus-Komplexes. (Rafe, der Held von ‹Home from the Hill› etwa, stellt am Ende am Grab seines erdrückend starken Vaters die familiären und ‹femininen› Werte wieder her.) Aber, wie Sirk und wie manche Kritiker betont haben, liegt die Stärke der Melodramen-Form sozusagen in dem Staub, den die Geschichte unterwegs aufwirbelt, eine Wolke aus lauter Widersprüchen, die sich auch in den letzten fünf Minuten nicht in Wohlgefallen auflösen will» (Laura Mulvey).

Die Utopie, der imaginäre Fixpunkt des Genres ist also die Versöhnung von Frauen und Männern in der Familie, nachdem beide ihre Väter überwunden haben, das heißt auch, ihre Angst voreinander. Mag auch das Ende Restauration verheißen, so ist doch auch zuviel geschehen, um ganz unmodifiziert das Patriarchat wieder zu etablieren. Nun ist ja Patriarchalismus nur die eine Form, den Unterdrückungszusammenhang zu beschreiben, die andere ist «Ausbeutung». Daß diese Ausbeutung durch Leitbilder und die «Marschbefehle der amerikanischen Ideologie» (Wolfgang Limmer) ermöglicht wird, schließlich durch das Setzen von Zielen, deren Nichterreichen zu sozialer Ächtung führt, ist nur dem Melodram Anlaß zur Ernüchterung. Deshalb diskutiert es die Schattenhälften im Schicksal der Stars und Tycoons, deshalb denunziert es den Ehrgeiz. Es zeigt, daß keins von beiden, der *glamour* und der *success*, ihre Belohnung in sich bergen, wenn sie denn schon zu erreichen wären. Das Glück, im Melodram, kann nicht darin liegen, etwas zu tun, was der Gemeinschaft dient: Der Erfolg ist so nichts anderes, als der Gesellschaft von der eigenen Vitalität abzutreten, das heißt die Ausbeutung des einzelnen durch die Gesellschaft. Man kann das Melodram als das Genre des Egoismus kennzeichnen, des Egoismus des *Sein*, nicht des *Haben*. Der Lebensweg des Menschen als Abfolge von Ausbeutung und Verschleierung derselben, die Ersetzung von Gefühlen durch Technik als weltgeschichtliches «Gesetz», die Zerstörung der Kultur des einzelnen durch die Gesellschaft, die Ersetzung des Seins durch Haben, dies ist es, wogegen die Helden des Melodrams sich wehren: Der Mensch macht den Versuch einer Weigerung, verallgemeinert zu werden: «Das Melodram reflektiert das – vielleicht letzte – trotzig-verzweifelte Aufbäumen des einzelnen gegen die Masse der anderen, die beanspruchen, seinesgleichen zu sein. ‹A Time to Love, and a Time to Die› erzählt von nichts anderem als dem schier wahnsinnigen Trotz, inmitten der Ruinenhölle den siebten Himmel bauen zu wollen, einem Trotz, den schon der Titelhintergrund des Films, ein Fliederbaum, der im Winter blüht, signalisiert. Jane Wyman will sich in ‹All that Heaven Allows› gegen alle Regeln gesellschaftlichen Anstandes privates Glück ertrotzen. Susan Kohner bäumt sich gegen ihre schwarze Rasse auf (‹Imitation of Life›). Sie alle scheitern, nachdem sie für einen viel zu kurzen Moment, mit ihrem manischen Eigensinn den Gemeinsinn geschlagen haben. Die Flugbahn des Ikarus ist ihre Lebenslinie. Das ist für ‹Tarnished Angels› sogar wörtlich zu verstehen» (Wolfgang Limmer). (Zu den erwähnten Filmen siehe das Kapitel über Douglas Sirk.)

Je ernster das Melodram seine eigenen Voraussetzungen (sein Material und seine «Politik») nimmt, desto mehr wird seine Perspektive pessimistisch, antiutopisch und antireligiös.

«The Tarnished Angels» von Douglas Sirk. Mit Jack Carson, Dorothy Malone und Robert Stack.

Geschichte
des Melodrams

Das Hollywood-Melodram

Für und wider den Viktorianismus: Amerikanische Stummfilm-Melodramen

Noch lange nachdem etwa Filme wie «The Great Train Robbery» (1904 – Regie: Edwin S. Porter) Möglichkeiten filmischer Bewegung und Erzählweisen entwickelt hatten und man begann, Filme *on location* zu drehen, bestand das Hauptkontingent des amerikanischen Unterhaltungsfilms aus mehr oder weniger statisch abgefilmten Theaterstücken, die zur Verfilmung allenfalls ein wenig verkürzt oder vereinfacht wurden, damit kompliziertere Dialogstellen nicht zu ermüdend langen Zwischentiteln führen mußten. Während die Schauspieler dann für den Film noch um eine Spur mehr outrierten, als dies schon sowieso zum Stil der Zeit gehörte, bestimmte im allgemeinen eine sehr viktorianisch geprägte Moral die Auswahl der Stoffe. Beide Elemente tragen dazu bei, den Eindruck unfreiwilliger Komik, den solche Filme heute hervorrufen, noch zu verstärken.

Zu dieser Zeit war die Melodramatik im Film noch ungebrochen nicht die eines wirklichkeitsbezogenen sozialen Dramas, sondern die Projektion einer Idealvorstellung auf die Auseinandersetzung zwischen überlebensgroß und nahezu abstrakt gezeichneten Archetypen: Der Schurke bestand aus nichts als Schurkerei, der Edle aus nichts als Edelmut und die schöne Unschuld aus nichts als Schönheit und Unschuld. Daß diese Idealvorstellungen mit der Wirklichkeit nicht allzuviel zu tun hatten, wurde damals kaum als störend empfunden; der allgemeine moralische Konsens und seine patriarchalischen Mythen waren so ausgeprägt, daß sie sich in der Wiederholung und Variation des Motivs von der bedrohten Jungfräulichkeit eine erschöpfende kulturelle Abbildung schaffen konnten. Die «rührendste» Beziehung zwischen Frauen und Männern war, zu zeigen etwa an den frühen Filmen von David Wark Griffith, nicht die zwischen Braut und Bräutigam, sondern die zwischen Tochter und Vater. Nach den Regeln des Puritanismus und den Konventionen noch lange ins neue Jahrhundert hinein war für die Frau der Vater der Mann, der näher blieb als der fremdbestimmte, aus wirtschaftlichen Erwägungen gewählte Mann. Jungfräulichkeit und Mädchenhaftigkeit waren daher nicht nur die Verklärung eines moralischen Gebots, sondern, viel konkreter, die Idealisierung des kleineren Übels. In den Auseinandersetzungen um diese Moral wie in den Kämpfen um das Recht der Frauen auf Gleichstellung mit dem Mann formte sich langsam und nicht ohne schmerzhafte Widersprüche das Bild einer neuen Frau. Dieser Kampf beherrschte auch das Kino, das gelegentlich durchaus auch die «Machtkämpfe» hinter den Kameras, zwischen mächtigen, aber allzu leicht erpreßbaren Männern und ohnmächtigen, aber einflußreichen Frauen widerspiegelte, natürlich auf eine ebenso verschlüsselte wie idealisierende Weise. Die Macht der Patriarchen fand in der Macht etwa von Mary Pickford weniger einen Widerpart als vielmehr eine Ergänzung; die populäre Mythologie und insbesondere der Film zwischen dem viktorianischen Erbe und den Roaring Twenties war konservativ und fortschrittlich zugleich.

Der Thrill viktorianischer Melodramen bestand selten aus etwas anderem als aus der Bedrohung des Sakraments weiblicher Unschuld. Das Grundmodell solcher Melodramen im Theater wie im Film war eine Dreieckskonstellation: Ein jungfräuliches Mädchen wird von einem lüsternen und/oder auf ihr Geld (auf ihr Erbe, auf ein Geheimnis, das sie unwissentlich mit sich trägt, etc.) versessenen Mann bedroht, der zudem nicht ihrer Gesellschaftsschicht angehört. Er ist entweder der verkommene Aristokrat, der einem armen Waisenmädchen aus den unteren Schichten nachstellt, oder ein böser Bürgerlicher, der der gräflichen Erbin mit tückischen Absichten folgt. Bevor der Unhold dem Mädchen wirklichen Tort antun kann, erscheint der edle Mann, der vordem schon auf der Verliererstraße schien, sei es, weil der Schurke, seine Gutmütigkeit ausnützend, ihn vorübergehend matt gesetzt hat, sei es, weil das Mädchen seine wahren Qualitäten nicht erkannt hat, und rettet es. (Natürlich waren nicht alle viktorianisch-puritanischen Melodramen in ihrer Ausführung so naiv, doch lassen sie sich wohl nahezu alle auf das skizzierte Grundmuster zurückführen.)

In der Mathematik gilt der Satz, daß das Dreieck die stabilste geometrische Figur in der Ebene ist. Übertragen auf die Struktur des Melodrams ließe sich folgern, daß die Dreieckskonstruktion die «stabilste» Botschaft, die «stabilste» Moral vermittelt. Das rührt zum einen daher, daß jede Person (als Repräsentant einer moralischen Haltung) gleichsam von zwei Seiten her definiert wird. Daß die Unschuld ein Wert ist, erweist sich dadurch, daß sie auf der einen Seite bedroht wird, womöglich in Verbindung mit anderen schändlichen Absichten seitens des Schurken, und dadurch, daß sie gerettet wird. Die Bestätigung geschieht so zugleich über die Infragestellung wie über die Sicherung: Etwas, um das so heiß gerungen wird, muß einen kolossalen Wert und eine eigene Dynamik besitzen.

Das erotische Freibeutertum des Unholds wird ebenfalls von zwei Seiten her beleuchtet: erstens durch die wennzwar letztlich hilflose Gegenwehr der Unschuld, die ihn moralisch vernichtet (was den Schurken allerdings wenig zu stören scheint), und gegen die ganz manifeste Kraft des edlen Helden, der ihm nicht nur sein mit so kruden Mitteln fast schon errungenes Triebobjekt (nicht: das Mädchen, sondern die Unschuld an sich) nimmt, sondern ihn auch auf reale Art unschädlich macht, und sei es, daß er ihn töten muß. Schließlich ist auch der Held in seiner absoluten Integrität überdefiniert, indem er oft genug zunächst von beiden Seiten, vom Unhold wie von dem Mädchen, Demütigungen erfährt, um sich dann bei beiden «durchzusetzen». Lohn und Strafe sind exakt verteilt.

Es liegt auf der Hand, daß diese Grundstruktur an kein bestimmtes Dekor gebunden ist; die immer gleiche Geschichte mit Variationen ließ sich als Western wie als Großstadt-Drama, als Kostümfilm wie als ländlicher Schwank, als Groteske und als biblisches Gleichnis wiedergeben. Jede *besondere* Charakterisierung eines der drei Protagonisten gibt zusätzliche Effekte in der Handlung und in der moralischen Spannung. Beispiele: der edle Held ist ein Priester – die Frau muß auf die Auflösung ihrer erotischen Hoffnungen, so sie so etwas kennt, verzichten; der Böse ist ein Verwandter des Mädchens – ein schrecklicher Hauch von Blutschande durchzieht die Handlung; Held und Schurke sind nicht nur Konkurrenten um die Gunst des Mädchens, sondern auch in ihrer Karriere – das erotische Dreieck wird zur Basis für eine Erfolgsgeschichte. Zu einem wirklichen Melodram indes wird die Dreiecksgeschichte erst durch die Auflösung der klaren moralischen Fronten, also durch den Austausch von Eigenschaften zwischen Held und Schurke. Andere Gründe ersetzen die charakterliche Untauglichkeit in der Verhinderung einer Liebesgeschichte, und aus dem Mädchen wird eine Frau, die durchaus eigene erotische Bedürfnisse hat.

Die viktorianische Dreieckskonstruktion, von der es natürlich auch eine Variante mit dem Mann zwischen guter und böser Frau gibt, ist nicht unbedingt mit der Dreiecksgeschichte zu vergleichen, die später zur Grundlage des filmischen Melodrams wurde; es gibt hier weder den Aspekt von Vergeblichkeit und Pessimismus noch eine Entwicklung oder Einsicht der Protagonisten. Deren Persönlichkeiten sind absolut statisch, und natürlich gibt es auch für eine Moral, die sich in Entscheidungen zwischen ja und nein, schwarz und weiß erfüllt, kaum Konflikte, die sich nicht durch ihre Veräußerlichung in einer archetypischen Konfrontation darstellen ließen. Zumindest eine Funktion verbindet jedoch diese theatralischen Pre-Melodramen aus den Jahren um 1910 mit den mit stärker filmischen Mitteln arbeitenden Genre-Filmen der späteren Zeit: Sie sind zugleich eine Möglichkeit, den moralischen Konsens zu be-

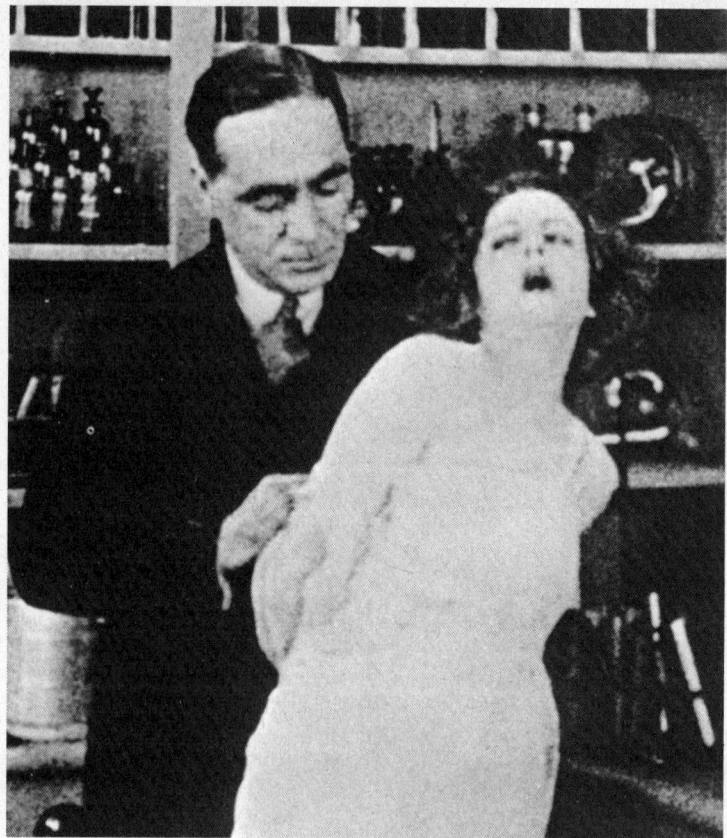

Die bedrohte weibliche Unschuld im frühen amerikanischen Stummfilm.

stätigen, wie ihn in der Darstellung ein wenig zu umgehen. Denn natürlich ist der Schurke nicht nur die Kraft, die sozusagen «Böses will und
Gutes schafft», er ist auch der Ausdruck verdrängter Begierden, die allein abgebildet zu sehen eine Art der Befreiung darstellt. Was die Unterhaltung als Ganzes in ihrer puritanischen Erbschaft charakterisiert, gilt
für das frühe Melodram ganz besonders, nämlich daß es den Genuß
«verbotener Gefühle» unter dem Mantel strenger moralischer Wertig-
keit gestattet.
    Das gilt noch mehr für die Umkehrung dieser Pre-Melodramen, für

die Vamp-Filme, die sich zu Ende der zehner Jahre entwickelten und die in ihrer erotischen Ansprache selbst für heutige Begriffe ausgesprochen offensiv sind (vergl. dazu den Band «Ästhetik des erotischen Kinos» in dieser Buchreihe). Hier geht es immer um einen schwachen, labilen Mann, der zwischen zwei Frauen steht: die eine, die gefährlich-erotische Frau ist wie eine Ausgeburt der Hölle, auf nichts anderes bedacht, als zuerst die Hörigkeit, dann die Vernichtung des Mannes zu erreichen, die andere, die hilflos-gute Frau (häufig die Ehefrau des fragwürdigen Helden) hat diesem Schicksal nur ihre Tränen entgegenzusetzen. Natürlich läßt sich im Bild der Vamps wie Theda Bara, Elsie Ferguson oder Alla Nazimova Sexualangst und hypertrophe männliche Phantasie ausmachen; die Tatsache, daß zu dieser Zeit Frauen den Großteil des Publikums bildeten, mag jedoch zu der Vermutung führen, daß sich im Bild dieser «Überfrauen» durchaus auch heimliche weibliche Vorstellungen erfüllten. Daß man nicht sein darf, was man sein will, und daß man nicht haben darf, was man haben will, gehört zu dieser Zeit weniger zu den Themen des Melodrams als vielmehr zur Interaktion zwischen Filmangebot und Publikumsgeschmack.

Neben der mehr oder weniger geschickten Verbindung von moralischer Bestätigung und visueller Andeutung des Verbotenen hatte das frühe Melodram noch eine Gemeinsamkeit mit dem späteren Genre, die Verbindung von erotischen mit ökonomischen Motiven. Der böse Mann wollte neben der Unschuld des Mädchens noch ihr Geld, die böse Frau, der Vamp, ruinierte den Mann nicht nur moralisch, sondern auch finanziell und stürzte seine Familie dadurch ins Verderben. Ein wirkliches Happy-End konnte nur durch das Liebesglück *und* eine gewisse, bescheidene wirtschaftliche Sicherheit erreicht werden.

In der Entwicklung des Kinos, die zumindest in Amerika parallel zur Entwicklung der «modernen Frau», gewissermaßen der postviktorianischen Frau verlief, gab es nicht nur Versuche der viktorianischen Restauration auf der einen und die Subversion der *sophistication* auf der anderen Seite, sondern auch Filme, die im Umfeld der Suffragetten-Bewegung entstanden und die Rechte der Frauen vertraten. Auch diese Filme verwendeten, wo sie sich nicht aufs Dokumentarische beschränkten, zumeist sehr melodramatische Erzählformen. «Your Girl and Mine» (1914) etwa, die Geschichte einer Frau, die von ihrem Mann zugrunde gerichtet wird, weil sie keine rechtliche Möglichkeit hat, sich gegen ihn zur Wehr zu setzen oder ihn zu verlassen, wurde als das «Onkel Toms Hütte» der Frauenrechtsbewegung bezeichnet. Der Griff der Suffragetten nach dem Kino als Propagandamittel wurde jedoch bald abgewehrt, zum einen, weil sich der Vertrieb feministischer Filme in einem männlich dominierten System als schwierig erwies, zum anderen, weil die Filmindustrie eine Art Gegenpropaganda entwickelte, die vor allem aus hämischen Satiren auf die Frauenrechtsbewegung bestand.

Dennoch setzte sich so etwas wie ein soziales Bewußtsein in den Gegenwartsfilmen durch, sogar und gerade in denen des Viktorianers David Wark Griffith.

Griffith, der liberale Viktorianer

Griffiths Filme waren «Kunst», was bedeutete, daß für «The Birth of a Nation» der Eintrittspreis von 50 Cent auf 2 Dollar heraufgesetzt wurde, was damals eine erkleckliche Summe war. Aber auch schon vor seinen gigantischen Epen von «America» oder «Intolerance» durften seine Arbeiten einen größeren Grad an Wirksamkeit beanspruchen, die Wiedergabe und Bestimmung des gut-amerikanischen Verhaltens betreffend. Die gebräuchliche Form der Lösung eines Konflikts in seinen Filmen ist das Opfer, so wie etwa in einem seiner für Biograph gestalteten Filme, «The Country Doctor» (1909) der Arzt, zwischen die Wahl gestellt, seine eigene Tochter oder die einer Patientin zu retten, das Leben seines eigenen Kindes opfert.

In diesem Film spielte, neben Florence Lawrence, die «Kindfrau» Mary Pickford eine Hauptrolle, eine Schauspielerin, die als *the girl with the curl* bald zu «America's Sweetheart» wurde. «Ihre Spezialität war das liebreizende, heimatlose Mädchen, das süße, standhafte Gassenkind, das den Status quo nie in Frage stellte und nicht mit irgendwelchen unmoralischen Dingen in Zusammenhang gebracht werden konnte oder gar etwas so Verwerfliches wie Sexualität ausstrahlte; ein Kind, mit einem Wort, das nicht zur Frau wird. Mary Pickford hatte alles, was ein viktorianisches Publikum sich wünschte. Und sie wußte es» (Marjorie Rosen).

Die Filme, in denen sie die Hauptrolle spielte, etwa «Such a Little Queen» (1913), «Poor Little Peppina» (1916), «The Little Princess» (1917), «The Poor Little Rich Girl» (1917) etc., hatten Titel wie Kindergeschichten und waren, obwohl sie sich an ein erwachsenes Publikum richteten, wie solche aufgebaut. Im Alter von 24 Jahren spielte Pickford ein junges Mädchen in «Rebecca of Sunnybrook Farm», mit 27 war sie die zwölfjährige Heldin von «Pollyanna», und ein Jahr darauf stellte sie die Titelfigur von «Little Lord Fauntleroy» und zugleich deren Mutter dar. Noch mit 32 Jahren spielte sie ein zwölfjähriges Mädchen in «Little Annie Rooney» (1925), und immer noch gab es niemanden, der darin etwas Komisches gesehen hätte. In ihrer Besessenheit trafen sich eine biographische Komponente und der Geist der Zeit: Die Sehnsucht nach Kindlichkeit war zugleich ihre ganz eigene Sehnsucht, eine Jugendzeit, um die sie betrogen worden war, wenigstens in einer Illusion «nachzuholen», und die allgemeine Raffaelisierung der Noch-nicht-Frau in der viktorianischen Mythologie, die den einzigen Weg zum weiblichen Geschlecht zu öffnen schien. Mary Pickford war zugleich aber auch immer die Gestalt, die mit Liebe und Verständnis in individuellen und sozialen Widersprüchen vermitteln konnte, zwischen den Klassen Harmonie herstellte. Und sie war nicht selten das Kind aus dem Elend, das sein Glück macht: *from rags to riches*.

Die ernsthaft melodramatischen Rollen, etwa in «Madame Butterfly» (1915), wo sie den Tod im Wasser sucht, weil sich ihre Liebe nicht erfüllen läßt, honorierte ihr Publikum nicht. Es verlangte nach reinen Märchen, die, wie alle besonders moralischen Geschichten, schon wieder einen verquer erotischen, manchmal etwas manierierten, ja obszönen Unterton hatten. Mary Pickford konnte, als das Mädchen, das nie zur Frau würde, mit Männern Dinge tun und Männern Dinge sagen, die, hätte es eine «normale» Frau getan, Empörung und Bestürzung hervorgerufen hätten. Mary Pickford war keine «normale Frau», ihre kindliche Unschuld war ohne Arg, aber jedermann wußte, daß sie kein Kind war, sondern sehr wohl eine Frau; sie spielte nur das Kind. Insofern waren die Mary Pickford-Filme nicht nur die präzise Wiedergabe des amerikanischen Viktorianismus, sondern auch eine (unbewußte?) Kritik an ihm. Mary Pickford wurde daher nicht von den Vamps, von Theda Bara, Pola Negri oder Norma Shearer, verdrängt, im Gegenteil: beide Arten von Frauengestalten im Kino ergänzten sich, Kindfrau und Dämonin waren die ersten Entwürfe zu einem neuen Frauen-Bild.

Weder die Pickford-Filme noch die Vamp-Filme sind Melodramen in dem Sinn, wie das Genre sich späterhin definieren läßt. Das Schicksal stellt beide Frauengestalten nicht vor schmerzhafte Entscheidungen, dazu sind sie noch zuwenig gleichberechtigt (und ohne ein Maß an Gleichberechtigung zwischen Mann und Frau funktioniert ein Melodram nicht), und dazu sind sie, gerade in den Filmen von D. W. Griffith, zu sehr in ihrer «familiären» bzw. antifamiliären Situation festgeschrieben. Sie sind selber die Harmonie oder die Versuchung, mit denen es die Menschen in den Melodramen zu tun haben.

Nachdem sein Film «Intolerance» ein großer kommerzieller Mißerfolg geworden war, hatte sich Griffith wieder «kleineren» Sujets zugewandt; in den zwanziger Jahren war das Melodram «sein» Genre. Neben Mary Pickford entwickelte sich Lillian Gish zu einer neuen, dem Genre adäquaten Heldin. Sie war das Mädchen, dessen Entwicklung zur Frau sich als Leidensweg zeigt. Den wohl bekanntesten seiner Filme dieses Genres aus den Jahren um 1920, «Broken Blossoms» (1919), nannte Griffith im Vorspann «A Tale of Love and Tears», und vorwiegend um Liebe und Tränen sollte es im Melodram der nächsten Jahre gehen. «Das ist die kürzeste Formel für Programm und Thematik des Melodrams. Die vier Episoden von ‹Intolerance›, in denen Griffith zeigt, wie ‹Haß und Unduldsamkeit gegen Liebe und Mitgefühl kämpft›, sind verbunden durch das Bild einer Mutter mit einer Wiege. ‹Heute wie gestern, endlos wiegend, bringt sie dieselben menschlichen Leidenschaften, dieselben Freuden und Leiden hervor›, erklärt ein Zwischentitel dieses Sinnbild. Durch die Welt des Melodrams weht der Atem der Ewigkeit, und wie die Erschaffung der Welt mit der Scheidung in Gut und Böse beginnt, so erzählt das Melodram vom immerwährenden Kampf zwischen diesen Mächten. Sein manichäisches Weltbild ist blind gegenüber jeglicher Differenzierung. In den Griffithschen Melodramen sind die Menschen, im Gegensatz zu den späteren, ‹aufgeklärten› Melodramen Douglas Sirks, Inkarnationen und Sklaven dieser ewigen Mächte. Allegorisch hat Griffith diese in ‹Dream Street› dargestellt. Bei Griffith siegt das Gute, von dem Doppelselbstmord in ‹Broken Blossoms› abgesehen. Das Muster dieser Siege liefert die dramatische Konstruktion der ‹last minute rescue› in der modernen Episode von ‹Intolerance›: Die Aufhebung des Konflikts durch die Spannung parallellaufender Ereignisse» (Wolfgang Limmer).

«Broken Blossoms», entstanden nach einer Erzählung von Thomas Burke (dt.: «Der Chinese und das Mädchen»), erzählt die Geschichte der fünfzehnjährigen Lucy (Lillian Gish), die im Elend lebt und von ihrem Vater, einem heruntergekommenen Boxer, der dem Alkohol verfallen ist, mißhandelt wird. Zuflucht findet sie bei einem Chinesen, der die Philosophie von Kung Fu Tse, die Forderung nach Liebe und Frieden zwischen den Menschen, in die Wirklichkeit umsetzen will. Lillian Gish, die hier, im Gegensatz zu Mary Pickford, die zerstörte Kindheit verkörpert, aus der nur in den Status einer Frau zu entkommen wäre, bringt einen veränderten, zugleich «psychologischen» und romantischen Darstellungsstil ein. Und auch in seiner Gestaltung gehört «Broken Blossoms» zu den Modellen für das Genre der Melodramen: «Dieser Film, in dem sich alles Beschriebene dem Ausdruck unterordnet, ist – vom Standpunkt der klassischen Perfektion aus betrachtet – das unbestreitbare Meisterwerk Griffiths. Unter der Oberfläche eines Melodrams, das sich zu einem Poem, einer zauberhaften Kantilene wandelt, besitzt er die unerschütterliche Strenge einer antiken Tragödie. Die Vision der Dinge ist in ein ideales Dekor eingeschlossen, ein Dekor, das die Personen und das Drama eingrenzt, festlegt, das die Ereignisse beschleunigt, als ob sie von ihm determiniert wären; seine elende und kalte Strenge, seine verzweifelte Düsterkeit liefern ein Spiegelbild der Seelenqual jener Personen, die sich in dem Dekor bewegen und den blassen Nebel einatmen, der sich auf die Kais von Limehouse senkt. ‹Broken Blossoms› eröffnete eine neue Ästhetik, die der Tragödie im abgeschlossenen Raum» (Jean Mitry).

Lillian Gish in «Broken Blossoms» (1919) von David Wark Griffith.

Wie spätere Filme des Genres schildert «Broken Blossoms» eine Situation der sozialen Ausweglosigkeit; das Londoner Limehouse-Viertel, ein *dead end* in der gesellschaftlichen Geographie der Stadt, hat mindestens ebensosehr «schuld» an dem Schicksal des Mädchens wie der tyrannische Vater, der gleichsam die Negativfigur zu Griffiths vielen aufopfernden, freundlichen Vatergestalten ist. Als der Vater (Donald Crisp) kurz vor einem Boxkampf davon hört, daß seine Tochter bei dem Chinesen (Richard Barthelmess) ist, gerät er außer sich vor Zorn. Er schlägt seinen Gegner nieder, eilt zum Haus des Chinesen und holt seine Tochter mit Gewalt nach Hause. Dort schlägt er sie zu Tode. Als der Chinese dessen gewahr wird, tötet er den Boxer, danach sich selbst.

Es zeigt sich auch, daß in den melodramatischen Filmen Griffiths aus den zwanziger Jahren schon die Dominanz der Einstellung und der Montage gegenüber der Geschichte angelegt ist; das Melodram besteht nicht auf der Glaubwürdigkeit seiner Story, sondern auf der Wirklichkeit von Gefühlen (darin auch liegt der Maßstab für seine «Wahrhaftigkeit»). «Mögen sich die Geschichten dieser Filme absurd anhören, von Griffith in Bilder umgesetzt ergreifen und fesseln sie heute noch. Lillian Gish, geschmückt in einem chinesischen Gewand oder vor Furcht schreiend in einem Verschlag, während ihr Vater diesen aufzubrechen versucht (‹Broken Blossoms›), die Szenen in der Familie, auf dem Bauernhof, die alte Familienfotos nachzustellen scheinen, oder das Umherirren von Lillian Gish im Schneesturm mit vom Eis verkrusteten Gesicht (‹Way Down East›), die Flucht der zwei jungen Leute vor ihren Verfolgern durch einen Kiefernwald (‹Isn't Life Wonderful?›), die Schönheit dieser Bilder ist es, was Griffith einzigartig macht. Und dies ist es vielleicht auch, was Griffith meinte, als er in seinen letzten Jahren erklärte: ‹Was den modernen Filmen fehlt, ist Schönheit – die Schönheit des wehenden Windes in den Bäumen›» (Hartmut Engmann).

Noch näher an den Aussagen der späteren Film-Melodramen als «Broken Blossoms» ist «Way Down East» (Weit im Osten – 1920), ein Film, der den Leidensweg einer jungen Frau (wiederum Lillian Gish) noch konkreter in Beziehung setzt zu der bigotten, restriktiven Moral der amerikanischen Gesellschaft. Es geht um Anna Moore, die ein schurkischer Mann mit einer falschen Hochzeit betrogen hat, ihr die Jungfräulichkeit nahm und sie dann verließ. Sie ist allein, verstoßen, obwohl sie völlig unschuldig an ihrem Schicksal ist. Ihr uneheliches Kind ist gestorben. Sie findet, am Ende ihrer Kräfte, Unterkunft und Arbeit auf der Farm eines eifernden, selbstgerechten Gutsbesitzers, und wieder muß sie die Gewalt eines Patriarchen erdulden. Diesmal kann sie im letzten Moment von einem Mann, der sie liebt (Richard Barthelmess), gerettet werden. Die Gewalt der Väter, die Gewalt der «Liebhaber», die Gewalt der Prediger und Patriarchen, sie wird geschildert als Perversion eines Systems, das seine Richtigkeit haben könnte. Den Gedanken, eine Frau könne rebellieren, gibt es in keinem Film von Griffith.

«Isn't Life Wonderful?» (1924) setzt eine sozialkritische Komponente in Griffiths Arbeit fort. Der Film spielt im Berlin der Inflationszeit; zwei, die sich lieben (Carol Dempster und Neil Hamilton), können nicht heiraten, weil sie einfach die Mittel nicht haben, einen Hausstand zu gründen, so «wie es sich gehört». Griffith, den man mit Dickens verglichen hat, arbeitet mit Detailliebe den Hintergrund seiner Geschichte heraus, die die Ungleichzeitigkeit von moralischen Imperativen, Konventionen und materieller Wirklichkeit zeigt.

Griffiths Melodramen aus den zwanziger Jahren sind in gewisser Weise auch Korrekturen zu seinen früheren optimistischen Arbeiten, und wennzwar er auch seinen Sozialdarwinismus kaum überwunden hatte, die Rollen festgefügt in seinen Geschichten blieben und die Metaphysik eines Ideals in seinen Filmen zurück in die Vergangenheit wies, so öffneten sie sich doch dem Leiden, das die patriarchalische Ordnung hervorbringen konnte. Mit einem Maß an Resignation wird der Zerfall der Familie, des Ortes, an dem Amerikas Seele sitzt, beobachtet. Da, wo die

«Way Down East» (1920) von David Wark Griffith. Mit Lowell Sherman und Lillian Gish.

Männer versagen, ihre Rolle als Ernährer und Beschützer nicht mehr ausfüllen können, da, wo die Frauen das Haus verlassen, gar für Geld sorgen müssen, da, wo ihre Jungfräulichkeit nicht mehr garantiert werden kann, zerstiebt die Hoffnung auf das Glück. Griffith versucht (mit wenig anderem Rüstzeug, seine viktorianische Weltsicht zu verändern, als dem Gefühl für die immanente Bewegung jeder Geschichte, sozusagen die unbedingte Aufrichtigkeit gegenüber den eigenen Inventionen, und einer ganz un-viktorianischen, wenngleich distanzierten Liebe zu *den* Frauen), die Opfer zu verstehen; schon deswegen gehört er zu den Vätern des Melodrams.

Die viktorianische Kind-Frau, die Mary Pickford darstellte, zerfällt bei Griffith in zwei andere, extrem polarisierte (Jung-)Frauenfiguren: die leidende, nichts als duldende Lillian Gish und die burschikose, nicht selten ein wenig berechnende Carol Dempster. Die Ablösung des viktorianischen Frauen-Bildes, die sich in den Filmen von Erich von Stroheim vollziehen sollte, hatte Griffith selbst vorbereitet, durch Mißtrauen und Mitleid für seine Geschöpfe.

Auch Griffiths letzter Film, «The Struggle» (Der Kampf – 1931), neben «Abraham Lincoln» (1930) sein einziger Tonfilm, ist ein Melodram, die Geschichte des Arbeiters Jimmie Wilson (Hal Shelly), der über Jahre hinweg vergeblich versucht, gegen seinen Alkoholismus anzukämpfen. Auch die Liebe kann ihn, bis zum diesmal von der Produktion verordneten Happy-End, nicht retten.

Die Liebe, deren Ästhetisierung Griffith im Film erreicht hat, für die er eine filmische Sprache entwickelt hat, steht in allen seinen Filmen *vor* der Historie, vor der sozialen Organisation. Im Kern sind auch «epische» Filme wie «America» Liebesgeschichten. Anders ausgedrückt: Der Kampf um die neue Nation Amerika ist der Kampf um das Glück der «Königskinder», der Kampf darum, daß Leute, die sich lieben, über alle Gräben zueinander kommen können, über die Abgründe zwischen den Klassen, den Rassen, den gesellschaftlichen und ethnischen Gruppierungen. Freilich, wie diese Liebe beschaffen wäre, darüber hat Griffith noch nicht nachzudenken gewagt. An einer Liebesgeschichte immerhin ließe sich zeigen, was die amerikanische Verfassung wert sei, diese Verfassung, die Griffith zeit seines Lebens sozusagen immer wieder verfilmt hat, als Legende und als Emotion, als Entwurf der Einheit dieser Verfassung und der ganz alltäglichen Verfassung jedes einzelnen. Die Widerstände wuchsen. In seinen letzten Filmen, die bei weitem nicht solchen Erfolg beim Publikum hatten wie die in den zehner Jahren entstandenen, nistet der Zweifel.

Stroheim, der Un-Amerikaner

Erich von Stroheim, der als Schauspieler bei Griffith begann und vier Jahre lang mit ihm arbeitete, zuletzt als sein erster Assistent, bezeichnet sich selbst als dessen Schüler. Über Griffith hat er geschrieben: «Er war der Mann, der die Großaufnahme erfand und so den armen Leuten denselben intimen Blick auf die interessanten Dinge im Film gab, wie ihn die reichen Leute sich dadurch verschaffen, daß sie mit dem Opernglas auf alles schauten, was sie auf der Theaterbühne interessierte – mit dem Unterschied natürlich, daß Griffith entschied, was sowohl der Mann im Souffleurkasten wie der im ‹Nigger Heaven› aus der Nähe sehen sollten, und wann. Die Großaufnahme einer Person sollte in einem bestimmten Augenblick des Stücks die Gedanken dieser Person, ihren Ausdruck und ihre Reaktion hervorheben, während die Großaufnahme eines Gegenstandes dessen dramaturgische Wichtigkeit akzentuierte. Griffith war der Mann, der dies erfand.»

Diese Intimität, die der Film ermöglicht, wurde auch von Stroheim gesucht, der das Melodram als Vater des «Bastards» Kino verstand und der Intensität des Lebens und der Gefühle bei seinen Figuren nachspürte. «Griffith war sein Lehrer, aber Stroheims Filme sind ausschließlich Widerspruch gegen die noch brandneuen Errungenschaften seines Mentors. Griffith verwandelte durch Montage und Großaufnahme die noch unartikulierte Kintoppausdrucksweise in Filmsprache. Durch ihn lernte das Kino das Erzählen, es der Literatur gleichzutun.

‹Das Theater verfügt nur über begrenzte Mittel, es ist unvollständig und künstlich, das Kino hat nur den Horizont als Grenze.› Griffith habe ihn gelehrt, alles so korrekt und menschlich wie möglich darzustellen. Für Stroheim bedeutete das, alles zu verwerfen, was Kino für Griffith und das im Entstehen begriffene Hollywood bedeutete. Griffith und Stroheim – das ist noch einmal das feindliche Brüderpaar Méliès und Lumière an den Anfängen des Kinos.

Realität rekonstruiert man nicht, man fängt sie ein, sagt Stroheim. Deshalb drehte er in natürlichen Dekors und arbeitete, statt mit Stars, mit unbekannten Schauspielern. Er wollte als Helden nicht einschichtige Idealfiguren, sondern wirkliche Menschen, gut und böse, anziehend und abstoßend, ungeschminkt, die Haut der Dinge und ihre Ausströmungen. Statt elliptischer Griffithscher Erzählstrukturen: Kontinuität, wirkliche Bewegung, die Monotonie der realen Zeit» (Frieda Grafe).

Zunächst ist Stroheim, als Schauspieler und als Darsteller der Folgerungen aus einer selbsterfundenen Biografie, das Muster des teutonischen, kontinentalen Aristokraten, des «Hunnen», der mit seiner militärischen Eleganz unschuldige Mädchen zu verführen trachtete, während sich die amerikanischen Männer für den Erfolg abrackerten. Er repräsentierte alles, was dem puritanischen Amerika an Europa suspekt und verdorben schien: den sardonischen Witz, der nicht verleugnete, den Eros zur Quelle zu haben, den Lebensgenuß, die genußvolle Selbstinszenierung, die immer ein wenig dekadente, «ungesunde» Erotik, die Herrschaft von Morbidität, gegenseitiger Ausbeutung und Sündhaftigkeit. Als Schauspieler wie später als Regisseur hatte er Anteil daran, daß dem Publikum ein pathologisches Satyricon der europäischen Zustände vor Augen geführt wurde, das entsetzte und faszinierte, ein Europa, das nichts anderes war als die Summe der viktorianischen Verdrängungen. Hatte Griffith die Liebe ästhetisiert, so Stroheim den Sadismus und Masochismus, ohne den sie nicht auskommt. Er zeichnet die amerikanische Frau als das rückständige Opfer in einer Welt, in der der Egoismus der Sinne herrscht. Wo Griffith die Gewalt der Männer gegenüber den Frauen zeigte, entwickelt Stroheim seine wilden Melodramen aus der Ignoranz der Männer ihren Frauen gegenüber und der Sprache der Haut. Herausforderung und Strafe zugleich ist da der europäische Verführer, Stroheim, der nichts anderes will und eine ganze Welt der Verführung um sich herum hat.

Europa, das sind Kultstätten der Sinnlichkeit. «Blind Husbands» (1918), Stroheims erster Film in eigener Regie, spielt in den Dolomiten; der amerikanische Tourist Dr. Armstrong (Sam de Grasse) macht hier mit seiner Frau Urlaub. Aber er ist nicht wirklich bei ihr; er vernachlässigt sie, läßt sie allein, liest Zeitung, anstatt sich ihr zuzuwenden. Sie macht die Bekanntschaft von Leutnant Erich von Steuben (Stroheim), der alles daransetzt, sie zu verführen. (Nebenbei forciert er noch andere «Verführungsprojekte» mit ähnlicher Taktik der kleinen Aufmerksamkeiten und kleinen Verheißungen.) Bei einer Bergtour mit Steuben findet Armstrong einen Brief seiner Frau an den Leutnant, und er versteht nicht, daß er eigentlich den Beweis für die Unschuld seiner Frau in Händen hält. In seiner blinden Eifersucht zerschneidet er das Seil, an dem Steuben hängt, und läßt ihn in den Tod stürzen.

«Vorzeigegestus: Stroheim als von Steuben studiert sein Verhalten vor dem Spiegel ein, bevor er sich verhält. Manchmal probt er eine Bewegung, auch in Anwesenheit seines Gegenübers (anwesend im gleichen Bild oder anwesend im Gegenschuß), *beiseite*. Sein Gehen, sein Schulter-Geradehalten und sein Rauchen sind ein ständiges Training, jeder Augenblick ist ein Auftritt, jeder Auftritt ist ein Schritt zur Vervollständigung. Stroheim wollte mit den immer gleichen Darstellern arbeiten. Wie auf der Bühne können die Filmpersonen nicht hören, was einer beiseite, also zu uns spricht, sie können nicht sehen (‹BLIND Husbands›), wenn der andere etwas hinter dem Rücken verbirgt. Außerhalb der ausdrücklichen sind sie ohne Beziehung zueinander, ihre Eigenschaften vermischen sich nicht. Autismus, sie laufen mit dem herum, was sie in sich haben.

Weil definiert ist, daß man sich nicht erkennen kann, wenn man beisammensteht, werden die Wahrnehmungen so ausdrücklich. Einer sieht nach rechts/Schnitt/dort steht einer, der nach links sieht/Schnitt/ aber mit einem Dritten den Blick gekreuzt hat, der aber jetzt die Augen abwendet ... Die Brauen werden von der Sehanstrengung gerunzelt, und es wird die Hand schützend vorgehalten und durch Fernrohre geschaut.

Bei all der Beschwerlichkeit der einfachsten Dinge, die einleuchtet, bekommen die erzählerisch komplizierten Vorgänge eine traurige Banalität. Intrigen, bei denen man sich die Nummern der Hotelzimmer als Zuschauer merken muß, erschienen mir nicht verfolgbar. Da ich die Dechiffrierung nicht aufbringen konnte, die da verlangt wurde, wunderte ich mich über die soziale Energie der Protagonisten, ihr Leben da zu verwirren.

Einmal, als die Hand des Verführers an die Tür klopft, öffnet sich die Tür einen Spalt, und die Hand der Frau hinter der Tür kommt heraus. Der Mund von Steuben küßt die Hand, die krümmt daraufhin Mittelfinger, Ringfinger und kleinen Finger bis zum Teller, legt den Daumen auf den Mittelfinger, so daß sie zusammen ein O formen, streckt den Zeigefinger, und aus dem Gelenk winkt die Hand auf und nieder. Da reichen die Hände des Verführers ein Geschenk, und die strenge Hand verliert ihre Formation. Die Hand des Verführers legt das Geschenk in die Hand der Frau, die Hand nimmt an, und die Tür öffnet sich.

Am Ende des Films bekommt der Ehemann den Rat, seiner Frau mehr Liebe zu geben. Sie trägt Schwarz und senkt den Kopf, so daß ihr Blick unter dem Hut verschwindet. Im Plot würde stehen ‹aus Beschämung›, dem Film nach tut sie es, weil sie LIEBESKRANK ist, unheilbar» (Harun Farocki).

Das Problem des Melodrams ist die Wahrnehmung; es geht darum, Zeichen zu geben und zu deuten, die in verschiedenen «Sprachen» verstanden werden. Die Sprachsysteme sind gegenläufig, widersprüchlich, einander ausschließend, die Sprache der Körper, des Geldes, der Konventionen etc. Daher sind die Zeichen zumindest zweideutig, ein kompliziertes Spiel der Verständigung, gefährlich und durchsetzt mit Fehlerquellen und Anlässen zu Mißverständnissen. Das Schicksal im Melodram ist das Ergebnis von Sehen, Hören, Tasten, Riechen, Schmecken und Schlußfolgerungen daraus.

«Foolish Wives» (1921) variiert das Thema vom Einbruch des Verführers in eine harmonisch-langweilige Ehe; auch hier steht der amerikanischen Zivilisiertheit die barbarische Sinnlichkeit des «alten» Europa entgegen, die mit der perfekten Beherrschung von Sprachen, von «Umgangsformen» gepaart scheint. Die Handlung ist um einiges kruder als die von «Blind Husbands». Ihr Hintergrund ist Monte Carlo, ein Ort, an

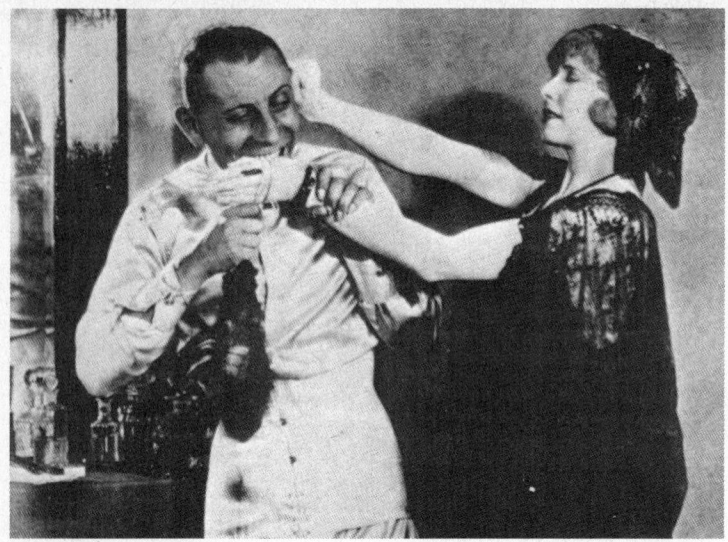

«Foolish Wives» (1921) von Erich von Stroheim. Mit Erich von Stroheim und Mae Bush.

dem sich Reichtum und Elend, Europa und Amerika, Aristokratie und Bürgertum, falscher Glanz und Verbrechen begegnen mögen, um sich den Schein, der trügt. Der russische Graf Karamsin (Erich von Stroheim) lebt mit zwei «Cousinen» zusammen. Er verführt die Frau (Malvine Polo) des amerikanischen Botschafters und verlangt bald darauf Geld von ihr. Die eifersüchtige Kammerjungfer (Dale Fuller) des Grafen schließt das Paar ein und zündet das Haus an. Der Graf und die Frau des Botschafters können zwar dem Feuer entkommen, aber es wird offenkundig, daß Karamsin weder ein Graf ist, noch die beiden Frauen in seinem Haus seine Cousinen sind. Kurz darauf wird der Hochstapler von einem Geldfälscher, dessen schwachsinnige Tochter er vergewaltigt hat, getötet. Seine Leiche wird in ein Kanalisationsloch gestopft.

Der Verführer Karamsin ist hier wie eine apokalyptische Gestalt in einer bürgerlichen Welt, die sich selbst für wohlgeordnet und human hält, dabei von sinnlosen Kriegen gezeichnet ist. Die Männer wissen mit den Frauen nicht zu kommunizieren, sie leben in verschiedenen Welten. Was in der Welt der Frauen vorgeht, verstehen die Männer nicht; nur der Verführer weiß es, der als Freibeuter in sie eindringt. Wenn sie ihre Tugend verlieren, beginnt für sie ein Opfergang, denn der Verführer ist nicht eine Gestalt der Liebe, sondern des Hasses, eine Ausgeburt der Unterdrückung in seiner Reduktion.

Ganz Stil und Verschwendung war auch Stroheims Arbeitsweise: «Foolish Wives» wird als der erste Millionen-Dollar-Film bezeichnet. Der Regisseur ließ für seinen Film den Palast, das Spielcasino, das «Hotel de Paris» und die Uferpromenade von Monte Carlo detailgetreu nachbilden, und noch der letzte Komparse hatte stilgetreue Kleidung zu tragen. Universal begann bei diesem Film damit, die Kosten für den Film als Werbeargument einzusetzen: Auf einer Leuchttafel am Broadway in New York wurden täglich neu die Produktionskosten bis anhin angezeigt; in Stroheims Namen wurde das S durch das Dollarzeichen $ ersetzt; Anzeigen annoncierten den teuersten Film, der bis dahin gedreht worden war. (In Wirklichkeit jedoch, so Stroheim, hat der Film «nur» eine dreiviertel Million Dollar gekostet.) Die ursprüngliche, von Stroheim bestimmte Fassung von «Foolish Wives» war ca. fünf Stunden lang; Universal schnitt den Film für den Verleih auf dreieinhalb Stunden zusammen, ein Schicksal, das keinem Film des Regisseurs erspart geblieben ist.

Während der Film ein achtbarer Erfolg wurde, bei einem Publikum, das nicht zuletzt durch den Krieg von seinen viktorianischen Illusionen kuriert worden war und das nun bereit war, wirkliche Menschen mit wirklichen Problemen, wirklichen Schwächen und, vor allem, mit wirklichen sexuellen Bedürfnissen auf der Leinwand zu sehen, und während auch die Kritik die neue, direkte Film-Sprache Stroheims akzeptierte, stieß «Foolish Wives» beim konservativen Amerika auf aggressive Ablehnung; Stroheim hatte mit seinem Film in die Seele der Amerikaner getroffen, die darum zu kämpfen hatten, ihre pioniergesellschaftliche Askese und ihre moralischen Euphemismen zu überwinden oder zu erhalten, er hatte aufgezeigt, was der «gute» Amerikaner nicht sehen und nicht hören wollte. «Photoplay» (zit. nach Frieda Grafe) ereiferte sich; die Zeitschrift nannte den Film «eine Beleidigung für amerikanische Ideale und Weiblichkeit, nichts, was man sich mit der Familie anschauen könnte, eine ekelhafte, morbide, ungesunde Geschichte, ein Einblick in kontinentale Sitten und Moral». Und über Stroheim selbst hieß es: «Welche echte Amerikanerin würde auch nur einen Blick verschwenden auf diesen Gockel, diesen Monokelträger, diesen Fremden.»

Solche Entrüstung hat Ursachen, die tiefer gehen als der Schock, den ein filmischer Tabu-Verstoß auslösen mag. Stroheims Frauen sind, ganz im Gegensatz zu denen Griffiths, der Verführung zugänglich, weil sie wirklich Liebe, sexuelle Liebe, brauchen. Stroheim befreit die Frau im Film von ihren Festschreibungen auf Mutter, Jungfrau und Hure; er zeigt wirkliche, ganze Frauen, die als solche von ihrer (männlichen) Umwelt nicht wahrgenommen werden. Wie bei den zur gleichen Zeit entstehenden Vamp-Filmen lassen sich die Augen nur öffnen durch die Konfrontation mit dem «Fremden», das in Wahrheit die Traumarchitektur des Verdrängten und Verbotenen ist.

In «Foolish Wives» mußte die gesellschaftliche Ordnung am Ende wiederhergestellt werden; der usurpatorische Verführer mußte getötet, die beiden falschen Gräfinnen als Diebinnen entlarvt werden. In «Merry-go-round» (1922) und «The Wedding March» (1926) bedurfte es solcher Restauration der Sicherheit nicht mehr. «Merry-go-round», «The Wedding March», «Queen Kelly» (1928) und «The Honeymoon» (1928, der zweite Teil von «The Wedding March», den Stroheim montierte, nachdem die Produzenten den ursprünglichen Film wieder radikal zusammengeschnitten hatten) bilden einen Zyklus, in dem Stroheim den verfallenden europäischen Adel porträtierte. Hier geht es freilich auch um soziale Ungleichwertigkeit im allgemeinen, um eine Verbindung von Liebe und materiellen Lebensbedingungen, wie es bis dahin allenfalls das naturalistische Drama in Europa darzustellen gewagt hatte.

«Merry-go-round», der nach einer Auseinandersetzung zwischen dem Produzenten Irving Thalberg und Stroheim von Rupert Julian beendet wurde, erzählt von dem Grafen Hohenegg (Norman Kerry), der sich während der Feier zu seiner standesgemäßen Verlobung mit einer Prinzessin in Mitzi (Mary Philbin), die Tochter eines Puppenspielers, verliebt. Der Kaiser selbst unterbindet die Mesalliance des Grafen, der sein Adjutant ist, und zwingt ihn zur Hochzeit mit der Prinzessin. Im Weltkrieg wird der Graf fälschlich als tot erklärt, und als seine Frau gestorben ist, kann er seine Geliebte heiraten.

Wie «Blind Husbands» eine Vorstudie zu «Foolish Wives» war, sozusagen auch eine gemäßigtere, die männlichen Helden schonende Version, so ist «Merry-go-round» eine Vorstudie zu «The Wedding March». Hier verliebt sich der Prinz Nicki von Wildeliebe-Rauffenburg (Erich von Stroheim) in Mitzi (Fay Wray), die Tochter eines Caféhausgeigers. Er verführt sie, wie er es nicht zum erstenmal tut, mit einer Mischung aus Eleganz, Vitalität und gesellschaftlicher Macht, aber es bleibt ein Stachel wirklicher Liebe in seinem Fleisch. Der Vater des Prinzen hat ihm unterdessen die (hinkende) Tochter eines reichen Fabrikanten (von Hühneraugenmitteln) zur Ehefrau bestimmt, und Nicki erfüllt den Wunsch des Vaters. Die schwangere Mitzi heiratet den Metzger Schani (Matthew Betz), um Nicki davor zu bewahren, vom eifersüchtigen Nebenbuhler getötet zu werden.

Noch deutlicher als in «Merry-go-round» ist hier Liebe und Ehe als eine Funktion von Klassen- und Machtpolitik gezeigt. Sexualität und gesellschaftliche Beziehung sind auf Umwegen miteinander verbunden; die Ehe zwischen der Fabrikantentochter (ZaSu Pitts) und dem Prinzen wird von den Vätern im Bordell beschlossen. Grausamkeit beherrscht

«Merry-go-round» (1922) von Erich von Stroheim. Mit Norman Kerry und Mary Philbin.

die Handlungsweisen, die wie in allen Filmen des Zyklus die Macht des sozial höhergestellten (adeligen) Mannes über das «Mädchen aus dem Volk» bestätigt, die durch die Liebe in Frage gestellt war. Diese (kranke) soziale Ordnung basiert auf der Unterwerfung und Demütigung der Frauen. In «Queen Kelly» muß die Heldin vor Hunderten lachender Soldaten ihre Hosen verlieren; in «Merry-go-round» wird der Verführer, als er nicht sogleich zum Ziel kommt, zum Sadisten, der sein Opfer quält, indem er ihm die Ausweglosigkeit seiner sozialen Lage vor Augen hält. Die erste Begegnung zwischen Nicki und Mitzi in «The Wedding March» ist bezeichnend: Er sitzt in glänzender Uniform hoch zu Pferde, den Säbel über der Schulter; sie steht inmitten der Menge neben ihrem Verlobten, dem Metzger, der auf scheußlich gierige Art seine Würste verschlingt und auf den Boden spuckt. So steht die Frau vor der falschen Wahl, sich der raffiniert methodischen Verführung des Adeligen oder der Tücke und Gewalt des bürgerlichen Mannes zu unterwerfen.

So wie es ist, kann die Frau nur unter Preisgabe ihrer Selbstachtung Liebe finden. Das soziale Oben und Unten, die Welt der Adeligen und Fabrikanten, die fast verrückt sind vor Macht und Reichtum und Möglichkeiten der Entfaltung und des Genusses, und die Welt der Armen, die jeder Versuch, für einen Augenblick nur anders zu leben, als Objekt der Ausbeutung in die Katastrophe oder in den Tod treibt, wird noch überlagert vom Unten und Oben zwischen Frauen und Männern; der adelige Mann und das arme Mädchen, an diesem schrecklichen Unrecht muß die Welt zugrunde gehen, und sie tut es.

Stroheims eigene Helden sind die Verführer, die sich und ihr Vorgehen sorgfältig inszenieren, die vor dem armen Mädchen aus dem Volk, den Klosterschülerinnen und den frustrierten Ehefrauen ein großes Bild von mysteriöser Männlichkeit aufbauen und zugleich die herkömmlichen Regeln von Männlichkeit durchbrechen (in «Foolish Wives» tritt er in einer – geschnittenen – Szene in Spitzendessous und Korsett auf). Die Konsequenz, für die Figuren wie für die Zuschauer, ist ein eigenartiger Schwebezustand zwischen Erweckung und Nichtbefriedigung von Bedürfnissen; Trans- und Deformationen von Lüsternheit. Eine neue Balance zwischen Tugend und Verführung entsteht: Die Tugend wird aufgeregter, die Verführung wird an ihren Grenzen zur Stilform.

Das, was man bei Stroheim «Realismus» nennt, ist die Aggression gegen die «Künstlichkeit» der Welt; der Regisseur inszeniert den Aufstand der Sinne gegen ein System künstlerischer wie sozialer Konventionen. Die Wahrhaftigkeit, die in sich eine Qualität des Revolutionären hat, geht einher mit der Erotisierung der Umwelt. Daß *die* Wirklichkeit eine Wirklichkeit von Körpern ist, hat vordem kaum einer so vermittelt. Die Natur setzt immer wieder die Konventionen außer Kraft. Ein Unwetter in «Foolish Wives» etwa, das die Frau des Gesandten so ganz auf ihren Körper bringt, ist mehr Rebellion und Verwirrung als der (dann letztlich doch scheiternde) Verführungsversuch des falschen Grafen Karamsin.

Das «Melodram» ergibt sich so aus dem Widerspruch zwischen der Wahrheit des Körpers (und seiner Begierden) und der Falschheit der Verführung. «Buache hat deutlich gemacht, wie sehr alles das, was Liebe heißt, bei Stroheim dargestellt wird – im Gegensatz zur damals geltenden Praxis der Bühne und auch des Films – als ein immer auch und vor allem sexuelles Verlangen. Man möchte beifügen, daß, nach ‹Foolish Wives› zu schließen, für Stroheim der Verführer, und da es für Stroheim nur Verführer gibt, der von der erotischen Leidenschaft Getriebene überhaupt, als ein Mensch (ein Mann) erscheint, der sich bei der Verfolgung seiner Ziele nicht als der geben kann, der er ist. Das ist das eine. Und gleichzeitig fragt man sich, ob letzten Endes der Verführer, so wie Stroheim ihn hier darstellt, nicht der Mensch ist, der die Scheu verloren hat, sich keine Grenzen zu setzen, der es aufgegeben hat, nach ‹verboten› und ‹erlaubt› zu fragen; ob er nicht der Mensch ist, bei dem die Sinnlichkeit von der Seele ganz freigegeben worden ist – ein Ereignis, in dem Marcuse den ersten Glanz einer anderen Kultur zu erblicken glaubte» (Emanuel Steck).

Diese Ambivalenz verbietet den Zugriff der Ideologie. Stroheims Realismus bedeutet zunächst einmal das Durchbrechen von Verklärungen und Mythisierungen; Realismus ist nicht eine Methode, die man anwendet wie das kleine Einmaleins, Realismus ist immer Kampf, den Schleier von der Wirklichkeit zu nehmen. Stroheim hat von den menschlichen Beziehungen, von der Liebe den Schleier genommen, er hat sie als Funktion von Macht und Ohnmacht gezeigt. So wird etwas, das realistisch dargestellt wird, zuerst immer fremd wirken; auf das Gewohnte stößt Realismus nicht. In Stroheims Filmen fühlt man sich weder wohl noch zu Hause; alle Zeichen sind so befremdend, daß sie etwas preisgeben müssen von ihrem Ursprung. Die lange Zigarettenspitze, das Monokel, der Säbel, die schräg, präzise im Gesicht sitzende Mütze, das alles bezeichnet nicht nur Ort, Zeit, Funktion für den Stroheim-Helden, es erweist auch seine Wirksamkeit als direktes Machtmittel, als Ausweis für die «Rechte» auf Befreiung der Begierde (*greed*), die Konvertibilität von Geld und Sexualität und die letztendliche Distanziertheit des Verführers.

Der Mann in «Greed» (1923), McTeague, der falsche Zahnarzt, ist, mehr noch als die Männer in Stroheims anderen Filmen, selbst ein Opfer, Brutalität und Verletzlichkeit verbinden sich in ihm. «Greed», die sehr quellentreue Verfilmung des Romans «McTeague» von Frank Norris, war zunächst auf eine Länge von zehn Stunden angelegt, wurde dann von Stroheim selbst in Zusammenarbeit mit Rex Ingram und anschließend noch einmal von den Produzenten gekürzt. So weist die erhaltene Fassung etliche Brüche auf, und die Handlung muß oft durch extrem lange Zwischentitel in Gang gehalten werden. McTeague (Gibson Gowland) ist Zahnarzt in San Francisco, er hat aber keine Approbation. Als eines Tages sein Freund Marcus (Jean Hersholt) und dessen Freundin Trina (ZaSu Pitts) in seine Praxis kommen, verliebt er sich in das Mädchen. Sein Freund tritt freiwillig zurück, und McTeague heiratet Trina, doch am Tag vor der Hochzeit gewinnt sie in einer Lotterie 5000 Dollar. Dieses Geld macht nicht nur aus Trina ein geiziges, manisches Wesen, es verwandelt auch Marcus' Freundschaft zu McTeague in Feindschaft; Marcus wird alles daransetzen, das Geld in seine Hände zu bekommen. Trinas Geiz steigert sich zum Wahn; sie gibt ihrem Mann nur alte Knochen zu essen, um zu sparen; er wird behandelt wie ein Hund, und er beißt Trina wie ein Hund. Marcus zeigt McTeague an, weil er ohne Berechtigung eine Praxis führt. Er braucht 3000 Dollar, um seine Existenz zu retten, doch McTeague erhält sie von seiner Frau nicht. Er verläßt Trina, und bei einem erneuten Wiedersehen ermordet er sie. Wieder ist Marcus Zeuge. McTeague flieht mit dem Geld seiner Frau in die Wüste des

«Greed» (1923) von Erich von Stroheim. Mit ZaSu Pitts und Gibson Gowland.

Death Valley, und Marcus folgt ihm. McTeague kann in einem schreck-
lichen Kampf zwar seinen Verfolger töten, aber ein Schuß hat seinen
Wasserbehälter zerstört, so daß er dem sicheren Tod preisgegeben ist.
Dem Wahnsinn nahe, wühlt er im von Blut befleckten Geld seiner Frau.

«Greed» ist ein Versuch über die Folgen einer Eigenschaft, die Stroheim gewissermaßen isoliert und absolut setzt; es ist «ein Film von bitterer und fast manischer Konsequenz. Mit einer Überfülle von Details
macht Stroheim die Verwandlung des Menschen durch die Gier nach
Geld deutlich; alle drei Hauptpersonen werden letztlich durch die Macht
des Geldes pervertiert» (Dieter Krusche/Jürgen Labenski).

In Stroheims Welt ist die Frau das erste Opfer, jedoch keines, das den
Mann glücklich machte. In «Greed» wird deutlich, wie sich das erzwun-
gen regressive Verhalten fortsetzt: McTeague hat die Frau genommen,
als sie bewußtlos in seinem Zahnarztstuhl lag, anders hätte er sich ihr
nicht zu nähern gewagt. Und schon am Tag der Hochzeit ist von über-
wältigender Leidenschaft keine Spur mehr. Die Gier nach Geld hat
schon völlig die Erotik verdrängt, hat die Menschen auf archaische Verhaltensformen reduziert, und das Leiden des Menschen, das daher

rührt, daß weder die Sexualität noch das Geld eine Legitimation oder eine «Erklärung» für ihre Existenz in sich bergen, treibt die Protagonisten ihrem Untergang entgegen. McTeagues Freund Marcus ist aus Freundschaft bereit, seine Braut an den hoffnungslos verliebten McTeague abzutreten; erst als er erfährt, daß Trina 5000 Dollar hat, verwandelt er sich in einen Feind. Liebe ist, auch hier, eine Funktion des sozialen Status. Trina nimmt Schläge und Hunger auf sich für das Gefühl, mit ihrem Geld im Bett zu sein; nie mehr arm zu sein, eine Geld-Mauer vor ihrer elenden Erfahrung aufzubauen erhofft sie sich und bringt sich doch nun erst um alle Möglichkeiten des Glücks. Keinem der Menschen in «Greed» wäre wirklich zu helfen.

Wie in allen Filmen Stroheims ist auch hier die Kritik nicht an eine Partei gerichtet; jede Eigenschaft wird von zwei Seiten gesehen, das Würdige steht neben der Persiflage. Das Militär, der Adel, die Contenance, die Männlichkeit, selbst die weibliche Schönheit, alles hat ein Extrem des natürlich Würdevollen und eines des Lächerlichen. In «Foolish Wives» sehen wir den *wirklichen* Soldaten, der im Krieg seine Arme verloren hat und dessen Würde die falsche Form von Karamsin entlarvt, und bald darauf sehen wir ein Kind, das, vom Kriegspielen ausruhend, in der Nase bohrt. Die eingangs aufgestellte Behauptung, das Melodram verwische die Unterschiede zwischen dem Erhabenen und dem Lächerlichen wie die Unterschiede zwischen den Gattungen, läßt sich in der Filmgeschichte zum erstenmal an den Arbeiten von Erich von Stroheim belegen.

Dies ist nicht zuletzt eine unabdingbare Voraussetzung für Stroheims selbstgestellte Forderung, seine Filme sollten das Leben «zeigen, wie es ist». «Ich hatte die Absicht, Männer und Frauen zu zeigen, wie sie überall auf der Welt sind, mit ihren Stärken und Schwächen, ihrem noblen und idealistischen Trachten, mit ihren eifersüchtigen, lasterhaften, unaufrichtigen Charakteren und ihrer Habgier. Ich ließ keinen Kompromiß zu. Ich fühlte, daß nach dem großen Krieg (dem letzten der letzten) das Filmpublikum müde war der ‹filmischen Schokoladenkuchen›, die es gewaltsam verschlingen mußte. Die Magen der Leute waren jetzt bereit, eine üppige Ration Corned beef und Kohl einzunehmen, plebejische, aber ehrwürdige Speisen.»

Auch «Walking Down Broadway» (1932/33), Stroheims einziger Tonfilm und zugleich sein letzter Film, ist nie in seiner ursprünglichen Form vorgeführt worden; der Regisseur Alfred L. Werker stellte, zum Teil mit neugedrehtem Material, eine eigene Version her, die unter dem Titel «Hello Sister» in die Kinos kam. Der Film erzählt die Geschichte einer jungen Fabrikarbeiterin (ZaSu Pitts), die sich in einen Mann verliebt, der ihre Freundin liebt. Sie bringt mit vielen Gemeinheiten die Liebenden auseinander, und als sie sieht, was sie getan hat, will sie sich umbringen. So wie Stroheim ihn geplant hatte, war der Film nach dem Urteil seiner Produzenten allenfalls geeignet, bei einem Psychoanalytiker-Kongreß vorgeführt zu werden.

Die Zeit war vorüber für Stroheims Realismus (sie ist nie wirklich angebrochen); und auch das Jahrzehnt der Frau, wie man die zwanziger Jahre genannt hat, war vorüber. In den dreißiger Jahren war der Wunsch danach, die Wirklichkeit sexueller Begierden abgebildet zu sehen, wieder verbunden mit dem Wunsch nach Harmonisierung, Glättung der Widersprüche, nach Romantik der Sehnsucht statt widerspruchsvoller Erfüllung. Ihre Sexualität sollten nun die Frauen ohne Probleme präsentieren, mit einem Lächeln und mit einer Träne. Zum Abbildungsmaßstab des Melodrams in dieser Zeit sollte die Ornamentik (Verdinglichung) und die *sophistication* werden. Und weil den Verführern in Gestalt der Abenteurerinnen wie Marlene Dietrich sozusagen gleichwertige Gegner/Partner erwachsen waren, spielten die erotischen Dramen zumeist in Welten jenseits der Alltagswirklichkeit.

Exzentrik à la mode

Die zwanziger Jahre waren, aufs Ganze gesehen, eine Zeit der Prosperität und der «moralischen Entspannung» für das Bürgertum in Amerika. In den Filmen um die *flappers* und *jazz babies* konnten Frauen sehr wohl über ihr eigenes Schicksal bestimmen (vergl. dazu auch den Band «Ästhetik des erotischen Kinos»); in anderen Filmen konnten Frauen sogar politische Karrieren machen (erst 1920 war das Wahlrecht für Frauen eingeführt worden). Auf der anderen Seite konnten Frauen von ihren Männern den forciertesten Chauvinismus verlangen, wie in «The Primitive Lover» (1922), wo der Mann seine Frau «wie eine Squaw» behandeln soll (was unter anderem heißen soll, daß er sie von Zeit zu Zeit schlagen kann). Die Balance zwischen den Geschlechtern wird nicht mehr von den Rollenvorschriften bestimmt, jede Form der Sexualität erhielt so oder so einen Ausdruck und war, soweit es möglich war, von Ängsten befreit. In den *sophisticated comedies* und anderen «mondänen» Filmen ging es darum, daß die traditionellen Gebote und Verbote, deren Nichtbeachtung früher (und bald wieder) zu den größten Katastrophen geführt hätte, relativiert werden sollten. Ein Ehebruch war nun nicht mehr die Todsünde, und den Frauen wurden, mehr oder weniger, dieselben Freiheiten bei der Befriedigung ihrer Wünsche zugestanden wie den Männern. Cecil B. DeMilles «Badezimmer-Romanzen», die Vamp-Filme, die Filme mit den «Chorus Girls», die Starkulte, all das wirkte, als hätte man versucht, im Film nachzuholen, was so lange versäumt worden war, die Feier der weiblichen Sexualität, die sich nicht ohne eine Art von Souveränität der Frauen verwirklichen ließ.

Eine große Zahl solcher Filme brachte dabei frontale Angriffe gegen die Institution der Ehe; in Filmen wie «Beyond the Rocks» (1922) ist die Frau (hier: Gloria Swanson) in einer unbefriedigenden Ehe mit einem Mann gefangen, der Geld und Erfolg verkörpert, wie Rudolph Valentino in diesem Film taucht dann immer die Versuchung in Form eines schönen «fremden» Verführers auf.

Diese Filme, die gleichsam Stroheims Arbeit auf einer anderen, mehr glamourhaften und daher auch weniger melodramatischen denn exotischen Ebene fortführten, etablierten die Funktion von Stars im populären Kino, und sie machten, daß der Sex-Appeal, neben *thrill, action, suspense*, Melodram, zu einem festen Teil des Angebots im Kino wurde, und dies wurde nicht zurückgenommen, auch in den Zeiten, in denen das Kino sich solche Freiheiten wie in den zwanziger Jahren nicht mehr herausnahm. Dieser Sex-Appeal verwirklichte sich zunächst vorwiegend in der radikalen Veräußerlichung männlicher und weiblicher Eigenschaften, und obwohl die Motive von Liebesgeschichten zwischen bürgerlichen und aristokratischen Menschen vor exotischem oder nostalgischem Hintergrund aus Stroheims Filmen fortgesetzt wurden, blieb doch die soziale Problematik reduziert auf die allenfalls aufscheinende Entscheidung zwischen Geld und Liebe. Ansonsten kreierte das Kino nun Wesen, die nicht Männer waren wie amerikanische Männer, arbeitswillig und sicher, treu und naiv, und die nicht Frauen waren wie die amerikanischen Frauen, mit keiner anderen Sehnsucht als der, Hausfrau und Mutter sein zu dürfen, sondern die nur dem Vergnügen geschaffen schienen.

Zudem war es Mode, daß die Dinge der Liebe leichtgenommen werden sollten beim bürgerlichen, großstädtischen Kinopublikum; die Zuschauer von Filmen mit Gloria Swanson, Norma Shearer, Florence Vidor oder Norma Talmadge liebten den *glamour*, die Romanze, das «Schmachten», den Pomp, den Genuß, den kleinen Betrug, und sie verachteten die Tragik, den Verzicht. Kurzum, das bürgerliche Publikum in den zwanziger Jahren wollte Sex und Liebe ohne Melodramatik; es war eher bereit, auf Gefühle zu verzichten als auf die Pose und den Genuß. Im Kampf der zwei, des Paares (dem Kampf des Melodrams) gegen die Welt nahm man eher die Partei der Welt ein, und wenn schon gelitten werden mußte, dann aus anderen Motiven als denen des häuslichen Glücks.

Freilich brauchte das nachviktorianische amerikanische Kino viele Umwege, um zu zeigen, was man sehen wollte. Und in der direkten Darstellung erotischer Beziehungen, die nicht allein auf Abstraktionen oder Verdinglichung beruhte und voller Vergnügen auch den Schmerz registrierte, waren es nicht die «Amerikaner», sondern «Europäer», die

Stroheims Antiverdrängungsarbeit fortsetzten, Ernst Lubitsch und Josef von Sternberg, die zu Beginn der dreißiger Jahre die moralische Reaktion jeder auf seine Weise zu mißachten wußten.

Die mondäne Frau des frühen amerikanischen Films. Publicity-Foto von Gloria Swanson.

1930–1950: Der Frauen-Film als Genre

Die moralische Reaktion

Die «Leichtfertigkeit» der Roaring Twenties, die wohl laut, wie es heißt, aber nicht golden, wie man es in Deutschland wollte, waren, hatte eine Befreiung der Wünsche gebracht, die bald gesellschaftlich nicht mehr zu dulden schien. So brachten denn die dreißiger Jahre nicht nur eine Rückbesinnung auf moralische, puritanische Werte, die dem wirtschaftlichen Gebot folgten, sondern auch eine fast ein wenig inquisitorische Aufarbeitung der freigesetzten erotischen Energien. In der populären Mythologie wurden nicht einfach die alten Gebote restauriert, sondern man ging daran, die Verfehlungen der Freiheit zu untersuchen und mehr oder weniger rigid zu verurteilen; zugleich wurde den «gefallenen Frauen» (in denen sich noch einmal die fast befreiten Wünsche bestrafen ließen) ein Weg zurück in die patriarchalische Ordnung und Sicherheit gewiesen. Hans Scheugl hat dafür Belege gesammelt:

«Die Weltwirtschaftskrise nach 1929 ließ fröhliche Promiskuität und leicht erworbenen Luxus als unglaubwürdig erscheinen. Für die Frau wurde wieder die Ehe zum Garant für Sicherheit. Die Filme nach 1930 zeigen die entwurzelte Frau auf der Suche nach einem festen Halt. Sie war dafür bereit, ihr bisheriges Verhalten als Sünde einzugestehen und den Mann als den überlegenen Partner anzuerkennen. Norma Shearer beschwört in ‹The Divorcee› (1930) ihren Gatten, sie nicht zu verlassen, nur weil sie ein Verhältnis mit einem anderen hatte. Joan Crawford kann in ‹Laughing Sinners› (1931) als leichtfertige Sängerin in einem Café den geliebten Mann nicht bekommen (eine Entwicklung, die für die zwanziger Jahre unvorstellbar war) und will sich ertränken. Sie wird von einem Offizier der Heilsarmee (Clark Gable) gerettet und macht eine moralische Wandlung durch. Barbara Stanwyck spielte in ‹Ladies They Talk About› (1933) eine Bankräuberin, die ebenfalls von einem Mann moralisch gerettet wird. Noch eine andere Folge der vorangegangenen Libertinage stellte sich ein: uneheliche Babys, für die es galt, einen Vater zu finden. Constance Bennett spielte nach 1930 wiederholt ledige Mütter, die am Ende Clark Gable oder Joel McCrea zum Gatten bekamen. War ein Mann nicht zur Stelle, mußten die Mütter gelegentlich auch auf der Straße ihr Geld verdienen, so Helen Hayes in ‹The Sin of Madelon Claudet› (1931), der Ex-Flapper Clara Bow in ‹Call Her Savage› (1932) und Marlene Dietrich in ‹Blonde Venus›. Kay Francis spielte in ‹I Found Stella Parish› (1935), ‹Give Me Your Heart› (1936) und ‹Confession› (1937) gefallene Frauen, die um die bessere Zukunft ihrer Kinder kämpfen. Auch die abgebrühte Gangsterfreundin (Mary Nolan) in ‹Outside the Law› (1933) entdeckt plötzlich mütterliche Gefühle in sich und beschreitet den Weg der Besserung. Die ‹Hot Mammas› der zwanziger Jahre waren unversehens Prostituierte geworden oder Frauen mit solcher Vergangenheit. In zwei Filmen von John Ford von 1932, ‹Air Mail› und ‹Flesh›, gibt es Frauen mit einer skrupellosen, opportunistischen Einstellung zu Männern. Karen Morley spielt in ‹Flesh› eine abgebrühte, zynische Frau, die zu Beginn ohne einen Groschen Geld aus dem Gefängnis entlassen wird und sich von einem biederen deutschen Ringkämpfer (Wallace Beery) helfen und schließlich heiraten läßt, obwohl sie ihn nicht liebt. Sie ist noch immer ihrem früheren Liebhaber, einem gewissenlosen Gigolo (Ricardo Cortez, der in den zwanziger Jahren Liebhaber in der Art Valentinos spielte), hörig und nützt seinetwegen ihren Gatten finanziell aus. Dieser vergibt ihr stets, und seine charakterliche Standfestigkeit und Güte lassen sie zur Einsicht kommen, daß solche Werte mehr zählen als die triebhafte Erfüllung sexueller Wünsche. Eine nicht geringe Hilfe dabei ist ihr Kind. Sicherheit bei einem ungeliebten Mann (Edward G. Robinson) sucht auch Zita Johann in ‹Tiger Shark› (1932). Greta Garbo als die Prostituierte ‹Anna Christie› (1930), die zu ihrem Vater zurückkehrt, ist vom Leben in der Stadt schwer geprägt. Ihre ersten Worte sind: ‹Gif me a viskey, ginger ale on the side – and don't be stingy, baby.› Sie lernt einen Mann kennen, der sie heiraten will, doch das Geständnis ihrer Vergangenheit stürzt ihr Verhältnis in eine schwere Krise. Das Ende verspricht allerdings Hoffnung auf eine bessere Zukunft.»

Die Frau wird heimgeholt oder verloren. Bevor sich mit dem *woman's film* eine neue Haltung im Genre durchsetzte, die die gesellschaftliche Unterdrückung der Frau wenn nicht kritisch darstellte, so doch nicht verschwieg, gab es neben den restaurativen «Problemfilmen» um die «gefallenen Frauen» und ihre Versuche zur Versöhnung mit den patriarchalischen Verhältnissen vor allem exotische Träume, die die Hollywood-Göttinnen wie Garbo, Dietrich, Harlow etc. in den Mittelpunkt stellten (vgl. den Band «Ästhetik des erotischen Kinos» in dieser Buchreihe), und schließlich die romantischen, tränenseligen Lebensgeschichten tapferer Frauen, die über den Verzicht und das Leiden zum Glück gelangen. In diesen Filmen – als Beispiele seien nur genannt: «The House on 56th Street» (1933 – Regie: Robert Florey), «The Life of Vergie Winters» (1934 – Regie: Alfred Santell), «Alice Adams» (1935 – Regie: George Stevens) – ging es in erster Linie darum, wie es Lawrence J. Quirk ausdrückt, «den Leiden der Frauen einen Hauch von *glamour* zu geben».

«The House on 56th Street» (1933) von Robert Florey. Mit Margaret Lindsay und Kay Francis.

«The Life of Vergie Winters» (1934) von Alfred Santell.
Mit Ann Harding und John Boles.

Anfang und Ende eines merkwürdigen Jahrzehnts

Der blaue Engel: das exotische Melodram

«Wie schade, daß der Fortschritt sich auf die Zukunft hin bewegt statt auf die Vergangenheit.» Diesen Satz von Oscar Wilde hat Josef von Sternberg «genüßlich» (Ulrich Kurowski) zitiert, und nicht ohne Ironie. Dem einzigen Regisseur, den er bewunderte, Erich von Stroheim, folgend, verlegte Sternberg (dessen «von» ebenso richtig falsch war) seine Filme in eine zukünftige Vergangenheit, wo es auch melodramatisch zugeht, aber in erster Linie wie bei einem Karneval, einem ausgedehnten Fest, wo es nicht nur lustig ist, in Babylon. Auch Sternbergs Filme sind «Frauen-Filme», aber anders als in den *woman's films* wird den Heldinnen nicht das Schicksal beschert, an zu schwachen Männern oder an eigenen Widersprüchen zugrunde zu gehen: Ihre Stärke, vor allem: die Stärke von Marlene Dietrich, steht nicht in Frage; sie sind über jede Gesellschaft hinausgehoben; Ehe, Familie, Haus und Karriere, das sind keine Probleme für sie; statt sie in ihrer Parteilichkeit in die Niederungen des Alltags zu begleiten, führen Sternbergs Filme die Frauen in ihren Himmel, der nicht der Himmel der Männer ist. Sternbergs Frauen lachen und weinen viel tiefer unten als die Heldinnen des *woman's film*, bevor sie zu ihrem spöttischen Lächeln zurückkehren. Sternbergs Frauen sind aggressiv, und sie haben recht, es zu sein.

In den *woman's films* sind die Männer schwach, verführbar, heimtückisch, aber sie werden gebraucht, als Ehe- noch mehr denn als Liebespartner; Sternbergs Männer sind schlicht lächerlich. «Das Sternbergsche Œuvre ist ein Panoptikum von Mann-Karikaturen: der auf den Hund gekommene Großfürst in ‹The Last Command›, der wilhelminische Schuldiktator im ‹Blauen Engel›, der hüstelnde Geheimdienstchef in ‹Dishonored›, der schwachsinnige Zarewitsch in ‹The Scarlet Empress›, der geile alte Soldat in ‹The Devil is a Woman›, der impotente Bassermann in ‹Shanghai Gesture› ...

Und sind diese Typen schon lächerlich, so werden sie noch lächerlicher gemacht. Wenn die Frau sie zappeln läßt, wenn sie sie ins Unglück stürzt. Wenn sie offen verhöhnt werden, wie Unrat, dem ein Ei auf den Kopf geschlagen wird. Das ist ein Appell an die männliche Kastrationsangst, die Drohung mit der *vagina dentata*. Vampirismus, gefräßige Wesen. Wenn Marlene, die als ‹Blonde Venus› gar im Horror-Gewand eines King Kong auftritt, singt: ‹Männer umschwirren mich wie Motten das Licht, wenn sie verbrennen, dafür kann ich nicht›, dann heißt das auch: recht geschieht's den Trotteln, sie haben es nicht besser verdient» (Ulrich Kurowski).

Sternbergs Bewegung ist in den Jahren um 1930 die von George Bancroft zu Marlene Dietrich, vom Stummfilm zum Tonfilm, vom Gangsterfilm zum erotischen Abenteuer, das heißt, von einer Sub-Welt, in der es noch große Gefühle und Posen geben kann, in die andere. So etwas Langweiliges wie die Wirklichkeit kommt in Sternbergs Filmen nicht vor; es gibt vielmehr den Traum und die wunderbare Welt des *glamour*, die dem Melodramatischen so entgegengesetzt ist wie die Zivilisation dem Western. Sternbergs Filme sind daher so etwas wie Anti-Melodramen, ein Dialog mit der Philosophie des Genres. Und wirkliche Melodramen sind Sternbergs Filme schon deswegen nicht, weil Marlene Dietrich keine Frau für melodramatische Geschichten ist. Sie ist dafür zu göttlich oder auch zu schüchtern.

Während die Stars des *woman's film* immer bewußt in ihren Rollen zu sein scheinen (vielleicht auch deshalb, weil ja häufig ihre Rollen ihren

«Der blaue Engel» (1930) von Josef von Sternberg. Mit Marlene Dietrich.

eigenen Werdegang und ihre eigenen Widersprüche wiedergaben), ist Marlene Dietrich bei Josef von Sternberg nichts als Ausdruck. «Um seelische Stimmungen zu erregen und mit ihnen weiter zu komponieren, muß man die Darsteller handhaben wie Tasten auf dem Klavier, man muß sie auf die Leinwand bringen wie Ölfarbe aus der Tube. Unter keinen Umständen sollte ein Darsteller den Filminhalt kennen ... Er soll erst recht nicht um die tiefere Bedeutung dessen wissen, was der Regisseur mit ihm vorhat.» Und Marlene Dietrich «existierte noch gar nicht wirklich, bevor ich sie kennenlernte. Ein menschliches Wesen (auch Marlene Dietrich) war für mich ein obskures Objekt vor der Kamera, das nur dazu da war, meine Befehle auszuführen ... Marlene ist in meinen Filmen nicht sie selbst. Marlene ist nicht Marlene, Marlene, das bin ich.» («Madame Bovary», hat Gustave Flaubert gesagt, «c'est moi.»)

In «Der blaue Engel» (1930), der zugleich ein Film deutscher und ein Film amerikanischer Kinotraditionen ist, ist der *glamour* noch am ehesten neben der Abbildung auch das Abgebildete, das Kommentierte, und noch am ehesten läßt sich von diesem Film annehmen, daß er die Entwicklung des Genres beeinflußt hat (vgl. den Abschnitt «Die Rückseite der Sterne»). Es geht in dieser Übertragung von Heinrich Manns «Professor Unrat» um den alten Schullehrer Professor Rath (Emil Jannings). Der kleinliche, verklemmte Tyrann ist der Feind seiner Schüler. Als er erfährt, daß diese sich in der Garderobe der Tänzerin und Sängerin Lola-Lola (Marlene Dietrich) herumdrücken, beschließt er, mit der «Verderberin» abzurechnen. Doch urplötzlich schlägt die unterdrückte Geilheit, die andere Seite seiner moralischen Diktatur, in ihm durch. Ganz ohne zu verstehen, was da eigentlich mit ihm vorgeht, verliebt er sich in die Varieté-Künstlerin, die so eindeutige Lieder singt und ihre Beine präsentiert, die eine so tiefe Stimme hat und einen Zylinder trägt bei ihren Auftritten. Schließlich heiratet der Professor sie sogar. Weniger Sadismus als mangelnde Bereitschaft, ihre Sinne zügeln zu lassen, ist es, was Lola-Lola zum Anlaß sich steigernder Demütigungen für den Professor macht. Er muß schließlich gar bei der Varieté-Truppe, die durchs Land zieht und die er begleitet, weil er seinen Posten bei der Schule verloren hat, als «dummer August» auftreten, muß wieder und wieder den Hahnenschrei ausstoßen, mit dem er auf seiner Hochzeitsfeier die Gäste zu belustigen verstand. Damals war es wie ein Signal der Befreiung, nun ist es das Geräusch für einen kleinen Tod. Lola verläßt ihn wegen eines anderen; die heruntergekommene Truppe kehrt in den «Blauen Engel» in Raths Heimatstadt zurück, weil man hofft, mit dem entwürdigenden Auftritt des Professors das Publikum in der kleinen Hafenstadt, in der so schnell nichts vergessen wird, anzuziehen. Der Professor stößt sein Krähen aus, aber er hört nicht mehr auf mit seinem Schrei, auch als er die Bühne verlassen hat. Er versucht, Lola-Lola zu erwürgen, doch er wird überwältigt. Sich selbst überlassen, kehrt Rath in seine Schule zurück. Er setzt sich an sein altes Katheder und stirbt.

«Pommer, der dem künstlerischen deutschen Tonfilm Geltung verschaffen wollte, engagierte Josef von Sternberg als Regisseur. Der brillante Hollywood-Regisseur österreichischer Herkunft hatte mit ‹Underworld› und ‹The Last Command› bewiesen, daß er ein Meister in der Kunst war, Milieus so wiederzugeben, daß sie kaum wahrnehmbare Gefühle sichtbar machten. In ‹Der blaue Engel› tönen entfernte Sirenen vom Hafen, als Jannings durch die nächtlichen Straßen zur Schenke geht. Als er die Schule unwiderruflich verlassen muß und allein am Katheder sitzt, erfaßt eine Kamerafahrt das Klassenzimmer zärtlich und sachte wie zu einem letzten Abschied. Diese Fahrt wird zum Schluß des Films wiederholt und dient jetzt als Nachruf, der eindrucksvoll die Geschichte des Toten zusammenfaßt, dessen Kopf auf das Katheder gesunken ist. Die engen Bauten im ‹Blauen Engel› sind von einer Ausdruckskraft, die zur Stabilisierungszeit nicht einmal erstrebt wurde. Es herrscht ein Mischmasch von Architekturfragmenten, Personen und nicht erkennbaren Gegenständen vor. Lola-Lola singt ihre berühmten Songs auf einer Miniaturbühne, die mit Requisiten übersät ist, so daß sie fast selbst zum Ausstattungsstück wird. Jannings kämpft sich seinen Weg zur Garderobe durch ein Labyrinth von Fischernetzen und taucht etwas später neben einer hölzernen Karyatide wieder auf, die den winzigen Balkon trägt, von dem aus er sein Idol anstarrt. Wie in Carl Mayers Nachkriegsfilmen definiert das beharrliche Mitspielen stummer Gegenstände das ganze Milieu als einen Bereich entfesselter Triebe. Diese Gegenstände, gleichsam elektrische Leiter, übertragen Jannings' zu späte Leidenschaft wie die Ströme sexueller Erregung, die von Lola-Lola ausgehen.

Der internationale Erfolg des Films – kurz nach seiner Aufführung machte in Paris ein Nachtclub unter dem Namen ‹Der blaue Engel› auf – ist auf zwei Hauptgründe zurückzuführen, von denen der erste ganz entschieden Marlene Dietrich ist. Ihre Lola-Lola war ein neues Sexsymbol. Diese kleinbürgerliche Berliner Nutte mit ihren provozierenden Beinen und saloppen Manieren legte eine Ungerührtheit an den Tag, die dazu reizte, das Geheimnis ihres abgebrühten Egoismus und ihre Kaltschnäuzigkeit zu ergründen. Daß dieses Geheimnis existierte, ließ ihre verschleierte Stimme ahnen, die, wenn sie davon sang, an Liebe ‹und sonst gar nichts› interessiert zu sein, nostalgische Erinnerungen und schwelende Hoffnungen weckte. Natürlich brach diese Ungerührtheit niemals auf, und vielleicht gab es überhaupt kein Geheimnis. Der andere Grund für den Erfolg des Films war sein unverhohlener Sadismus. Die Massen fühlen sich unwiderstehlich vom Schauspiel der Folter und Erniedrigung angezogen, und Sternberg verstärkte diese sadistischen Tendenzen, indem er Lola-Lola nicht nur Jannings, sondern auch seine ganze Umge-

«Der blaue Engel» (1930) von Josef von Sternberg. Mit Emil Jannings, Marlene
Dietrich, Rosa Valetti.

bung zerstören läßt. Ein Motiv, das sich durch den ganzen Film zieht, ist
die alte Kirchturmuhr, auf deren Glockenspiel das bekannte deutsche
Lied: ‹Üb' immer Treu und Redlichkeit›, erklingt – eine Melodie, die
Jannings' eingefleischte Überzeugungen zum Ausdruck bringt. In der
Schlußszene, unmittelbar nachdem Lola-Lolas Song verklungen ist, hört
man diese Melodie zum letztenmal, als die Kamera auf den toten Jannings gerichtet ist. Lola-Lola hat ihn umgebracht, und überdies erwies
sich ihr Song stärker als das Glockenspiel» (Siegfried Kracauer).

   Die Rebellion des Mittelständlers gegen sein Triebschicksal (das der
unbarmherzigen Unterdrückung) führt hier ins Leere, weil es zum einen
nicht die wirkliche Liebe ist, die die Widersprüche lösen könnte, die den
Professor und Lola-Lola zusammenführt, und weil Lola-Lola auf der anderen Seite kein Subjekt des Handlungsfortgangs ist, sondern bloße
Ausgeburt der Spießer-Phantasie, über die sie sich in den Momenten der
Wahrheit lustig macht. «Der blaue Engel» ist gleichsam ein im Ansatz
ersticktes Melodram, erstickt an Lola-Lolas «falscher» Liebe und erstickt an Raths bedingungsloser Hingabe. Melodramen handeln nicht
davon, wie einer alles aufgibt, und sie handeln auch nicht von Men-

schen, die so vollständig in (verschiedenen) Formen der Regression verloren sind. Und schließlich ist hier nicht die Lust durchzusetzen gegen die Grausamkeit der Gewohnheit, geht es nicht um Liebe und «Selbstverwirklichung» im Kampf mit den Konventionen, sondern die Grausamkeit selber, nicht nur die Lola-Lolas, sondern auch die der Schüler, die der Varieté-Artisten, die des Publikums, hat einen Grad morbider Lust angenommen. Die Demütigungen, ja die Foltern des einen erwählten Opfers dienen nicht mehr nur der Aufrechterhaltung der Ordnung, nein, sie transzendieren diese Ordnung zu einem aufregenden, ängstigenden Chaos. Darin scheint Lola-Lola aber nicht die wirkliche Täterin zu sein (sie ist kein Vamp und keine schreckliche Frau, sie ist nur, genau wie der Professor, ein Mensch, der, wie Klaus Theweleit sagen würde, «nicht zu Ende geboren ist»). Und daher steckt in «Der blaue Engel» doch auch ein Melodram.

Gone with the Wind: das nationale Melodram

«Der blaue Engel» steht am Ende der zwanziger Jahre für den Beginn des *glamour* im Tonfilm als eines Antidots gegen das Melodramatische, das sich in der Zeit zwischen den Kriegen zum erstenmal ein eigenständiges, von festen Regeln und Produktionsbestimmungen diktiertes Genre geschaffen hat. Die Filme der Sternberg-Richtung könnte man so als die Fortsetzung der «extravaganten», exzentrischen Filme der zwanziger Jahre interpretieren, zugleich als Öffnung zum erotischen Traum im Genre (vgl. den Band «Ästhetik des erotischen Kinos» in dieser Buchreihe). Beinahe ein Jahrzehnt später entstand mit «Gone with the Wind» (Vom Winde verweht – 1939 – Regie: Victor Fleming) das genaue Gegenbild dazu, ein Film, der wie die historische Exploration aller späteren amerikanischen Melodramen erscheint (sozusagen die Geschichte der Großmütter der Heldinnen in den Filmen von Douglas Sirk, Vincente Minnelli, Jean Negulesco etc.), keine «allgemeine» Parabel wie «Der blaue Engel», kein formelhafter *tearjerker* wie die *woman's films*, sondern der Film der Filme, einer, den alle gesehen haben müssen, sozusagen das erotische und emotionale Nationalepos.

Der enorme Erfolg von «Gone with the Wind» (bis vor nicht allzu langer Zeit ja der kommerziell erfolgreichste Film aller Zeiten) kam alles andere als überraschend. Der Roman von Margaret Mitchell war 1936 erschienen; das Buch machte die bis dahin unbekannte Hausfrau und Journalistin «über Nacht» berühmt, eine Berühmtheit, der sie sich hartnäckig und schließlich mit Erfolg widersetzte. Die Autorin hatte aus eigenen Erfahrungen, aus mündlicher Überlieferung in der Familie, aus den Legenden ihrer Heimat in Georgia schöpfen können, und sie arbeitete zehn Jahre lang, durch einen Unfall ans Zimmer gefesselt, an diesem Roman, den sie eigentlich nie zur Veröffentlichung vorgesehen hatte, sichtete historische Quellen und schichtete Detail auf Detail. Dennoch war, wie der weltweite Erfolg zeigt, nicht der historisch-gesellschaftliche Hintergrund allein ausschlaggebend, das Lebensgefühl der weißen Amerikaner im Süden und der Bürgerkrieg waren mehr als Kulisse, eine Abbildung viel universalerer Mythen, die eigentliche Botschaft des Buches. (Auch daß die Nationalsozialisten den Roman 1941 verboten haben, dürfte kein Mißverständnis gewesen sein – Scarlett O'Hara, die Heldin, das war, unter vielen anderen, eben auch eine Heldin des Widerstands, eine Frau, wie sie sich die Faschisten nur sehr erschrocken vorstellen konnten, auch wenn ihnen die dynastischen Hintergründe behagt hätten. (Man wird einmal, sehr genau, «Gone with the Wind» mit der «Geierwally» vergleichen müssen.)

An Erklärungsversuchen für den literarischen Erfolg hat es nicht gefehlt: Margaret Mitchell «schrieb 1926–1936 ihren einzigen Roman ‹Gone with the Wind›, der breit und romantisch das Schicksal Scarlett O'Haras, ihrer Pflanzung Tara und des Staates Georgia während des Bürgerkriegs und der Nachkriegszeit schildert, 1937 den Pulitzerpreis erhielt und der größte Bestseller Amerikas wurde» (Gero von Wilpert). «Oft stöhnt Margaret. Sie hat es sich doch viel einfacher vorgestellt, ein Buch zu schreiben. Sie hat geglaubt, sie wisse alles über Zeit und Milieu, in dem ihr Roman spielt. Aber es stellt sich heraus, daß es doch vieles gibt, was sie nicht ganz genau weiß. Und sie hat als alte Reporterin zuviel Verantwortungsgefühl, um etwas hinzuschreiben, was nicht bis ins kleinste Detail stimmt. Sie braucht allein sieben Monate, um die historischen Daten nachzuschlagen. Sie beginnt eine ausgedehnte Korrespondenz mit zahllosen Universitäten des Landes, sie arbeitet sich durch die dicksten Fachbücher hindurch. Ihr Mann hilft ihr dabei. ‹Hätte ich dir doch nie geraten, den Roman zu schreiben!› jammert er jetzt. – Einmal fragt er: ‹Wie wird der Roman heißen?› – ‹Gone with the Wind›, erklärt sie. Sie hat den Titel dem Gedicht ‹Cynara› von Ernest Dowesons entnommen.

‹Gone with the Wind ... Vom Winde verweht ... Der Titel allein zeigt schon, daß Margaret Mitchell nicht mehr allzuviel mit der kleinen Peggy gemein hat, daß sie ein wenig weitergekommen ist als ihre Eltern und Großeltern. Für sie ist das, was vor siebzig Jahren stattgefunden hat, nicht mehr – wie für die meisten Bewohner der Südstaaten – das ‹Gestern›. Es ist etwas, das nun wirklich vorbei ist, so vorbei wie das welke Laub, das der Wind verweht» (Curt Riess). Es ist vorbei, sagt Margaret Mitchells Roman den Yankees, aber es war so groß, daß es ganz nun auch nicht vorbei sein kann, sagt er den Rebellen im Süden.

«Die Gründe, warum ausgerechnet ein Buch über den amerikani-

«Gone with the Wind» (1939) von Victor Fleming. Mit Clark Gable und Vivien Leigh.

schen Bürgerkrieg und sein Nachspiel nahezu in der ganzen Welt zum beliebtesten Unterhaltungsroman wurde, können wohl nur auf soziologischer Basis genau ermittelt werden. Aber man wird kaum fehlgehen in der Annahme, daß Margaret Mitchells Beitrag zur wehmütigen Legendenbildung vom noblen Süden und seiner Schändung die Leser vieler Länder und Rassen nicht nur als eine abenteuerlich-romantische, in konventionellem Stil erzählte Geschichte gefesselt hat, sondern auch als eine nicht nur für die amerikanische Szene bezeichnende Darstellung des Zusammenbruchs einer Gesellschaftsform, des Kampfes ums Überleben und des verzweifelten Versuchs, alte Werte in eine grundlegend veränderte Zeit hinüberzuretten» (Gertrud Baruch). Das heißt «Gone with the Wind» ist auch das Modell für das Epos des Übergangs, die Suche nach der Bewahrung des Alten im Neuen, die Versüßung des Abschieds und die Verklärung der Unterdrückung. «Die Phantasien des Films sind zumeist eine Art Ersatz für das Leben. ‹Gone with the Wind› ist darüber hinaus ein Ersatz für die Geschichte» (Peter Conrad).

Der Erfolg des Romans führte zu einem Wettlauf um die Rechte zur Verfilmung, den schließlich David O. Selznick gewann. Es gab Querelen – unvorhergesehene wie inszenierte. Die Öffentlichkeit wußte genau, wer Rhett Butler sein würde: Clark Gable (um ihn zu bekommen, mußte Selznick seinen ursprünglichen Plan, den Film unabhängig zu produzieren, aufgeben), aber wer würde Scarlett O'Hara sein? Lange bevor überhaupt die Dreharbeiten begonnen hatten, war «Gone with the Wind» in allen guten amerikanischen Köpfen. Selznick mußte eine Zeit warten, das Projekt zu realisieren, da er noch vertraglich bei Universal gebunden war, bevor er bei MGM mit der Produktion beginnen konnte. Die Zwischenzeit füllte er mit immer neuen Nachrichten über die Suche nach der geeigneten Darstellerin für Scarlett O'Hara aus. Als Selznick aus dem Vertrag heraus war, da war auch schon die Darstellerin gefunden, Vivien Leigh, und es begannen die Dreharbeiten, die nun nicht nur unter Zeit-, sondern auch ein wenig unter Finanzierungsdruck standen. Solch epochale Werke verbrauchen aber nicht nur Geld, sondern auch Talent: Der ursprünglich vorgesehene Regisseur George Cukor, der schon einige Szenen gedreht hatte, wurde von Victor Fleming ersetzt. Dessen Krankheit machte es notwendig, daß Sam Wood die Dreharbeiten zu Ende führte. Mehr als zehn Drehbuchautoren (unter anderen Ben Hecht und F. Scott Fitzgerald) waren mehr oder weniger nobel an der Bearbeitung des Romans gescheitert (und hatten doch ihren Anteil am Erfolg des Films durch die immer wieder aufblitzenden Momente von echtem Kino, das auch der fertige Film nicht verleugnete), drei Kameramänner waren verschlissen worden, insgesamt arbeiteten sechs Regisseure mit verschiedenen Teams an dem Film, und trotz alledem war «Gone with the Wind» schließlich unter der Regie von Victor Fleming in beachtlichen fünf Monaten fertiggestellt. Der Film dauerte dreieinhalb Stunden und wurde mit elf Oscars ausgezeichnet (was sonst wäre der Academy of Motion Pictures übriggeblieben?).

«Die verschlungene Handlung spielt im Jahrzehnt zwischen 1861, als der Bürgerkrieg begann, und 1871, als die von der Regierung in Washington erzwungene Neuordnung der politischen Verhältnisse sich in den besiegten Südstaaten auszuwirken begann. Die Auswirkungen des Bürgerkriegs und seiner politischen Folgen werden am Schicksal zweier Südstaatenfamilien, ihrer Freunde und Negersklaven dargestellt. Im Mittelpunkt steht die schöne, feurige und eigensinnige Scarlett O'Hara (Vivien Leigh). Sie wandelt sich vom jungen, verwöhnten und leichtsinnigen Mädchen zur reifen Frau, die unter den Schicksalsschlägen der Zeit hart, rücksichtslos und skrupellos wird. Sie wird zweimal zur Witwe, aber selbst Krieg und Zerstörung vermögen ihre Vitalität nicht zu zerstören. Ihr irisches Erbe, Zähigkeit und Eigensinn, befähigen sie, allen Schlägen zu trotzen. Um nicht mehr hungern zu müssen und um den Familiensitz erhalten zu können, ist sie jeden Preis zu zahlen bereit, und wäre es jener des Glücks und der Liebe. Zu diesem Zweck heiratet sie schließlich den ihr charakterlich verwandten Abenteurer Rhett Butler (Clark Gable), der seine Landsleute zynisch auf die Scheinrealität ihres Lebens und die Aussichtslosigkeit ihres Kampfes hinweist, am Krieg trotzdem schwer verdient und dann doch noch beweist, daß unter seiner rauhen Schale ein goldener Kern steckt. Auch ihn verliert Scarlett, und zu spät erkennt sie, daß sie Rhett wirklich liebt. Diesen beiden stehen als Kontrastfiguren Ashley Wilkes (Leslie Howard), der als Konföderierten-Offizier die alte Ordnung nobel und tapfer verteidigt und mit ihrem Untergang nicht fertig wird, und seine sanfte, mutige und opferbereite Frau Melanie (Olivia de Havilland) gegenüber. Den Hintergrund zum Schicksal dieser vier Personen bildet die Zerstörung der Südstaatenwelt mit ihren prachtvollen Landsitzen, Baumwollfeldern und Sklaven durch die Armee der Nordstaaten, in deren Gefolge sich Ausbeuter und Geschäftemacher breitmachen. In prächtigen Schaubildern breitet der Film die verzweigte Handlung und die Vielfalt der Personen aus, denen hervorragende darstellerische Leistungen pralles Leben verleihen. Für Normalverbraucher ist zwar alles – Gefühle, Leidenschaften, Haß, Liebe, Treue, Hoffnung, Eigensucht und Selbstlosigkeit, Leiden und Glück – eine Nummer zu groß geraten. Das schafft heute Distanz zu diesem großspurigen, dramatischen Bilderbogen, doch vermögen einzelne Bilder, Szenen, Stimmungen und große schauspielerische Momente noch immer zu packen. Aus historischer Sicht bleibt ‹Gone with the Wind› ein Monument des alten Hollywood-Films, ein Denkmal der Traumfabrik mit ihren starken (professionelle Perfektion) und schwachen (Klischee, Surrogat, Sterilität) Seiten» (Franz Ulrich).

Das Schicksal der Protagonisten ist aber noch mehr verschlungen, Mißverständnisse und Schicksalsschläge treffen sie stärker, als das gemeinhin im Genre üblich ist; «Gone with the Wind» ist eigentlich nicht ein Melodram, sondern deren mindestens sechs, dazu Sittengemälde, Kriegsfilm und Historienfilm. Eine Ahnung davon gibt Jerzy Toeplitz' Beschreibung: «Der Besitzer der reichen Farm Tara im Staate Georgia ist Gerald O'Hara. Seine schöne Tochter Scarlett ist in einen der Nachbarn, in Ashley Wilkes, verliebt. Als Ashley sich mit ihrer Cousine Melanie verlobt, heiratet die enttäuschte Scarlett Melanies Bruder Charles. In den ersten Tages des Krieges zwischen den Nord- und Südstaaten kommt Charles um. Für die junge Witwe beginnt sich der gutaussehende und reiche Lebemann Rhett Butler zu interessieren, sie denkt jedoch immer noch an Ashley. Der Krieg dauert an. Die Frauen siedeln in die Stadt Atlanta um. Melanie erwartet ein Kind. Scarlett arbeitet als Pflegerin im Krankenhaus. Die Armee der Südstaaten erleidet dauernd Niederlagen. Scarlett beschließt, Melanie und ihr Kind nach Tara zu bringen. Als die Stadt brennt, verhilft ihnen Rhett Butler zur Flucht. Dann meldet er sich als Freiwilliger zur Armee der Südstaaten, die den Krieg verlieren. Nach dem Tod der Eltern bleibt Scarlett allein, Tara ist abgebrannt, die Wirtschaft liegt am Boden, es gibt nichts zu essen. Die junge Frau nimmt es auf sich, das Familiennest wiederaufzubauen. Ashley kehrt aus dem Krieg zurück, aber Scarlett wird enttäuscht. Ashley ist seiner Frau treu und bleibt ihren Liebeserklärungen gegenüber gleichgültig. Finanzielle Schwierigkeiten treten ein. Um Tara halten und die hohen Steuern zahlen zu können, muß Scarlett Geld haben. Sie versucht, es bei Rhett zu bekommen, der im Gefängnis ist, und als ihr das nicht gelingt, heiratet sie den im Krieg reich gewordenen Frank Kennedy. Bei der Jagd nach Geld sind Scarlett alle Mittel recht. Einmal wird sie von Räubern überfallen. Ihr Mann und Ashley organisieren eine Vergeltungsaktion, bei der Frank getötet wird. Als reiche Witwe heiratet Scarlett noch einmal, diesmal Rhett, der sie wirklich liebt. Aber ihre Ehe ist nicht glücklich; sie denkt immer an die Vergangenheit, und Rhett ist wegen ihrer Zuneigung zu Ashley eifersüchtig. Die Krise tritt ein, als ihr Töchterchen auf tragische Weise ums Leben kommt. Melanie bemüht sich, Scarletts Verzweiflung über den Verlust des Kindes und über die unglückliche Ehe zu mildern, aber sie selbst wird bald krank. Vor dem Tode bittet sie Scarlett, sich um Ashley und ihren einzigen Sohn zu kümmern. Als Scarlett begreift, daß sie doch Rhett liebt, und alles in Ordnung zu bringen versucht, muß sie erfahren, daß es zu spät ist. Rhett möchte nicht mehr länger um die Gefühle seiner Frau kämpfen und verläßt sie. Scarlett, obgleich vereinsamt, bricht nicht zusammen; sie entschließt sich, nach Tara zurückzukehren, um fern von den Menschen über sich und die Zukunft nachzudenken.»

«Gone with the Wind» (1939) von Victor Fleming. Mit Vivien Leigh und Clark Gable.

Woman's Films

Das Genre der *woman's films* in den dreißiger und vierziger Jahren, das, ganz anders als Western, Gangsterfilm oder *film noir*, auf seine Wiederentdeckung durch das Publikum und durch die Filmpublizistik noch wartet, war eine Form des Melodrams, die die Aussichten von Frauen zum Thema hatten, Glück und Erfolg in einer von Männern beherrschten Welt zu finden. Es waren zumeist kleinere Filme, mit kaum durchschnittlichem Budget ausgestattet und allzuoft von Regisseuren der zweiten Garde inszeniert. Aber unbestreitbar hat der *woman's film*, wie jedes Genre, neben vielen *flops* und unfreiwilligen Selbstparodien auch einige «Meisterwerke» hervorgebracht. Wie andere Genres auch hatte der *woman's film* seine Spezialisten unter den Regisseuren, Frank Borzage, Dorothy Arzner, Jean Negulesco u. a., und er hatte seine Stars wie Joan Crawford, Bette Davis, Irene Dunne, Loretta Young, Olivia de Havilland, Barbara Stanwyck, um nur einige zu nennen.

Die Heldinnen hatten ihre Probleme zu lösen, ihre Widersprüche zu klären, und sie taten es aus eigenem Antrieb und bis zu einem sonst nicht anzutreffenden Maß an Autonomie: den Widerspruch zwischen der «falschen» und der «richtigen» Liebe, den zwischen Erfolg und Liebe, den zwischen Liebe und Pflicht, den zwischen der Rolle als Mutter und der Rolle als Geliebten usw.

«Wie die anderen Genres, so hatte auch der *woman's film* seine eigenen Konventionen, einander verwandte Handlungskonstellationen, immer wieder auftauchende Charaktere, und natürlich die Heldin, die Frau. Sie war entweder gut oder schlecht. Wenn sie schlecht war, tat sie anderen Menschen schreckliche Dinge an: Sie stieß sie über Klippen, vergiftete ihnen das Essen oder schoß sie in den Kopf. Außerdem war die böse Frau stets bereit, anderen Frauen den Mann zu stehlen, und es machte ihr nichts aus, mit dem Mann ihrer eigenen Schwester durchzubrennen. Sie war schrecklich, weil sie Männer manipulierte, anstatt ihnen als ihrem Meister zu begegnen. Im allgemeinen wurde diese Haltung als die Natur der bösen Frau erklärt; die schrecklichen Frauen waren einfach böse geboren. Die gute Frau auf der anderen Seite war gut, aber so gut nun auch wieder nicht. Wie sonst hätte sich die Story entwickeln können?

In den *woman's films* gab es auch den Mann. Männer in den Frauen-

Filmen boten ein glanzloses Schauspiel, sie waren schwach, oberflächlich, unzuverlässig, niederträchtig. Sie waren dem Spiel verfallen oder dem Alkohol, sie brannten mit anderen Frauen durch (mit den bösen Frauen zumeist, die ihnen dann zum Dank Gift ins Essen mischten). Was die Männer an Stärke zuwenig hatten, das hatten die Frauen zuviel. Wieder und wieder erzählte der *woman's film* vom Dilemma einer starken Frau, die an einen schwachen Mann gefesselt ist, der ihr Leben ruiniert, so wie er sein eigenes ruiniert. Die Hoffnung der Frauen in diesen Filmen war nur selten die auf eine wirkliche Befreiung, es war vielmehr die Hoffnung, den *besseren Mann* zu finden, der stark, zuverlässig, ehrlich, auch väterlich sein würde» (Jeanine Basinger).

Joan Crawford zum Beispiel gerät in den Filmen dieser Zeit immer wieder in dieses Dilemma: Sie ist zu stark für den Mann, der da ist, und sie sehnt sich nach dem stärkeren Mann. Die Überwindung des Vaters (die ja die Voraussetzung der Stärke ist und die Metaphysik der Melodramen-Konstellation) führt schließlich zurück zum «väterlichen Mann», der doch eine Qualität des Partnerschaftlichen vorweisen kann. In «Mannequin» (1937 – Regie: Frank Borzage) spielt sie eine Arbeiterin aus den Slums mit einem Traum vom besseren Leben und dem Ehrgeiz, ihn zu verwirklichen. Aber sie heiratet ihren Freund (Alan Curtis), der gut aussieht, aber sonst nichts taugt. Sie muß den Lebensunterhalt verdienen, und sie muß das Haus zusammenhalten. Als ihr Elend schon besiegelt scheint, lernt sie einen anderen Mann kennen, den väterlichen, verläßlichen Spencer Tracy. Aber es ist wirklich ein *woman's film*, und so ist es nicht Spencer Tracy, der Joan Crawford zum Happy-End erlöst, sondern Joan Crawford muß erst Spencer Tracy in einer schwierigen Situation beistehen, bevor die beiden ein neues Leben beginnen können: Der «väterliche Mann» muß noch einmal gedemütigt und von der Frau gerettet werden, bevor er zum Partner taugt.

Zur Typologie des *woman's film* gehörten neben der guten oder bösen Frau zwischen guten und bösen Männern etliche Nebenfiguren, so die Mitglieder der Familie und Kinder, die zu Hindernissen oder Katalysatoren von Liebesgeschichten werden können. Die Heldinnen haben oft eine treue (meist ältere oder weniger attraktive) Freundin, die ihnen hilft und sie gelegentlich (und meist vergeblich) warnt. Und als Deus ex machina fungiert manchmal eine männliche Person, die der Heldin, ohne an ihr sexuelles Interesse zu haben, beisteht und ihr durch finanzielle Zuwendungen oder ähnliches ein Stück Unabhängigkeit ermöglicht. Auch diese Figur mag eine «gute» Abspaltung des Vaters sein, und es ist zugleich, im Genre, die Repräsentanz des guten Besitzes. Über diese Figur konnte die Frau, ohne ihre erotische Versklavung fürchten zu müssen (und ohne die Versklavung in der Karriere), ökonomische Emanzipation erreichen, auf deren Grundlage erst sie in der Lage wäre, ihre

Gefühle zu akzeptieren und zu gewichten.

Als Handlungsgerüst des *woman's film* lassen sich vor allem vier Motive ausmachen: die Dreiecksgeschichte, die Geschichte einer opfervollen Mutterschaft, die Geschichte der bösen Frau und die Geschichte von der großen Karriere der Heldin. In jeder der möglichen Dreiecksgeschichten steckte ein Teil Denunziation des Mannes (und zugleich ein Stück Rehabilitation): Stand die Heldin zwischen zwei Männern, so folgte auf die ernüchternde Liebesgeschichte mit dem «Versager» der väterliche Partner; hatte die Heldin eine Konkurrentin um die Gunst eines Mannes, so zeigte sich dieser entscheidungsschwach und traf nicht selten auch noch die falsche Wahl. Insbesondere Bette Davis spielte oft die Verliererin, die zusehen muß, wie eine gute Freundin ihr den Mann nimmt; in «The Old Maid» (1939 – Regie: Edmund Goulding), wo sie nicht nur den Mann, sondern auch die Liebe ihrer unehelichen Tochter an Miriam Hopkins verliert; in «Old Acquaintance» (In Freundschaft verbunden – 1943 – Regie: Vincent Sherman), wo sie einen förmlichen Krieg mit einer Jugendfreundin (wiederum Miriam Hopkins) führt; auch in «Jezebel» (1938 – Regie: William Wyler), wo sie ihren Verlobten (Henry Fonda) kränkt und ihn verliert. In «A Stolen Life» (Die große Lüge – 1946 – Regie: Curtis Bernhardt) ist die Konkurrentin gar die eigene Zwillingsschwester, und in «Housewife» (1934 – Regie: Alfred E. Green) muß Bette als Vamp letztlich der guten Ann Dvorak unterliegen.

Zu wählen hatten etwa Claudette Colbert in «The Gilded Lily» (1935 – Regie: Wesley Ruggles) zwischen dem Aristokraten Ray Milland und dem «Mann von nebenan» Fred MacMurray, Greta Garbo in «As You Desire Me» (1931 – Regie: George Fitzmaurice) zwischen ihrem Geliebten und dem Ehemann (den sie durch eine Amnesie aus dem Gedächtnis verloren hat); Joan Crawford in «Chained» (1934 – Regie: Clarence Brown) zwischen dem charmanten Clark Gable und ihrem aufrechten Ehemann Otto Kruger; Myrna Loy in «Evelyn Prentice» (1934 – Regie: William K. Howard) zwischen dem Ehemann und ihrem Erpresser (!); Barbara Stanwyck in «His Brother's Wife» (1936 – Regie: W. S. Van Dyke) zwischen den Brüdern Robert Taylor und John Eldredge; Helen Chandler in «A House Divided» (1931 – Regie: William Wyler) zwischen dem Vater (Walter Huston) und dem Sohn (Kent Douglas).

Zwischen zwei Frauen stehen Ian Hunter in «Girl from 10th Avenue» (1935 – Regie: Alfred E. Green), der bei einer Zechtour Bette Davis geheiratet hat und es bereut, als seine Ex-Ehefrau wiederauftaucht; Charles Boyer in «Back Street» (1941 – Regie: Robert Stevenson), dessen Geliebte Margaret Sullavan ihn auch nach seiner Eheschließung mit einer anderen nicht verläßt (der Film ist übrigens ein Remake des gleichnamigen Films von John M. Stahl aus dem Jahr 1932); der Held von «An

«The Old Maid» (1939) von Edmund Goulding. Mit Bette Davis und Miriam Hopkins.

«Back Street» (1941) von Robert Stevenson. Mit Charles Boyer und Margaret Sullavan.

American Tragedy» (1931 – Regie: Josef von Sternberg), der seine Verlobte ermordet, um eine reiche Frau heiraten zu können; Ronald Colman in «Cynara» (1932 – Regie: King Vidor), der als Rechtsanwalt eine kurze Romanze mit einem Arbeitermädchen hat, während seine Frau fort ist; Clark Gable in «Red Dust» (1932 – Regie: Victor Fleming), der sich zwischen der Abenteurerin Jean Harlow und der «erwachten Bürgerin» Mary Astor entscheiden muß; Warner Baxter in «Wife, Doctor and Nurse» (1937 – Regie: Walter Lang) zwischen Loretta Young und Virginia Bruce; Louis Hayward zwischen den Ballettänzerinnen Maureen O'Hara und Lucille Ball in «Dance, Girl, Dance» (1940 – Regie: Dorothy Arzner).

In den Geschichten um Mütterschicksale, vor allem um das Schicksal unverheirateter Mütter, bildeten sich nicht nur die realen Probleme der gesellschaftlichen Ächtung und der schwierigen wirtschaftlichen Lage der ledigen Mütter ab (gleichsam die Drohung, die den Wunsch nach Liebe in den Wunsch nach der Ehe umleiten half), sondern auch der tiefergehende Konflikt zwischen Erotik und Mutter-Kind-Beziehung. Die Angst bestand vor allem darin, durch den ökonomischen Zwang die

Kinder zu verlieren: «Madame X» (Film-Versionen aus den Jahren 1915, 1920, 1929, 1947, 1960 und 1966) etwa erzählt die Geschichte einer Frau, die des Mordes angeklagt wird, von einem Staatsanwalt, der ihr eigener Sohn ist (was er aber nicht weiß, da er früh von seiner Mutter getrennt wurde).

In «Gallant Lady» (1934 – Regie: Gregory La Cava) muß eine unverheiratete Frau ihr Kind zur Adoption freigeben, sie kann es aber schließlich zurückbekommen, als die Adoptivmutter stirbt: Sie heiratet den Stiefvater. (Schon vier Jahre nach dem Erfolg dieses Films folgte das erste Remake unter dem Titel «Always Goodbye» unter der Regie von Sidney Lanfield.) Loretta Young verliert in «Born to be Bad» (1934 – Regie: Lowell Sherman) ihren Sohn, nachdem sie das Leben allzusehr auf die leichte Schulter genommen hat. In «Confession» (1937 – Regie: Joe May), einem Remake des deutschen Films «Mazurka» von Hans Rameau, erschießt eine Mutter (Kay Francis) ihren Liebhaber, den schurkischen Basil Rathbone, um ihre Tochter vor ihm zu beschützen.

Das Schicksal der ledigen Mutter mag auch als Strafe dafür gegolten haben, zuviel vom Leben verlangt zu haben, aber im allgemeinen zeichnet der *woman's film* ein positives Bild dieser Heldinnen, vor allem, indem er ihre «Unschuld» belegt. So wird Sympathie mit den ledigen Müttern geweckt, ohne daß die prinzipielle Ablehnung solcher sozialen Schmach in Frage gestellt war. In «To Each His Own» (1946 – Regie: Mitchell Leisen) hat Olivia de Havilland sich in einen schmucken Piloten verliebt (John Lund), der ihr wie ein Versprechen auf ein anderes Leben als die glanzlose Existenz in ihrer Kleinstadt erscheint. Aber im Krieg wird der Pilot getötet. Die Heldin bekommt ein Kind, und sie muß es bei anderen zur Pflege geben, um selbst eine Karriere machen zu können. Sie wird, den *topics* des Genres entsprechend, immer reicher und immer unglücklicher.

Die Geschichte der bösen Frauen führte zumeist zu Situationen, die die Filme eher ins Genre der Thriller verweisen, wie etwa «Mildred Pierce» (Solange ein Herz schlägt – 1945 – Regie: Michael Curtiz) (vgl. den Band «Kino der Angst» in dieser Buchreihe, dort vor allem den Abschnitt «Die schrecklichen Frauen»); da wurden aus Opfern Täterinnen, und selbst wo die Frauen schlecht von Natur waren, da gebührte ihnen immerhin Respekt für die Kraft, mit der sie ihre Bedürfnisse zu befriedigen trachteten. Diese Filme dürften, trotz der Verurteilung der bösen Frauengestalten, ebenso heimlicher Wunschvorstellung entsprochen haben wie die Filme um die Frauen mit der großen Karriere, die gleichfalls ihre Strafen für die Heldinnen parat hielten: Sie wurden gefeierte Stars, reiche Unternehmerinnen, erfolgreiche Ärztinnen, Juristinnen oder Wissenschaftlerinnen; sie waren unabhängig und reich, und sie mußten einen hohen Preis dafür zahlen, mußten auf Glück und Liebe, auf die

Joan Crawford in «Mildred Pierce» (1945) von Michael Curtiz.

Familie, das Heim, den Mann verzichten. Wie immer zeigte auch hier die populäre Mythologie einen Ausweg aus der Falle der Wirklichkeit, um zugleich diese Wirklichkeit auch zu bestätigen. Mindestens in der letzten Viertelstunde des Films begann der Jammer für die erfolgreichen Frauen: für Joan Crawford in Dorothy Arzners «The Bride Wore Red» (1937), für Bette Davis als berühmte, später alkoholkranke Schauspielerin in «Dangerous» (1935 – Regie: Alfred E. Green), für Helen Morgan in «Applause» (1929 – Regie: Rouben Mamoulian), die über ihrer Schauspielerkarriere die Liebe ihrer Tochter verliert, oder für Janet Gaynor in «A Star is Born» (1937 – Regie: William A. Wellman).

Die vier Motive des *woman's film* ließen sich nahezu beliebig variieren. So verbindet etwa «Daisy Kenyon» (1947 – Regie: Otto Preminger) eine Dreiecksgeschichte (besser: eine doppelte Dreiecksgeschichte) mit dem Karriere-Motiv. Die Titelheldin (Joan Crawford), erfolgreich und unabhängig, aber auch unter stetem Druck stehend («Für alles in meinem Leben muß ich kämpfen», sagt sie einmal), hat eine Affäre mit einem verheirateten Mann (Dana Andrews), der ein erfolgreicher Geschäftsmann ist. Auch ein anderer Mann (Henry Fonda) steht zur Wahl, nicht so erfolgreich, ein etwas verwirrter Kriegsheimkehrer, aber ein wenig verständnisvoller, und ein «natürlicher» Mann. Für ihn wird sich Daisy Kenyon am Ende entscheiden, ohne daß sie damit den Himmel auf Erden gewählt hätte.

«‹Daisy Kenyon› legt die im allgemeinen verborgenen Motive in den *woman's films* offen dar. Die von Andrews dargestellte Gestalt ist der Typ von Mann, den sich die meisten Frauen als Ehemann erträumen – überaus erfolgreich im Geschäftsleben, reich und mächtig, ein Mann, der seiner Frau den Lebensstil bieten kann, den so lange die amerikanischen Mütter ihren Töchtern versprochen haben, als Belohnung dafür, daß sie es richtig anstellen würden. Allerdings: Im Traum ist dieser Mann auch zartfühlend und sorgend. Er erinnert sich immer an die Geburtstage und bringt Blumen und Pralinen mit, um die kleine Frau zu trösten, wenn Junior wieder einmal hingefallen ist. Unnötig zu sagen, daß er seine Kinder liebt und viel Zeit mit ihnen verbringt, im Zirkus, im Baseballstadion, bei den Boy-Scouts oder auf Einkaufsfahrten, von denen man Mutter etwas Schönes mitbringt.

In ‹Daisy Kenyon› – keinem Traumfilm – wird der erfolgreiche Geschäftsmann gesehen, wie er wohl häufig wirklich ist, rücksichtslos, ohne Skrupel, autoritär und ohne jegliches Interesse an seiner Frau und seinen Kindern. ‹Du siehst sie gerade fünf Minuten am Tag›, klagt Andrews' Frau, ‹gerade lang genug, um sie zu verderben.› In manchen *woman's films* wird der sanfte poetische Mann präsentiert als eine ärmere, aber letztlich angenehmere Alternative zum mächtigen Erfolgsmenschen; Fonda jedoch ist hier statt dessen mit eigenen Problemen beladen. Daisy selbst weiß nicht genau, was sie eigentlich vom Leben erwartet. Sie kann sich nur durchkämpfen, und sie muß am Ende zwischen den beiden Männern wählen» (Jeanine Basinger).

Wie in fast allen ihren Filmen dieser Zeit ist in dem kritischen *woman's film* «Daisy Kenyon» Joan Crawford die Frau, die ihren Kampf mit den Umständen zu führen hat, mit den Widrigkeiten, die die Gesellschaft und der Zufall für sie bereithalten. Joan Crawford wird durch das Leiden härter, sie wird zur steinernen Person. In allem das Gegenteil zu Crawfords Typ ist Bette Davis die «nervöse» Frau, die ständig in Bewegung ist. Das gedachte Ende der Joan Crawford-Frau ist die totale Distanz zur Welt, eine emotionale Unerreichbarkeit; das gedachte Ende der Bette Davis-Frau ist der Zusammenbruch jeder Distanz und Kontrolle, das emotionale Chaos. Man könnte, von diesen beiden Figuren des Genres ausgehend, von den Crawford-Filmen und den Davis-Filmen im *woman's film* sprechen (auch wenn eine andere Schauspielerin die Hauptrolle spielt): die Stilisierung und die Aktion, die Frau als Opfer der Umwelt und die Frau als Opfer ihrer eigenen Widersprüche. Mag Joan Crawford auch eine noch so starke Frau sein, sie ist am Ende dann doch nicht stark genug gewesen, während Bette Davis von Anbeginn an zu stark ist, um in der Welt der Mittelmäßigkeit nicht zugrunde zu gehen. Daher spielt Joan Crawford nur selten eine wirklich böse Frau, so etwa in «Humoresque» (Humoreske – 1946 – Regie: Jean Negulesco), während Bette Davis als die Frau, die zu weit über ihre Grenzen reicht, immer wieder zur Verbrecherin werden muß. Wo andererseits etwa Barbara Stanwyck oder Jane Wyman mit ihrer sozialen Stellung in Harmonie leben (und sich ihre Konflikte zumeist innerhalb ihres Lebensbereiches entwickeln), da ist Joan Crawford häufig von einer proletarischen Vergangenheit gezeichnet; in «Mannequin» oder «Mildred Pierce» ist dieser Hintergrund spürbar bis in die Details der Slum-Existenz, bis in den Geruch der Arbeit in zweitklassigen Restaurants. Dort, wo Joan Crawford ist, kann sie nicht glücklich sein, weil sie nicht *dorthin gehört*, und in dem Grundwiderspruch des Melodrams zwischen Natur und Zivilisation (und also: zwischen Liebe und sozialem Status) steht Joan Crawford nicht auf einer Seite, sondern sie entfernt sich, leidend, von der Natur, um Zivilisation zu erlangen. Bette Davis wiederum fürchtet die Zivilisation, ohne wirklich Natur erreichen zu können.

Neben den Themen und der im Crawford/Davis-Gegensatz versinnbildlichten Mythologie des *woman's film* läßt sich das Genre auch von seiner Ikonografie her bestimmen (die sich noch weit in die Melodramen der fünfziger Jahre fortsetzt). So wird der Gegensatz von Natur und Zivilisation, zwischen Liebe und Macht durch den «Einbruch» von wilder Natur in die Geregeltheit der Zivilisation gekennzeichnet. Liebe ist ein gemeinsamer Rückzug aus der Zivilisation zur Natur; Liebesgeschichten

«Humoresque» (1946) von Jean Negulesco. Mit John Garfield und
Joan Crawford.

beginnen an Seen, unter Bäumen, in kleinen Häusern weit draußen vor
den Städten, und wie um dies noch einmal zu bekräftigen, führen die
Flitterwochen-Reisen zu den Niagarafällen, an den Ozean, in die Berge;
auch hier: das Paradoxon der Zivilisierung durch Natur.

In «Daisy Kenyon» hat sich Joan Crawford in ihre Hütte zurückgezogen, die inmitten einer einsamen, verschneiten Landschaft liegt. Das Te-
lefon klingelt, und die Heldin weiß, wenn sie das Gespräch annimmt,
wird sie sich entscheiden müssen. Sie flieht aus dem Haus und fährt mit
dem Auto davon. Aber nun ist das Klingeln in ihrem Kopf. Und da gibt
es einen Unfall, der für Joan Crawford wie ein Zeichen ist, eine Offen-
barung, die ihre Entscheidung zwischen den beiden Männern ist. Joan
Crawford schleppt sich zu ihrer Hütte zurück, wo mittlerweile die beiden Männer warten, und Joan Crawford wählt die Ruhe, die Natur, die
in Henry Fonda und in der Hütte im Schnee liegt.

Diese Szene mag als eine Schlüsselkomposition für das Genre gelten:
Da ist zum einen die traumhafte Vereinigung von Natur und Zivilisation
im «Idyll» (das natürlich auch ironisch gezeichnet werden kann), da ist
die Entscheidung, die ein Ereignis ist, nicht einfach Ergebnis der Abwä-
gung von «ausschlaggebenden» Argumenten. Nur so kann das Gefühl
selbst entscheiden. Daß dieses Ereignis gerade im Auto stattfindet, ist
kein Zufall: In keinem anderen Genre als dem Melodram (abgesehen
vielleicht vom Polizeifilm) spielen Autos eine so große Rolle als Teil der
Person der handelnden Figuren selbst. Autofahren ist im Melodram für
die Frauen nicht nur ein Stück praktizierter Selbstbestimmung (sie tun
es wirklich ausgiebig und mit einer den Männern im Genre fremden Ge-
lassenheit), sondern auch das präzise Medium zwischen Natur und Zivilisation, zwischen Freiheit und Gefangenschaft. Die Auto fahrenden
Frauen sind unterwegs, frei und einsam; ein Privileg, das zugleich eine
Strafe ist (Hitchcocks «Psycho» ist der Alptraum eines Melodrams).

Liebe ist möglich, wo Natur und Gefangenschaft sich treffen, wo die
wilden Elemente nicht mehr zerstörerisch sind. Die «gute» Leidenschaft
ist die gebändigte Natur, die «böse» Leidenschaft die Amok laufende
Zivilisation. Ein perfektes Abbild der gebändigten Natur ist der Strand.
Eine bezeichnende Entwicklung gibt es in der Liebesgeschichte zwischen Cliff Robertson und Joan Crawford in «Autumn Leaves» (Herbst-
stürme – 1956 – Regie: Robert Aldrich): Sie küssen sich zum erstenmal
im Wasser (was die Kamera dadurch betont, daß sie zur Hälfte
unter Wasser ist), zum zweitenmal am Strand und zum drittenmal, nun
fast schon «kultiviert», in der Stadt. In mehreren Filmen, so auch in
«Humoresque», löst eine Einstellung auf das Meer das Problem des Regisseurs, zu zeigen, was nach dem Kuß kommt. Aber auf der anderen
Seite ist das Meer auch der Ort der Verzweiflung und schließlich des
Todes.

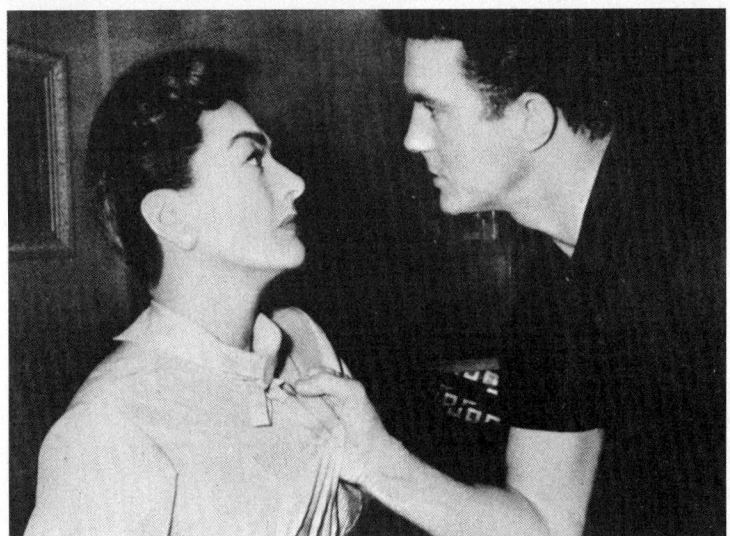

«Autumn Leaves» (1956) von Robert Aldrich. Mit Joan Crawford und Cliff Robertson.

Im *woman's film* und in den Melodramen der fünfziger Jahre wird die Frau erschreckt und aufgeregt von der Gewalt der Elemente: Sie erlebt Wasser, Erde, Luft und Feuer, das Meer, das Land, die Weite, die Hitze, das Fliegen; sie erlebt Regen und Wind, Sonnenschein und Kälte, und sie weiß, daß sie Sinne hat, es zu erleben. Was die Elemente als ungeformte Energie freigesetzt haben, kann nur einer erklären und formen: der gute Wilde, der Mann der Natur, der Mann, der mit den Pflanzen und dem Meer, mit dem Feuer und mit den Tieren, mit dem wilden Land vertraut ist und es beherrscht, ohne es auszubeuten. Etwas von ihm steckt in jeder positiven männlichen Gestalt im Melodram; in ihm treffen sich Unschuld und Sexualität. Freilich ist dieser Archetyp des guten Wilden (wieder wird man an den Western erinnert) stets in Gefahr, zum Bösen zu werden, zumal dort, wo sich die Probleme der Frau mit der Zivilisation nur noch mit noch mehr Zivilisation lösen lassen (durch einen Mann ohne Sexualität).

Der böse Mann im *woman's film* ist im allgemeinen aber ein Mann von extremer Zivilisiertheit, daher ein Mann der höheren Gesellschaftsschicht. Wie der gute Regen den guten Wilden, so begleitet das Gewitter, die Katastrophe in der Natur den bösen Mann, fast immer so etwas wie ein Nachfahr von Stroheims Verführern. Auch von daher eher verständlich als von einer Form der Ideologie, warum der böse Mann im Melodram so oft ein Fremder ist: Er kann die Elemente (*virgin land* / Heimat und Seele der Frau) nur herausfordern, aber er «beherrscht» sie nicht. Er ist der potentielle Ausbeuter, des Landes wie der Frau – und in dieser Verkennung der Tatsachen unterwirft sich die Frau im *woman's film* dem amerikanischen Mythos. Was könnte sie anders tun?

Liebe, nicht nur im *woman's film*, ist das mythologische Konstrukt von Sexualität, der die Gewalt ausgetrieben ist und der zur Dauer Poesie injiziert wurde. So braucht die Liebe im Melodram ein Maß von Liedern und Blumen. Oft ist den Heldinnen eine Blume als Zeichen zugeordnet (das Veilchen der Heldin von «Mannequin»), und ein Lied begleitet leitmotivisch eine Liebesgeschichte (der Titel von «Autumn Leaves» bezieht sich auf ein solches Lied). Wir sehen die Liebe verstärkt in den bildhaften und akustischen Formen des Melos. Was gut ist an der Beziehung zweier Menschen, das ist auch Musik, Farbe, Form und Verwandlung.

Amerika. Die Familie.
Und die fünfziger Jahre. Die Filme von Douglas Sirk

1949 war Douglas Sirk für eine kurze Zeit nach Deutschland zurückgekehrt, aber dieses Land hatte ihm und er hatte Deutschland nicht viel zu sagen. Er hatte gesehen, wie die Leute im Theater «Des Teufels General» feierten, und er hatte gespürt, daß sie nicht dem Stück, sondern den Leuten in Nazi-Uniformen zujubelten. Die Leute verziehen ihm seine Emigration nicht, und er sah, daß sie sich nicht geändert hatten.

Douglas Sirk fuhr wieder nach Amerika und realisierte dort für Universal eine Serie von kleinen, im allgemeinen für weniger signifikant erachteten «Americana»-Filmen, die nichtsdestotrotz im Kern schon die Themen seiner Melodramen der fünfziger Jahre enthalten. Nicht zuletzt gab dieser kleine Zyklus von Kleinstadt-Filmen, von Sirk selbst als seine «amerikanischen Filme» bezeichnet (eine kleine Doppelbödigkeit), seine eigenen Erfahrungen in Provinz-Amerika wieder. Trotz meist recht biederer Drehbücher zeichnet der Regisseur auch in diesen Filmen ein in Details recht präzises, kritisches Bild der amerikanischen Gesellschaft.

«Has Anybody Seen My Gal?» (Hat jemand meine Braut gesehen? – 1951) etwa ist eine Komödie über die Vergötterung des Geldes. Ein Multimillionär (Charles Coburn) gibt sich als armer Mann aus, um die Tochter seiner einstigen Geliebten und deren Familie auf die Probe zu stellen, denen er sein Geld vermachen will. Er spielt ihnen eine größere Geldsumme zu, mit der die Familie kaum anderes als Katastrophen zuwege bringt. Der Film skizziert eine Kleinstadt-Gesellschaft in den zwanziger Jahren, in der Geld, sozialer Aufstieg und das heimliche Vergnügen das Denken der Menschen beherrschen und die gesellschaftlichen Zwänge sie begrenzen. Dieses System droht Gefühle und Hoffnungen zu zerstören, an deren Stelle, wie so oft bei den Menschen in Sirks Kleinstadt-Amerika, Anmaßung, Selbstbetrug und Lüge getreten sind.

«Meet Me at the Fair» (1952) handelt von der Zuneigung des Inhabers einer *medicine show* (Dan Dailey) zu einem Waisenkind, das er unterwegs aufliest. In «A Weekend with Father» (Ein Wochenende mit Papa – 1951) heiratet ein Witwer mit zwei kleinen Töchtern (Van Heflin) eine Witwe mit zwei kleinen Söhnen (Patricia Neal). Zuvor gibt es eine Rei-

«Has Anybody Seen my Gal?» (1951) von Douglas Sirk. Mit Charles Coburn.
Fotos: ARD.

he von Konflikten zu lösen, bei denen es um das Recht auf das persönliche Glück geht. Die Lösungen stehen ein wenig im Widerspruch zu den gebräuchlichen Mustern der Familienkomödie, nach denen sich noch immer die Familie in der Restauration der elterlichen Autorität konsolidiert. Hier sind für einmal die Kinder die Verständigeren, die Angepaßteren, und wie sich die geforderten Idealfiguren der Erwachsenen komisch in ihren Versuchen machen, noch etwas vom Glück zu erhalten, lernen die Kinder, die «Erziehungsziele», die Ertüchtigungsideologie und die Glamour-Strategie für sich anzuwenden. Kinder, die ihren Eltern die Liebe nicht gönnen, tauchen in Sirks Filmen immer wieder auf; Kinder sind die Garanten für die Fortsetzung des Leidens.

Die Western-Komödie «Take Me to Town» (Eine abenteuerliche Frau – 1953) erzählt die Geschichte eines verwitweten «Hinterwäldlers» (Sterling Hayden) und seiner drei Söhne, die in dem Tanzhallen-Mädchen Vermillion O'Toole (Ann Sheridan) eine neue Frau und Mutter finden. Auch hier geht es um das Recht auf Glück, das durch Konvention und gesellschaftlich-moralische Verpflichtung in Frage gestellt ist. «Das Happy-End bahnt sich an, wenn gleichzeitig auf einer Bühne ein Melodram des neunzehnten Jahrhunderts gespielt wird. Das im realen

«All I Desire» (1953) von Douglas Sirk. Mit Barbara Stanwyck.

Leben eigentlich unmögliche glückliche Ende trifft sich mit der rausch-
haften Phantastik des Melodrams. ‹Die reitenden Boten des Königs
kommen nicht immer›, sagt der Brechtianer Sirk. Zwiespältig die Figuren der Kinder. Wenn auch nicht bösartig wie in den anderen Filmen,
wirken sie wie genormt, wie abgezogen aus einem niedlichen Bilder-
buch» (Ulrich Kurowski).
    Alle diese komödiantisch gefärbten, leicht sarkastischen Filme erzäh-
len von Menschen, die bei der Erfüllung einfacher Wünsche zu einfachen Mitteln zurückkehren können. Der Sieg des Individuums über den
gesellschaftlichen Anspruch war noch – traumhaft – zu bewerkstelligen,
weil noch die Idee vom liebenswerten Außenseiter und vom Echo, das
diese Idealfigur der amerikanischen Mythologie auch im Alltagsmen-
schen hat, eine gewisse, wennzwar nicht mehr absolute, Gültigkeit be-
saß. In seinen Melodramen, die auf diese Filme folgten, waren auch die
einfachen Wünsche nicht mehr zu erfüllen, und Außenseiter sein erscheint den Protagonisten selten als Möglichkeit der Selbstverwirklichung, sondern vielmehr als das Schrecklichste, was einem passieren
kann.

Zu einer Außenseiterin wird die Heldin von «All I Desire» (All meine Sehnsucht – 1953), der Geschichte von Naomi Murdoch (Barbara Stanwyck), die nach zehn Jahren Abwesenheit zurück in ihre Familie, zurück in ihre Kleinstadt kommt. Ihr Traum, Karriere als Schauspielerin zu machen, hat sich nicht erfüllen lassen. Ihre Familie, vor allem ihr Mann und ihre älteste Tochter, begegnen ihr so reserviert wie die Stadtbewohner. Sie wird wieder aufgenommen, doch die Kleinstadtgesellschaft verzeiht ihr weder ihre Abwesenheit noch die Tatsache, daß sie einmal ein Verhältnis mit einem anderen Mann gehabt hat. Nur die jüngste Tochter Lily, die selbst gerade ihr Bühnendebüt gegeben hat, hält zu ihr, mehr aus Bewunderung denn aus Liebe. Die Ruhe, die Barbara Stanwyck ausgerechnet finden wollte, wovor sie einmal geflohen ist, wird ihr nicht gegönnt, und als der ehemalige Liebhaber wiederauftaucht und seine Ansprüche anmeldet, wird die Mauer aus Mißtrauen und Vorurteilen unüberbrückbar.

Sirk selbst: «In diesem Film hatte sie (Stanwyck) die unsentimentale Trauer eines gebrochenen Lebens um sich. Dies war eine Vorstudie für die ‹Schauspielerin› in ‹Imitation of Life›. Sie kommt zurück von einem imitierten Leben. Ich war angetan von dem Titel ‹Stopover›. Stanwyck erreicht das Ziel ihrer Liebe nicht mehr – etwas hindert sie daran. Eine Frau kommt zurück mit all ihren Träumen, mit ihrer Liebe – und sie findet nichts als diese gemeine, niederträchtige amerikanische Mittelklasse-Familie». («Stopover» ist der Titel des Romans von Caro Brink, der dem Drehbuch als Grundlage diente, und bedeutet etwa Zwischenaufenthalt, Reiseunterbrechung.)

Solche Familien, wie sie Sirk schon in seinen deutschen Filmen skizziert hatte, erscheinen immer wieder, als die kleinen sozialen Systeme, die vorzugsweise der Wahrung von Besitz und Status dienen, ein System, in dem es gefährlich wird, wenn die Mütter erotische Bedürfnisse bewahren. Sirks Filme machen deutlich, daß entgegen der populären Mythologie die Familie mehr noch als die «Kastration» des Mannes eine sexuelle Enteignung der Frau bedeutet. Die Familie, wie Sirk sie zeichnet, ist der Endpunkt der Zivilisation und das Ende des Menschen, der eine Natur und nicht nur Gewohnheiten hat. In diesen Filmen geht es darum, wie die Menschen für ihre «wilden» Impulse bestraft werden.

Im selben Jahr wie «All I Desire» entstand auch Douglas Sirks einziger dramatischer Western, «Taza, Son of Cochise» (Taza, der Sohn des Cochise), ein Melodram um die Koexistenz von Indianern und Weißen, so wie seine anderen Filme Melodramen über die Koexistenz von zur Leidenschaft und Sinnlichkeit fähigen Menschen mit der weißen, puritanischen Gesellschaft sind. Rock Hudson, der seit «Has Anybody Seen My Gal» mit Sirk zusammenarbeitete (und ohne ihn wohl kaum zu dem Star geworden wäre, der er zu Ende der fünfziger Jahre war), spielt Taza, den Indianerhäuptling, der sein Volk zum Akzeptieren der weißen Herrschaft bringen muß, damit es überleben kann. Er ist, auch hier, ein Mann *dazwischen*, ein Indianer, der sich mit der Zivilisation hat vertraut machen müssen, der Nicht-mehr-Wilde; das historische Modell für den «Naturburschen» wie in «All That Heaven Allows», in den sich auch die Mütter, die Witwen der Pioniere verlieben, ein Felsen natürlicher Sinnlichkeit inmitten des Meeres von Versagungen, und doch auch immer mit großem Gespür für die Rituale der Zivilisierten, für ihre Falschheit ebenso wie für ihre Unabdingbarkeit, ausgestattet, einer schließlich, der seine einfache erotische Kraft opfern oder zugrunde gehen muß.

«Magnificent Obsession» (Die wunderbare Macht – 1953) bringt Rock Hudson zum erstenmal mit einer Frauengestalt wie Jane Wyman zusammen. Haarscharf am Rande des Grotesken spielt sich ihre Begegnung ab: Jane Wyman ist die Witwe eines berühmten Arztes und Rock Hudson ein reicher Playboy, der ihr den Hof macht, auf eine ihm eigene arrogante Art. Durch seine Aufdringlichkeit wird sie in einen Unfall verwickelt, und sie verliert ihr Augenlicht. Um sein Unrecht wiedergutzumachen, nimmt er das unterbrochene Medizinstudium wieder auf, und auch er wird zu einem berühmten Arzt. Am Ende gelingt es ihm, Jane Wyman, die er wirklich liebt, durch eine Operation von höchster Schwierigkeit wieder sehend zu machen.

«All That Heaven Allows» (Was der Himmel erlaubt – 1954) wurde von Universal produziert, um den überraschenden Publikumserfolg von «Magnificent Obsession» zu wiederholen, und es ist wieder ein Technicolor-Film mit Rock Hudson und Jane Wyman. Doch in seiner Kritik geht Sirk hier weiter als bisher; es ist gewiß, wenn es bei Sirk so etwas gibt, ein «Schlüsselfilm» zu seiner Arbeit. Am Anfang sehen wir ein Haus mit einem großen Garten; es ist Herbst, wie nur im Kino Herbst sein kann. Jane Wyman, die Besitzerin des Hauses, ist verwitwet, wie wir gleich erfahren. Sie verabschiedet ihre Freundin Sara (Agnes Moorehead), die ihr ein Date für den Country-Club aufgeschwatzt hat. In ihrem Garten arbeitet der junge Ron (Rock Hudson); er schneidet überflüssige Zweige von den Bäumen. Eigentlich will er diese Arbeit nicht mehr tun und sich ganz der Aufzucht von Bäumen widmen, er erfüllt nur die Verpflichtung, die sein verstorbener Vater eingegangen ist. Cary (Wyman) nimmt das mit einer merkwürdigen Faszination zur Kenntnis. (Daß er keinen Vater mehr hat, das macht Ron erst zu einem möglichen Objekt der Begierde.) Weil Sara keine Zeit hat, lädt Cary Ron zum Kaffeetrinken ein. In Carys Blick liegt Sehnsucht nach Ron. In ihrem Garten gibt es einen «Liebesbaum», der nur blüht, wenn zwei sich lieben; Ron gibt ihr einen Strauß Herbstblätter, die sie in der nächsten Szene ordnet.

Cary hat ein schönes rotes Kleid an, und ihre Kinder Ned (William

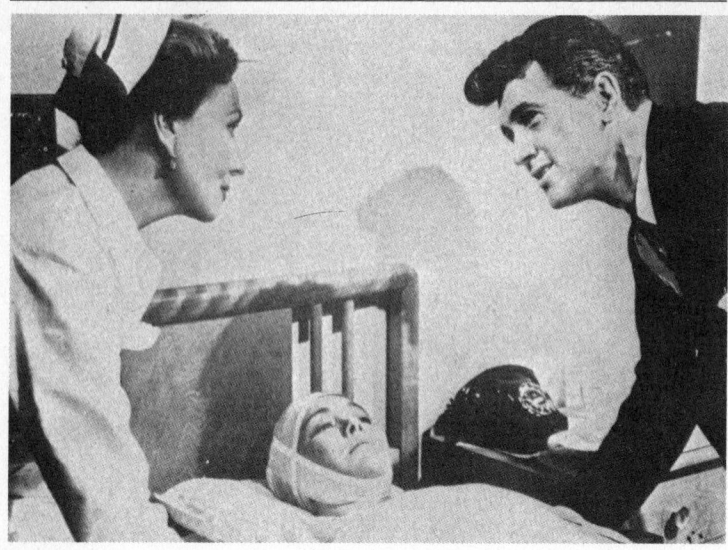

«Magnificent Obsession» (1953) von Douglas Sirk. Mit Agnes Moorehead, Jane Wyman, Rock Hudson (oben), Jane Wyman (unten).

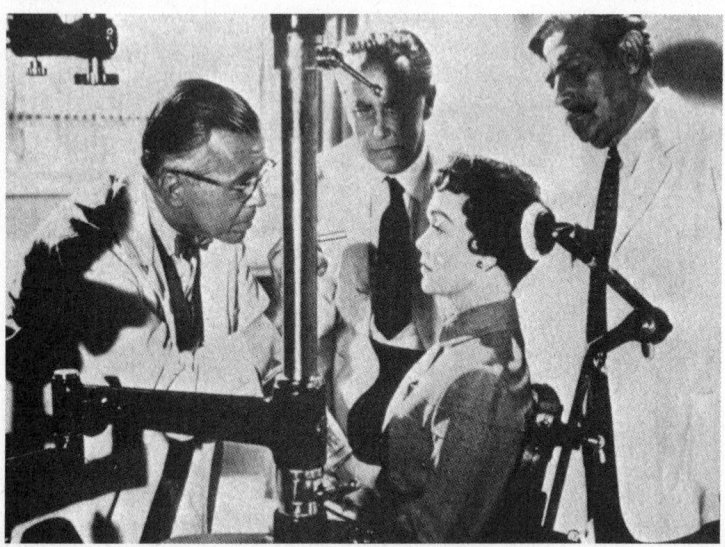

Reynolds) und Kay (Gloria Talbott) bemerken, daß ihre Mutter offensichtlich aus der Isolation ihrer Trauer treten will. Sie glauben allerdings, Carys neue Schönheit gelte dem alten Harvey (Conrad Nagel),
der sie am Abend in den Club führt und den sich Ned und Kay als zukünftigen Stiefvater wünschen. Da hätte alles seine Ordnung. Aber Cary will nicht ein Spiel spielen, um die Familie wieder zu komplettieren,
sie ist wirklich voller Sehnsucht nach Liebe. Ein schmieriger Typ, wie es
ihn in jedem Country-Club gibt, versucht sie zu küssen, aber das ist es
nicht, sowenig wie Harveys hochanständige Impotenz, was sie sucht.

Die Farbdramaturgie des Films scheidet nun sehr genau die beiden
Welten, zwischen denen Cary steht: die Kälte in ihrer Familie, diese
fahlgelbe und blaue Welt, in der sie einsam ist neben ihren Kindern,
Ned, der so ausgezeichnete Martinis mixt, und Kay, die über Psycholo-
gisches schwadroniert und einen Vortrag über Libido hält, bevor sie sich
von ihrem Freund küssen läßt, auf der anderen Seite die Welt ihrer Gefühle, das warme Rot und Orange von Sehnsucht, Hoffnung und Erfüllung erotischer Impulse. Wie Cary sehen wir, beständig zwischen Zweifel und Hingabe schwankend, die Welt in dauernd sich veränderndem
Licht. (Sirk ändert zum Beispiel die Beleuchtung inmitten der Szene, in
der sich Ned gegen Carys geplante Ehe mit Ron erklärt, so als begehe
seine Mutter ein Verbrechen.)

Ron nimmt Cary mit zu seiner Baumschule; sie ist begeistert von einer
alten Mühle, die man, wie sie meint, zu einer hübschen Wohnung aus-
bauen könnte. Die Liebesgeschichte zwischen Ron und Cary wird begleitet werden von Rons Arbeit daran, ihre Idee in die Tat umzusetzen;
sie wird erst sehr viel später merken, wie sehr er sich dadurch in ihre
Hand begibt. Andere Erfahrungen macht Cary bei einem kleinen Fest
mit Rons Freunden: Da kommen junge und alte Leute zusammen, reden, essen und tanzen miteinander; nichts von den Isolationen, die in
ihrer Familie und im Club so strikt beachtet werden.

Rainer Werner Fassbinder, der Sirk sehr bewundert, beschreibt die
Geschichte: «Rock aber ist fünfzehn Jahre jünger als Jane, und Jane ist
total in das gesellschaftliche Leben einer amerikanischen Kleinstadt integriert, Rock ist ein Primitiver, und Jane hat etwas zu verlieren, ihre
Freundinnen, das Ansehen, das sie ihrem verstorbenen Mann verdankt,
ihre Kinder. Rock liebt zu Anfang die Natur, Jane liebt erst mal gar
nichts, weil sie alles hat.

Das sind ein paar beschissene Voraussetzungen für eine große Liebe.
Sie, er und die Umwelt. Im Grunde aber sieht es so aus. Sie hat so den
Touch von Mütterlichkeit, sie macht den Eindruck, als habe sie die
Möglichkeit, im rechten Moment zu zerfließen. Man kann schon verste-
hen, daß Rock auf sie steht. Er ist der Baumstamm. Der hat schon ganz
recht, wenn er drin sein will in der Frau. Die Umwelt ist böse. Die Frau-

«All That Heaven Allows» (1954) von Douglas Sirk. Mit Jane Wyman, Virginia Grey, Charles Drake, Rock Hudson.

en haben alle große Münder. Männer gibt's in dem Film sonst keine, außer Rock, da sind die Sessel wichtiger oder die Gläser. Nach dem Film
ist die amerikanische Kleinstadt das letzte, wo ich hinwollte. Das sieht
dann so aus, daß Jane irgendwann zu Rock sagt, daß sie ihn jetzt verläßt, wegen der depperten Kinder und so. Rock wehrt sich nicht sehr, er
hat ja die Natur. Und Jane sitzt am Heiligen Abend da, die Kinder werden sie verlassen und haben ihr zu Weihnachten einen Fernsehapparat
geschenkt. Da bricht man zusammen im Kino. Da begreift man was von
der Welt und was sie macht mit einem. Später dann geht Jane zurück zu
Rock, weil sie Kopfschmerzen hat, die hat jeder von uns, wenn er zu
selten fickt. Aber jetzt, wo sie da ist, da ist das kein Happy-End, obwohl
sie zusammen sind, die beiden. Wer sich so Schwierigkeiten macht mit
der Liebe, glücklich wird der nicht sein können später.
    Darüber macht der Filme, der Douglas Sirk. Allein kann er nicht sein,
der Mensch, und zusammen auch nicht. Die sind sehr verzweifelt, die
Filme. ‹All That Heaven Allows› fängt an mit einer Totale der Kleinstadt. Darüber liegen die Titel. Das sieht trist aus. Der Kran fährt dann
hinunter zu Janes Haus, da kommt gerade eine Freundin an, die bringt

altes Geschirr zurück. Echt trist! Eine Fahrt neben den beiden, da steht im Hintergrund unscharf Rock Hudson, wie ein Statist dastehen würde in einem Hollywood-Film. Und weil die Freundin nicht Kaffee trinken kann mit Jane, trinkt Jane Kaffee mit dem Statisten. Auch hier immer noch nur Nahaufnahmen auf Jane Wyman. Rock hat immer noch keine rechte Bedeutung. Wenn er die hat, hat er auch die Nahaufnahme. Das ist eben einfach und schön. Und jeder kapiert's.»

In dieser Beschreibung liegt, ein wenig, auch etwas vom Unterschied zwischen den Melodramen der fünfziger Jahre (soviel wie von der Nähe) zum deutschen Film der siebziger. Aus Problemen ist eine Art Stilform geworden, Manierismus nennt man das wohl, ein Unterschied um zwanzig Jahre, einen Ozean und die Frage, ob man gegen die Verzweiflung oder mit der Verzweiflung lebt und filmt. Aber sicher ist das Melodram immer noch das einzige Genre, in dem es um das Glück geht, das man vom Leben fordern soll.

«There is Always Tomorrow» (Es gibt immer ein Morgen – 1956) ist das Remake eines von Edward Sloman 1934 mit Frank Morgan, Binnie Barnes und Lois Wilson gedrehten Films. Clifford Groves (Fred Mac-Murray) ist ein vermögender Industrieller, Besitzer einer Spielzeugfabrik. Seine Welt scheint völlig in Ordnung, dem Ideal von Harmonie zu Hause und Erfolg draußen entsprechend. Aber seine Beziehung zu seiner Frau Marion (Joan Bennett) und zu seinen Kindern besteht aus kaum etwas anderem als Gewohnheit. Clifford fährt allein in Urlaub, weil seine Frau ihn wegen eines Unfalls nicht begleiten kann. Er trifft auf eine Jugendfreundin, Norma Miller (Barbara Stanwyck), bei der er auf Mitgefühl zu stoßen meint. Die älteren Kinder verdächtigen ihn des Ehebruchs und werden noch abweisender zu ihm. Er bittet Norma, ihn zu heiraten. Doch Norma versucht, die Familie zu retten; sie spricht mit Marion und den Kindern und verlangt von ihnen, Clifford mehr Liebe zu zeigen. Die Familie wird weiterbestehen.

«There is Always Tomorrow» ist ein Schwarzweiß-Film, wie «All That Heaven Allows» ein Farb-Film ist (Barbara Stanwycks Schönheit ist schwarz und weiß), es ist der Film um einen Mann, der aus der Familie ausbrechen will, wie «All That Heaven Allows» der um eine Frau ist, die von ihrer Familie wie eine Gefangene festgehalten wird. Am Ende des Films klingt «There is Always Tomorrow» fast wie eine Drohung.

In «Written on the Wind» (In den Wind geschrieben – 1956) findet die Einheit von Familie, Haus (Besitz) und Kleinstadtgesellschaft die ausgeprägteste Darstellung: die Geschwister Kyle und Marilee Hadley (Robert Stack und Dorothy Malone), Repräsentanten und zugleich Opfer dieser Einheit unter dem Namen der millionenschweren Gründerfamilie Hadley, sind unter den vielen Helden Sirks mit erotischen Obsessionen mit die bizarrsten: Marilee wird zur tristen Nymphomanin aus zurückge-

«There is Always Tomorrow» (1956) von Douglas Sirk. Mit William Reynolds, Joan Bennett, Gigi Perreau, Fred MacMurray, Judy Nugent. Foto: ORF.

wiesener Liebe, und Kyle ist ein Alkoholiker, der in gelegentlichen Geschwindigkeitsexzessen seine Frustrationen entlädt. Er hat eine Pistole unter dem Kopfkissen, verrät sein Bruder Jasper (Robert Keith) Lucy (Lauren Bacall) als eindeutigen Hinweis auf seine Impotenz. Dennoch wird Lucy Kyle heiraten und nicht Mitch (Rock Hudson), der so hartnäckig und aufrichtig liebt. Und Marilee wird an ihrer Liebe zu Mitch verzweifeln, der Lucy nicht aus dem Kopf bekommt, auch als sie schon verheiratet ist. Lucy kann Kyle nicht gesund machen, und Marilee schläft mit allen Männern, die irgendwie Ähnlichkeit mit Mitch haben. Ihre Nymphomanie hat so sehr etwas von Rache an den Männern, wie Kyles Alkoholismus Rache an den Frauen ist. Zum Schluß will Kyle seinen Freund Mitch erschießen, weil er ihn für den Vater von Lucys Kind hält, aber er tötet sich dabei selbst.

«Written on the Wind» bezeichnet gewissermaßen den Endpunkt der bürgerlichen Familie in ihrer Bewegung an den oberen Rand der Gesellschaft, wie «The Tarnished Angels» eine Grenze der Verelendung, der Bewegung zum unteren Rand bezeichnet. Reichtum ist ebenso gefährlich für die bürgerliche Familie in ihrem labilen Gleichgewicht wie Ar-

«Written on the Wind» (1956) von Douglas Sirk. Mit Rock Hudson und Dorothy Malone.

mut, beides führt zu einer Art seelischem Chaos. Am Schluß wird sich Marilee, die sich Schreckliches angetan hat, diesem Reichtum der Familie, den Öltürmen, die die Erde überziehen, dem Erbe des Vaters widmen. «Douglas Sirk, der es dick hinter den Ohren hat, zeigt Dorothy Malone, die Nymphomane, zum Schluß in einem taillierten Kostüm, wie man es sich strenger nicht vorstellen kann, auf dem Platz ihres verstorbenen Vaters, wie sie mit ihren dünnen Fingern über einen kleinen Bohrturm aus Gold fährt, das Symbol ihres neuen Lebensinhalts: das schwarze Gold wird sprudeln (und nicht mehr das Sperma), aber Ödipus wird immer gegenwärtig sein!» (François Truffaut).

«Interlude» (Zwischenspiel – 1957) handelt von einer Reise nach Europa, so wie es in einigen seiner deutschen Filme um eine Reise nach Amerika gegangen ist, als Erfüllung einer noch unbestimmten Sehnsucht. Der Film spielt in einem München, wie es ein amerikanischer Tourist erleben mag, ein betrunkener Werbefotograf, oder eben jemand, der unheimlich verliebt ist. In den Bewegungen durch diese Stadt ist die alltägliche Geografie außer Kraft gesetzt; es herrscht eine Geografie des Stils und der Gefühle. Die Hölle hat alles verschlungen, was nicht prachtvoll und «kitschig» ist. Eine junge Amerikanerin (June Allyson) kommt in diese Stadt, weil sie Europa erfahren will. Sie verliebt sich in einen Dirigenten (Rossano Brazzi), dessen Frau (Marianne Koch) in einer Art Wahnsinn an ihm hängt. «Rossano Brazzi ist noch bis ins leiseste zärtlichste Liebesgeflüster hinein Dirigent. Wie er sich bewegt, ewig gockelhaft, für andere eine Show abziehend, auch wenn er, was er sagt, ganz ernst meint, das ist eine Großtat der Regie. Wie Brazzi das spielt, so müßte ‹Musik› von Wedekind gespielt werden.

Brazzi hat eine Frau, das ist Marianne Koch. Und das ist die Figur, die zum Verständnis von Douglas Sirks Sicht der Welt vielleicht die wichtigste ist. Marianne Koch liebt Rossano Brazzi. Er hat sie geheiratet, sie war immer zusammen mit ihm glücklich und ist an ihrer Liebe zerbrochen. Sie ist wahnsinnig geworden. Alle Sirkschen Figuren laufen einer Sehnsucht hinterher. Die einzige, die alles erfüllt hat, ist daran zerbrochen. Kann man das so verstehen, daß der Mensch in dieser Gesellschaft nur o. k. ist für diese Gesellschaft, wenn er wie ein Hund mit heraushängender Zunge immer hinter etwas herläuft? Solange wird er sich doch an die Normen halten, die ihn brauchbar bleiben lassen. Nach Douglas Sirks Filmen scheint mir die Liebe noch mehr das beste, hinterhältigste und wirksamste Instrument gesellschaftlicher Unterdrückung zu sein. June Allyson reist mit einer kleinen Liebe zurück in die Staaten. Die werden auch nicht glücklich zusammen. Sie wird ewig ihrem Dirigenten hinterherträumen, und er wird die Unzufriedenheit seiner Frau spüren. Um so mehr werden sie sich auf ihre Arbeit konzentrieren, die sich natürlich dann wiederum ausbeuten läßt» (Rainer Werner Fassbinder).

In «The Tarnished Angels» (Duell in den Wolken – 1957), entstanden nach William Faulkners «Pylon», sind die Menschen von Anbeginn an am Ende; ihnen ist nicht mehr zu helfen. Roger Shuman (Robert Stack) ist nach dem Krieg Flugakrobat geworden; immer am Rande des finanziellen, aber auch des psychischen Ruins reist er, zusammen mit seiner Frau LaVerne (Dorothy Malone), dem Mechaniker Jiggs (Jack Carson) und seinem zehnjährigen Sohn Jack, von Veranstaltung zu Veranstaltung und riskiert sein Leben bei gefährlichen Wettflügen, immer herum um drei Wendemarken (*pylons*). Auf diese Gefahr kann er trotz der Bitten seiner Frau nicht verzichten, sie ist seine einzige Möglichkeit, seine Kriegsneurosen und seine erotischen Frustrationen abzureagieren. Er ist dem Rock Hudson aus «Battle Hymn» verwandt (s. u.) der ebenfalls immer wieder in die Luft zu entkommen versucht, auf der Flucht vor seinem Kriegstrauma wie vor dem Verlust seiner erotischen Identität. Hudson spielt in «The Tarnished Angels» einen Reporter, in den sich LaVerne verliebt. Er ist dennoch nicht viel mehr als ein Beobachter, der das Ende dieser Familie erlebt: Als Rogers Flugzeug ausfällt, drängt er LaVerne dazu, einen reichen Geschäftsmann aufzusuchen, der ihr schon

Douglas Sirk (links) bei Dreharbeiten zu «The Tarnished Angels» (1957).

seit längerem nachstellt, um diesen zu überreden, ihm eine von seinen Maschinen zur Verfügung zu stellen. Durch seine Haltung verstärkt er noch LaVernes Demütigung, und über sich selbst spricht er das Urteil. Er kann es nicht ertragen, nicht zu fliegen, und er kann es nicht ertragen, seine Frau bei einem anderen Mann zu wissen. Roger verspricht seiner Frau, mit dem Fliegen aufzuhören; in seinem letzten Wettkampf kommt er ums Leben. Sein Sohn ist, als das Unglück geschieht, in einem Flugzeugkarussell gefangen; er dreht sich im Kreis und kann nicht auf die Erde zurück. Seine verzweifelten Rufe, sein erster Protest, sind nutzlos.

«The Tarnished Angels» ist wieder ein Film über einen Mann, ein Schwarzweiß-Film. Wie schon in «Written on the Wind» ist Robert Stack der Mann in einer ödipalen Situation zum Tode, ein wenig auch der «faschistoide» Charakter, der seine Ängste vor Berührung und Impotenz (Potenz mag in dessen System weniger eine Form sein, auf Berührung zu reagieren, als sie zu kontrollieren, gar, sie fernzuhalten) in phallische Symbole und Rituale projiziert, die sich schließlich nur im Töten verwirklichen können. Während in einer Reihe von Melodramen dieser Zeit der Tod eines patriarchalischen Mannes als Chance für einen

Neubeginn gesehen wird, ist der Tod bei Sirk ein Ende, das den Menschen als Opfer der patriarchalischen Gesellschaft ausweist. Die geheime Todessehnsucht der Männer, die ihre Männlichkeit verloren glauben, zeigt Sirk, ohne sie, wie viele amerikanischen Filme der vierziger und fünfziger Jahre, in eine schreckliche Frauengestalt zu projizieren. Er zeigt vielmehr die vergeblichen Versuche von Frauen, solche Männer zu retten.

In vielen Filmen Sirks ist der Krieg, bzw. verschiedene Formen von Kriegsersatz, als Überlebensform, als scheinbarer Ausweg für diesen Männertyp gezeichnet. «A Time to Love and a Time to Die» (Zeit zu leben, Zeit zu sterben – 1958) stellt dieses Muster gleichsam auf den Kopf; hier flieht der Held nicht vor der Frau in den Krieg, sondern vorm Krieg zur Frau. Die von einem amerikanisch-deutschen Team in Berlin vorgenommene Verfilmung von Erich Maria Remarques gleichnamigem Roman ist, wie «Battle Hymn», eine Art melodramatischer Antikriegsfilm. Der Gefreite Ernst Gräber (John Gavin) kommt zu einem Urlaub von der Front zurück und findet das Haus seiner Eltern zerstört. Auf der Suche nach ihnen begegnet ihm Elisabeth (Liselotte Pulver), deren Vater von der Gestapo verhaftet worden ist. Durch sie erfährt er zum erstenmal von den Greueln der Nationalsozialisten, den Konzentrationslagern und der Judenverfolgung. Nach einer kurzen Zeit der Liebe kehrt Gräber an die Front zurück. Als er den Befehl zur Ermordung russischer Zivilisten erhält, verweigert er ihn. Wenig später wird er von einem der Russen erschossen.

Auf den ersten Blick erscheint dieser Film untypisch für Sirks Arbeit; das Grauen des Krieges, das, anders als in «Battle Hymn», sehr präzis und direkt wiedergegeben wird, steht scheinbar unverbunden neben der privaten Idylle. Darin steckt allerdings auch etwas Kritik an der Vorlage des Films, die den Krieg für das Scheitern einer Liebesgeschichte verantwortlich machen will. Für Sirk hingegen ist der Krieg nicht die Ursache für das Scheitern, sondern für die Entstehung der Liebesgeschichte, die entsprechend unwirklich erscheint. Somit steckt in dem Film auch eine Kritik an der Sentimentalität, mit der sich Europa und Deutschland die Verdrängung der Wirklichkeit des Krieges leichtgemacht haben. Und Sirks Filme mögen sein, was der humanistisch-nationalistischen Bildung als kitschig erscheint, sie mögen in ihrer Farbdramaturgie das Auge von jemandem blenden, der den Blick des Malers auch für den Film fordert, sie sind jedoch eines an keiner Stelle, sie sind niemals sentimental.

«A Time to Love and a Time to Die» ist Sirks einziger Film in EastmanColor und CinemaScope («Imitation of Life» ist in EastmanColor und Normalformat, «The Tarnished Angels» schwarzweiß und in CinemaScope), die Farbe bewegt sich vom Symbolischen hin zum Dokumentarischen. «Besser als Aldrich in ‹Attack!› schafft es Sirk, uns die Dinge von so nah sehen zu lassen, daß wir sie berühren, daß wir sie atmen. Das erfrorene Gesicht eines Toten unterm Eis der russischen Front, die Weinflaschen, eine ganz neue Wohnung in einer zerstörten Stadt, wir glauben daran, als sei es eine Reportage-Caméflex, die das aufgenommen hätte, und nicht eine schwere CinemaScope-Kamera, betätigt von der Hand dessen, den man ruhig einen Meister nennen darf.

Es gehört heute zum guten Ton zu sagen, die Breitwand, das sei Betrug. Aber all diesen Renés, die keine klare Idee im Kopf haben, sage ich höflich: Zitrone! Um endgültig davon überzeugt zu sein, daß das CinemaScope das Normalformat wirklich vervielfacht, braucht man nur die letzten beiden Douglas Sirks gesehen zu haben. Man muß es hier mal sagen: Unser alter Regisseur findet seine jungen Beine wieder und schlägt die Jungen auf ihrem eigenen Terrain mit ungeheuer fixen Schwenks und dito Fahrten, vor und zurück. Und was so erstaunlich schön an diesen überdrehten Kamerabewegungen ist, bei denen die Schnelligkeit der Ausführung über die Unschärfen hinwegtäuscht, ist, daß sie den Eindruck machen, mit der Hand gedreht worden zu sein, obwohl sie mit dem Kran gemacht sind, ein wenig so, als ob die kreisenden Bleistiftzeichnungen eines Fragonard mit einer komplizierten Maschinerie gemacht worden seien. Schlußfolgerung: Wer Liselotte Pulver nicht gesehen und geliebt hat, wie sie die Ufer ich weiß nicht welchen Rheins oder welcher Donau entlangläuft, sich plötzlich bückt, um unter einem Zaun durchzuschlüpfen, dann sich wieder aufrichtet, hopp, aus den Hüften heraus, wer in dem Augenblick die dicke Mitchell von Douglas Sirk nicht gesehen hat, wie sie sich gleichzeitig bückt, dann, hopp, sich mit dem gleichen gelenkigen Haxenschwung aufrichtet, nun ja, der hat nichts gesehen, oder aber er weiß nicht, was schön ist» (Jean-Luc Godard).

«Imitation of Life» (Solange es Menschen gibt – 1959), Sirks letzter Spielfilm, erzählt von Lora Meredith (Lana Turner), einer Schauspielerin ohne Engagement, die allein mit ihrer Tochter Susan lebt. Die beiden lernen eines Tages Annie Johnson (Juanita Moore) kennen, eine Schwarze, die auch eine Tochter hat, Sarah Jane. Annie wird Haushälterin bei Lora Meredith, die immer noch nach einem Engagement am Broadway sucht, und ein wenig auch zu einer Ersatzmutter für Susan. Sarah Jane ist «fast weiß», und sie versucht alles, um als Weiße zu gelten. Nach einigen harten Enttäuschungen mit dem zynischen, ausbeuterischen Theater-Business und seinen fiesen, weichen Männern gelingt es Lora doch, eine Rolle in einem Theaterstück zu bekommen. Sie wird zu einem gefeierten Star. Durch den Aufstieg entfremdet sie sich von ihrem Freund Steve (John Gavin). Sie wird die Geliebte des Schriftstellers (Dan O'Herlihy), dem sie den Erfolg verdankt.

Die Jahre sind vergangen. Lora ist ein Star, aber es fällt ihr zuneh-

mend schwer, sich mit ihrer Arbeit zu identifizieren. Erst die Trennung
von ihrem Sponsor und ein Wechsel vom komödiantischen ins dramatische Fach gibt ihr neuen Auftrieb. Mehr und mehr erfährt sie ihre Einsamkeit. Susan (Sandra Dee) geht auf die Universität; während Lora in
Europa filmt, verliebt sich Susan in Steve, der Lora immer noch liebt.
Sarah Janes (Susan Kohner) weißer Freund erfährt, daß ihre Mutter eine Schwarze ist, und schlägt sie. Sie verläßt ihre Mutter und das Haus
und geht als Show-Tänzerin nach Los Angeles. Der Verlust ihrer Tochter raubt Annie den Lebenswillen; nach zwei Versuchen, mit Sarah Jane
zu sprechen, einmal, um sie nach Hause zu holen, das zweite Mal, um
ihr Lebewohl zu sagen, stirbt sie. Am Tag zuvor hat Susan von der be-
vorstehenden Heirat ihrer Mutter mit Steve gehört; sie ist verzweifelt,
und sie wirft ihrer Mutter vor, ihr alles, nur das Wichtigste nicht, ihre
Liebe, gegeben zu haben. Bei Annies Beerdigung treffen sich Lora, Susan und Sarah Jane. Sie halten sich an den Händen; keine von ihnen hat
wirklich noch Hoffnung.

Das Melodram, auch in bezug auf einen mittlerweile so unbestrittenen
Meister des Genres, wird zumeist als Darstellung von Gefühlen in einer
sehr plakativen, künstlichen, antipsychologischen Form gedeutet; es
bleibt, souverän gehandhabt oder nicht, bei aller handwerklichen Ge-
schicklichkeit, die man seinen Schöpfern zubilligt, Kitsch. (Es ist kein
Zufall, daß sich zu Sirks Filmen mehr Stimmen von Regisseuren finden
[mehr sogar als solche von Kritikern] als zu den meisten anderen Regisseuren, Stimmen, die behaupten, den Wert dieser Filme erkannt zu haben zu der Zeit, als sie zum erstenmal in den Kinos zu sehen waren.) So
ist der Weg, den Douglas Sirks Filme in der deutschen Kritik genommen
haben, der von Spott, in den sich Bewunderung mischt, zur Bewunderung, in die sich Spott mischt.» Sirks Filme kann man zugleich enervie-
rend albern, kitschig, dumm finden und bewundernswert technisch und
professionell gemacht (oder, auch das: als Gaudi, schon wieder komisch). Sie zeigen lauter Sofabilder und Kitschpostkarten, lauter insze-
nierten Schein, hohle Worte, falsche Gefühle, überdimensionale Figuren, theatralische Szenen, unwirkliche Bilder, bombastischen Klamauk:
das Trivial-Alphabet des Kinos» (Wolf Donner). Sirks Filme werden an-
erkannt, obwohl oder auch gerade weil sie Kitsch sind; so als wären sie
nicht in einer Zeit entstanden und hätten sie nicht Anteil an einem Prozeß, wo das Wort Kitsch seine Bedeutung verloren hat. Andersherum:
Man kann an Hand der Filme von Douglas Sirk nachweisen, daß der Begriff «Kitsch» zu den kulturellen Defensivmaßnahmen der herrschenden
Klassen gehört, die eine Wahrheit unterdrücken helfen.

Die Art der Abbildung von menschlichen Gefühlen in einem gesellschaftlichen Kontext, die Sirk in den fünfziger Jahren angewandt hat,
wurzelte nicht nur in den Traditionen des deutschen Theaters und Films,

sondern auch im Russischen Formalismus, mit dessen Theorien sich Sirk auseinandergesetzt hat. (Er ist in allem das Gegenteil eines naiven Filmemachers.) Schon von daher liegt nahe, würde man es nicht spüren, daß das Melodramatische in Sirks Filmen nicht ein Selbstzweck (eine Überrumpelung des Zuschauers durch ein Spiel der Identifikationen) ist, sondern eine Form des Experimentierens und des Zeigens von Lebensmöglichkeiten unter bestimmten Bedingungen. Von all den europäischen Emigranten, die in den vierziger und fünfziger Jahren das Hollywood-Kino bestimmten, ein wenig aber auch in Frage stellten, wie Preminger, Renoir, Lang, Ophüls, war Sirk wohl derjenige, der am meisten seine Gastheimat Amerika selbst zu einem Thema gemacht hat. «Es gab eine Zeit», sagt Sirk, «schon lange bevor ich aus Europa fortging, in der ich verliebt war in die Phantasmagorie Amerika.» Bevor er sich in Hollywood als Regisseur etablierte, hatte sich Sirk als Farmer die Kenntnis des mittelständischen, provinziellen Amerika angeeignet; er kannte schließlich die Menschen, die er porträtierte, sehr genau. So lassen sich seine filmischen «Americana» interpretieren als Versuche über eine verlorene, eine enttäuschte Liebe zu diesem Land und seiner Gesellschaft. Und die Beschreibung der Ikonografie in Sirks Filmen wird also wohl immer auch ein wenig die Beschreibung der amerikanischen Alltagskultur, der Verkehrsformen und der Werte der Menschen in Eisenhower-Amerika, im wirklichen Amerika sein, wie es auf dem Land ist, in den kleinen Städten, wo immer noch die Pioniere wohnen, die ihren großen Traum erfüllt haben, etwas zu erreichen und daher keinen Grund sehen, irgend etwas in ihrem Leben zu ändern, auch wenn sie spüren, daß unter der Oberfläche etwas Unheimliches steckt. Während etwa Fritz Lang in der amerikanischen Gesellschaft den Widerspruch zwischen Weite, Größe und Produktivität auf der einen und Korruption, Machtkämpfen und «medialer» Kontrolle auf der anderen Seite sah (für ihn war die amerikanische Gesellschaft die Großstadtgesellschaft der Zukunft), offenbaren sich in Sirks Filmen gerade die Beschränkungen, die kleinen Borniertheiten und die alltägliche Enge (für Sirk war die amerikanische Gesellschaft die Kleinstadtgesellschaft der Vergangenheit). Lang zeichnet, etwa in «The Big Heat» (Heißes Eisen – 1953) oder «While the City Sleeps» (Die Bestie – 1955), die Metropole als Lebens- und Aktionsrahmen, in dem sich gegen alle Ordnung immer wieder informelle Gegenkräfte herausbilden; Sirk zeichnet immer wieder Häuser, Wohnungen, Innenarchitekturen als Ausdruck der Gefangenschaft. (Natürlich setzen sich dabei in den Arbeiten beider Regisseure die Ansätze aus ihren jeweiligen deutschen Filmen fort.) Langs Blick des Fatalisten auf Amerika findet seine Ergänzung im Blick des «Ethnografen» Sirk, der sich, wie viele Ethnografen, in die Gesellschaft, die sie beobachten wollten, verliebt haben, ohne ihr Befremden ganz überwinden zu können (das in der «Künstlichkeit» des Melodrams aufgehoben ist).

Kein in Amerika geborener Regisseur hätte das Eindringen des Fernsehens in die Familie und die Gründe dafür so zeigen können wie Sirk in «All That Heaven Allows», keiner von ihnen hätte eine Weihnachtsfeier so gesehen wie Sirk in «Imitation of Life», die Auto-Obsession wie in «Magnificent Obsession». Und ebensowenig hätte ein amerikanischer eingeborener Filmemacher in den fünfziger Jahren die Bedingungen der sexuellen Repression, die aus ihr resultierende Zerstörung des einzelnen, die unterdrückende Gewalt des informellen Kollektivs so präzis wiedergeben können wie Sirk. Keinem wäre es dabei auch eingefallen, die Partei der Erwachsenen, der Frauen vor allem, gegen eine konformistische Jugend zu ergreifen: James Dean, der bei Nicholas Ray oder George Stevens ein rebellischer, von seiner Umwelt und seiner Familie zuwenig geliebter Junge ist, spielt, in einer winzigen Szene, in Sirks Film «Has Anybody Seen My Gal?» ein arrogantes, altkluges Bürschchen.

Das problematische Verhältnis der Gesellschaft in Eisenhower-Amerika zur Sexualität ist aufgehoben in mannigfaltigen Ritualen, in denen sie «gespielt» wird, ihr sinnlicher, aber auch seelischer Vollzug zugleich verhindert. Nirgends im Genre werden zwei Leute, die sich küssen wollen, so oft unterbrochen oder unterbrechen sich selbst, um in umständlicher Sprache ihr Verhältnis zu preisen oder zu problematisieren, wie in den Filmen von Douglas Sirk. Und schon in seiner Komödie «No Room for the Groom» (1952) geht es darum, daß ein Bräutigam nicht zu seiner Braut kommt, anders als zum Beispiel bei Howard Hawks («I Was a Male War Bride») bringt ihn das nicht zu Beherrlichkeit oder Einfallsreichtum, sondern dazu, daß er sich selbst den Status der Impotenz zudiktiert. In Sirks Filmen werden leidenschaftliche Impulse viel schneller aufgegeben als etwa Karriere-Träume oder soziale Verpflichtungen, ihre tückischen Überreste allerdings zeigen sich in alltäglichem Fehlverhalten.

Die bildhafte, «architektonische» Struktur vieler Sirk-Filme, Komödien und Melodramen gleichermaßen, ist die Darstellung einer dreigliedrigen Unterdrückung: Die Sehnsucht nach Liebe wird unterdrückt von der Familie (deren Repräsentanten zumeist militant konformistische Kinder sind, die, was ihre Eltern als Leidens- und Anpassungsdruck erfahren, schon völlig verinnerlicht haben); die Familie ihrerseits ist gefangen im Haus, einer Architektur, die vollständig auf die Festigung des Zusammenhalts und auf die Anpassung ausgerichtet scheint (das Haus verlassen zu haben, wie in «All I Desire», oder das Haus verlassen zu wollen, wie in «All That Heaven Allows», gehört denn auch zu den größten Sakrilegen der Frau, während es scheinbar ihre höchste Pflicht darstellt, ihrem Kind ein solches Haus zu errichten, wie in «Imitation of Life»); das Haus ist Teil der (Klein-)Stadt, einer perfekten

Mikro-Gesellschaft, die niemanden herein- und niemanden herauslassen will außer durch Geburt und Tod und die häufig durch moralische Instanzen (die «Klatschbasen», die Freundin der Heldin in «All That Heaven Allows») oder vertikale Organisationen (der Club in demselben Film) repräsentiert wird. Umgekehrt konstituiert die Familie das Haus, das Haus die Stadt, die Stadt die Gesellschaft. Oder, anders ausgedrückt, das Haus ist der perfekte Ausdruck und das Medium für den Gleichklang von Familie und Gesellschaft (zugleich der einzige Ort, an dem ein Maß an Sexualität erlaubt ist). «Welcome to Hadley – the town and the family. Have you been to the house yet?» So begrüßt Robert Keith in «Written on the Wind» Lauren Bacall. Sirk hat nach eigener Aussage seine Häuser und Einrichtungen gestalten lassen nach den Fotos in den «Home & Garden»-Magazinen, «vollgestopft mit glanzfarbigen Bildern» und jeden Ausweg mit Möbeln und Nippes verstellend.

Das Ineinandergreifen solcher Subsysteme degradiert das Individuum zum Material und läßt ihm keine Chance der Selbstverwirklichung anders als im Aufstieg innerhalb der vorgegebenen Bahnen. Vor allem die Frauen können nur etwas von sich verwirklichen im *glamour*, z. B. als Schauspielerinnen. Da sich die «störende», verletzende Sinnlichkeit nicht vollends eliminieren läßt, wird zusehends dies System zur Falle, und die Existenz in ihm erhält einen Zug zum Apokalyptischen. Die unterdrückte Sinnlichkeit (von der Sexualität nur der augenscheinlichste Teil ist) schafft sich ihre Substitute: Alkohol in «Written on the Wind», Geschwindigkeit in «Magnificent Obsession», Verbrechen in «Captain Lightfoot» (Wenn die Ketten zerbrechen – 1954), immer wieder Karriere und Schauspiel, etwa in «There is Always Tomorrow» und «Imitation of Life», die Affäre als Ritual in «There is Always Tomorrow» oder «Written on the Wind».

Eine andere Form (dazu eine, die in der amerikanischen populären Mythologie sehr gebräuchlich ist), sexuelle Versagung zu kompensieren, ist die Gewalt (das Symbol vom «Schießeisen», das die männliche Potenz zeigt/ersetzt). Ein Versuch über diese Form der Reaktion ist auch der melodramatische Kriegsfilm «Battle Hymn» (Der Engel mit den blutigen Flügeln – 1956). Er erzählt, ein wenig schon eine Ironie, die «wahre Geschichte» des Obersten Dean Hess, der bei einem Luftwaffenangriff auf Kaiserslautern irrtümlich ein Waisenhaus bombardierte, dann Pfarrer wurde und schließlich in neuerlichem Kriegseinsatz in Korea vierhundert Waisenkinder in Sicherheit bringt. Diese Geschichte verknüpft Sirk mit der Analyse eines erotischen Traumas: Hess, dessen Ehe kinderlos geblieben ist, sieht seine Männlichkeit in Frage gestellt. (Die gebräuchliche Gleichsetzung von Kinderlosigkeit und Impotenz verstärkt sein Minderwertigkeitsgefühl.) Das Fliegen und der Kampf sind für Hess (Rock Hudson) zu einer neurotischen Zwangshandlung geworden, ein kurzfristiger Rauschzustand ersetzt seine Ängste. Doch wie in anderen Filmen Sirks, etwa «The Tarnished Angels» und «Written on the Wind», führt der Versuch, Freiheit zu finden, Glück und die Überwindung erotischer Versagung, in den Himmel fliegend, zu neuen Zerstörungen.

Es sind die falschen Gleichungen, die sich zeigen, die falsche Gleichung zwischen Männlichkeit und Gewalt, zwischen Potenz und Vaterschaft (in «Battle Hymn» wie in «Written on the Wind» führt die Schwangerschaft bzw. scheinbare Schwangerschaft der Frau dazu, daß sich die Impotenz-Furcht des Mannes am heftigsten offenbart), sogar die falsche Gleichung zwischen Religion und Töten in «Battle Hymn». Dean Hess verliebt sich schließlich in eine koreanische Frau, und seine Paralyse beginnt von neuem. Schließlich kommt seine Frau nach Korea: Die Schwangerschaft hat sich (wieder) als Irrtum erwiesen. Von der Liebe zu der Koreanerin bleiben zwei Bäume, die die beiden gepflanzt haben, nebeneinander, ohne sich zu berühren.

Falsche Gleichungen erscheinen als die Grundlage der Gesellschaft. Falsche Gleichungen sind sogar die Fotografien, Gemälde und die Spiegelbilder, die bei Sirk eine große Rolle spielen. Nur im Märchen oder allenfalls in einem Horrorfilm weicht das Spiegelbild so stark ab von der Wirklichkeit dessen, der sich selbst zu betrachten glaubt, wie in Sirks Filmen. Sie stellen die Werte der amerikanischen Gesellschaft der fünfziger Jahre in Frage, die sich über Analogien vermitteln, indem sie sie am erreichbaren sinnlichen Glück für den einzelnen messen, die Familie, die Konsumgüter, die Gesellschaft der «Nachbarn», die Erfolg und Beliebtheit werten, etc., und sie tun dies, anders als die «amerikanischen» Regisseure von sozialkritischen Melodramen es tun, nicht am Beispiel kaputter oder versagender Institutionen, sondern gerade am Beispiel des durch und durch Normalen. So gibt es keine Aussicht auf «Heilung» in seinen «Notausgängen», wie er die Happy-Ends nennt, die wie Versteinerungen von Ohnmacht sind; endgültiger Verzicht auf Erfüllung in einer Situation oberflächlicher Harmonie.

Freilich haben Verzicht und Verbot immer auch einen politischen Aspekt; zumeist geht es um dynastische Macht. Die Bürger haben, nach dem Muster der Könige, verzichten gelernt, um Kontinuität ihrer Herrschaft zu erreichen. Melodramen sind die bürgerlichen Formen der «großen» Dramen. «Ich bin kein Amerikaner», sagt Douglas Sirk, «ich bin zur Folklore des amerikanischen Melodrams aus einer sehr entfernten Ecke gekommen. Aber ich war schon immer fasziniert von der Art von Filmen, die man Melodramen nennt ... Melodram im amerikanischen Sinn, das ist eher der Typ Film, der vom Drama kommt. Die meisten großen Schauspiele gehen von melodramatischen Situationen aus, oder sie haben ein melodramatisches Ende: ‹Richard III.› zum Beispiel ist praktisch ein Melodram. Äschylos oder Sophokles haben viel Melodramatisches geschrieben. Und was früher in der Welt der Könige und Prinzen gespielt hat, ist nun in die Welt der Bourgeoisie übergegangen.»

Das heißt, Douglas Sirks Filme beinhalten neben ihrer präzisen, in gewissem Sinne materialistischen Kritik an der amerikanischen Gesellschaft auch einen universalen Aspekt. Die amerikanische ist nur eine unter vielen (allen) Gesellschaftsformen, die dem Individuum die Möglichkeit zur Entfaltung seiner Sinne raubt. Man braucht dabei nur an die Titel seiner Filme zu denken, die gleichsam (ironisch) ewige Vorgänge ansprechen. Sirks Filme enthalten, was sich zuweilen auszuschließen scheint, ein Gesellschaftsmodell *und* ein Weltbild. Jeder Vorgang ist daher doppelt determiniert, als genaue Bezeichnung von amerikanischen Sozialisationsformen und als Darstellung von Stadien der Zivilisierung.

So werden etwa in Sirks Filmen oft aus Gefühlen Gegenstände. Wo bei Hitchcock Gegenstände in die Handlung integriert sind und eine wichtige, fast personale Rolle spielen können, wo bei Jerry Lewis die Dinge ein Eigenleben zu entwickeln scheinen, eine Kritik zu den Verhaltensformen der Menschen und ein Dialog mit seinen unbewußten Fähigkeiten, da mündet bei Sirk eine Handlung darin, daß ein Gegenstand ein Gefühl ersetzt hat, das noch den Menschen in Hoffnung und Bewegung hielt. Am herrlichen Pseudo-Happy-End von «All That Heaven Allows» hat der Naturbursche Rock Hudson in der «gemütlichen» Einrichtung einer alten, verwilderten Mühle ein Grab für seine Liebe zu Jane Wyman geschaffen. Eine zerbrochene Teekanne wird gekittet und wieder zerbrochen, ein Pokal verschwindet vom Kamin in die Rumpelkammer und wird vom Sohn zurückgefordert, der darin sein Andenken an den toten Vater hat. Ein andermal, wie in «The Tarnished Angels», ersetzt eine Maschine die Beziehung zu Menschen. Alle Dinge sind Projektionen von Gefühlen und deren Abtötung zugleich, so wie man sich (in der Sprache des Films) in Bildern und Spiegeln zerstört.

Lana Turner in «Imitation of Life» zieht es vor, einen Film über die Liebe in Europa zu machen, statt ihre Liebe zu leben. Am Schluß von «Written on the Wind» sitzt Dorothy Malone am Pult ihres Vaters, hinter sich ein großes Gemälde von ihm, auf dem er das Modell eines Bohrturms in der Hand hält; sie sitzt da und streichelt das «Original» dieses Modells. Nur Dinge kann man vererben, Gefühle nicht, daher müssen aus allen Gefühlen Dinge werden, die neben der versteckten Sehnsucht auch noch einen offenen Wert repräsentieren.

Wie für Jane Wyman in «All That Heaven Allows» ist es niemandem gestattet, irgendeinen Gegenstand aus den überladenen Räumen zu entfernen; sofort stellen die Mitmenschen die inquisitorische Frage nach dem Verbleib. Das Haus wird zum Muster einer (tödlichen) Falle: Sie darf es nicht verlassen, sie darf es aber auch nicht verändern. Der Le-

Susan Kohner und Lana Turner in «Imitation of Life» (1959) von Douglas Sirk.

bensinhalt einer amerikanischen Kleinstadtgesellschaft scheint die Etikette, das gegenseitige Überwachen, das Ritual. (Nach einem bekannten soziologischen Modell ist die peinlich genaue Bewertung der Etikette ein «Ausweg» für soziale Gruppen, die einen relativ hohen Status haben, aber von wirklichen politischen Entscheidungen ausgeschlossen sind.)

In der Beschreibung dieser Etikette (besser wäre das amerikanische Wort *behavior*) liegt Sirks Kritik an Amerika, die doch immer einen Rest Solidarität (oder Dankbarkeit dem Gastland gegenüber) beinhaltet. Zumindest erweisen die Filme jenen ihren Respekt, die Amerika gleichsam in einem Stadium des Untergangs erleiden. Das unterscheidet sie etwa von den Filmen Billy Wilders aus derselben Zeit, in denen man wirklich hassen lernen kann. Gegenwärtig ist auch immer jenes andere Amerika, das Amerika des Traums, das Sirk, wie viele andere, zu finden gehofft hatte; es ist da, wenn Jane Wyman in «All That Heaven Allows» Thoreaus «Walden» auf dem Tisch bei Rock Hudsons bestem Freund findet und eine noch fast schüchterne Begegnung mit dem Buch hat; es ist da, wenn Rock Hudson in «The Tarnished Angels» am Ende betrunken und verletzt in der Redaktion des «Lake City Star Tribune» vom toten Show-Flieger Roger Shuman erzählt: «Und als er jenen letzten Mast umkurvte, da war etwas mit ihm geschehen, an das er nicht mehr geglaubt hatte: Er war wieder ein Mensch»; es ist da, wenn Mahalia Jackson in «Imitation of Life» singt, die Sehnsucht nach Erlösung aller, wirklich aller Menschen in der Stimme. Es ist da, aber es nutzt zu nichts mehr. Die Fähigkeit zur Selbst-Kritik, zur Selbst-Reinigung, Selbst-Erlösung in der amerikanischen Gesellschaft, dieser hartnäckigste aller amerikanischer Mythen, er existiert bei Sirk nicht mehr.

Der Krieg der Gefühle

Der Krieg bringt manches durcheinander; das Alltagsleben ist voll von Trennungen, Krisen und Entfremdungen, voll von widersprüchlichen Erfahrungen. Der Soldat ist, buchstäblich, dem Feind näher als seiner eigenen Frau. In den verschiedenen Arten von Kampfpausen entdeckt er den Menschen in der Masse der Feinde, er entdeckt die Frau des Feindes, und zu Hause entdeckt er, daß die Seinen ihm fremd geworden sind. Umgekehrt verwandelt sich daheim die Sehnsucht in Furcht. Beklemmender als die Frage, ob der Mann heimkehren wird, ist die Frage: Wie wird er heimkehren? Als Krüppel? Oder als Monster, das die Gewalt nicht mehr aus dem Schädel kriegt? Der Krieg setzt sich fort in den Familien, in den Gefühlen.

Die populäre Mythologie, der Film insbesondere, reagiert auf die Erfahrungen des Krieges, besänftigt und integriert, was sich eigentlich nicht mehr integrieren läßt. Das Kino hatte Belohnungen zu phantasieren für die Strapazen und Verluste, es hatte Erklärungen zu bieten für die emotionalen Widersprüche, und es hatte Wege aufzuzeigen, wie vom Krieg draußen wieder in den Frieden drinnen zu finden sei. Die populäre Mythologie verschweigt nicht den Schrecken des Kriegs; sie findet aber allenthalben seine guten Seiten. Sie findet, zumindest, einen Ausweg.

Der Krieg ist ein Abenteuer, bei dem man zum Mann wird, sagen die patriotischen Action-Filme, und sie sagen: Im Krieg hören wir auf, Schwarze, Indianer, Chinesen zu sein, wenn wir in einem Kriegsschiff, einem Bomber, einem Panzer sind. Die tötende Technik ist wunderschön und hebt dich über den Sumpf der Gefühle. Der Krieg ist irgendwie ja auch immer ein bißchen lustig, sagen die Komödien. Große Männer führen und beschützen uns, sagen die *biopics*. Seht mal, was wir durchgemacht haben, die härteren Kriegsfilme. Alles in allem: der Krieg macht dich ganz. Nur wo die Frauen ins Spiel kommen, wird es ernst. Wir können die Schrecknisse des Krieges, die Tatsache, daß er verbrecherisch, unmenschlich, absurd und wahnsinnig ist, verkraften; den Zusammenhang zwischen Krieg und Sexualität zu verstehen, scheinen uns die Mittel versagt. Die zahlreichen Melodramen, die vor dem Hintergrund des Krieges spielen, versuchen ohnmächtig, hysterisch, sentimental oder naiv das Unmögliche: Krieg und Liebe miteinander zu versöhnen.

Szenen aus «Casablanca» (1942) von Michael Curtiz.

Zu Beginn der vierziger Jahre beschäftigte sich das angelsächsische Film-Melodram UUnoch mit den Männern und Frauen, die in einer in Aufruhr geratenen Welt fern ihrer Heimat auf die eine oder andere Weise für die Freiheit kämpften. Der Faschismus, das war noch nicht Deutschland, Japan, Faschismus war eine Krankheit, die sich in Europa ausbreitete, und nicht nur in Spanien mußte man sie bekämpfen. Noch lange nach dem Schock von Pearl Harbor im Jahr 1941 blieb für den Amerikaner der Krieg das weit entfernte Abenteuer oder Schrecknis. Der Krieg kam nach Amerika in Form der Emigranten, in Form der Nachrichten aus England, in Form der Aufträge für die amerikanische Waffenindustrie. Amerika sandte noch keine Soldaten, Amerika sandte Freiheit.

«Casablanca» (Casablanca – 1942) von Michael Curtiz steht am Anfang eines kurzen Zyklus von «schwarzen» Kriegsromanzen, die zugleich die Schrecknisse des Krieges beschrieben und die Faszination des Antialltäglichen. Hemingway war immer ein wenig präsent in diesen Filmen, das zerfallende Europa eine *new frontier*, eine bittere Grenze für den amerikanischen Abenteurer. Nicht Amerika, die Nation, stand gegen den Faschismus, sondern der mythische Amerikaner, der *rugged individualist*, antiautoritär, antiideologisch, antinational, männlich, frei, gezeichnet von persönlichen Verlusten.

Einen solchen Helden hat «Casablanca» zum Helden. Rick Blaine (Humphrey Bogart), der in Spanien gegen die Deutschen gekämpft hat, ist durch die Enttäuschung in seiner großen Liebe zu einer Frau, die er im besetzten Paris verloren hat, bitter und zynisch geworden; Whisky und Distanz zu den Menschen hält ihn am Leben. In der marokkanischen Stadt Casablanca führt Rick das «Café Américain», in dem sich die Emigranten und politischen Flüchtlinge aus Europa treffen, die über Lissabon nach Amerika zu kommen hoffen. Da keiner von ihnen gültige Ausreisepapiere für die von der Vichy-Regierung Frankreichs kontrollierte Stadt hat, wird für viele von ihnen Casablanca zu einer Falle. Manche verlassen sich auf die Hilfe von zwielichtigen Figuren wie Ugarte (Peter Lorre), die mit Papieren handeln. Als Ugarte zwei Pässe an sich gebracht hat, kann er sie gerade noch Rick übergeben, bevor er erschossen wird. Eines Tages erscheint Ricks Geliebte Ilsa Lund (Ingrid Bergman) im «Café Américain»; ihr Mann, der ungarische Widerstandskämpfer Laszlo (Paul Henreid), ist aus einem deutschen Konzentrationslager entkommen, doch die Nazis haben ihn bis Casablanca verfolgt. Major Strasser (Conrad Veidt) will um jeden Preis verhindern, daß die beiden nach Amerika gelangen, und er setzt den opportunistischen, doch wohltuend korrupten Präfekten Renault (Claude Rains) unter Druck, die beiden nicht aus den Augen zu lassen. Nur Rick könnte den beiden helfen, wenn er ihnen die Papiere übergibt. Aber seine Liebe zu Ilsa, die selbst schwankend geworden ist, läßt ihn zögern. Schließlich aber sorgt er doch dafür, daß Ilsa mit ihrem Mann Casablanca verlassen kann. Rick muß Strasser erschießen, um dies zu ermöglichen, Renault schlägt sich auf seine Seite und rät ihm, Casablanca für eine Zeit zu verlassen.

Die eigentümliche Authentizität dieses Films, der ausschließlich im Studio gedreht wurde und bei dessen Herstellung der Schluß des Films noch nicht geschrieben war (Autor Howard Koch arbeitete am Buch während der Dreharbeiten), hat mehrere Ursachen. Zum einen sind 16 von den 20 Hauptdarstellern von «Casablanca» tatsächlich Emigranten, die sehr persönliche Erfahrungen in ihre Rollen einbringen konnten (vor allem in solchen Szenen, die das Tragische ein wenig mit dem Grotesken der Flüchtlingssituation zu verbinden wußten). Der Film nimmt gleichsam die Perspektive dieser Flüchtlinge ein, so daß paradoxerweise gerade die «Künstlichkeit» der Dekors und Stimmungen, man könnte auch sagen, deren Fremdheit, die Gefühle am intensivsten widerspiegeln. Auch der Unsicherheit in den Beziehungen der Helden kommt vor diesem Hintergrund der Charakter einer Zustandsbeschreibung zu. Der Film beschreibt den Krieg nicht als militärische Auseinandersetzung, sondern als Terror, als die Verhinderung von Glück für den einzelnen, kurzum, der Film beschreibt den Krieg als Melodram. So ist sowohl der Widerstand der Flüchtlinge (als in Ricks Café die Nazis die «Wacht am Rhein» anstimmen, beginnen die Emigranten die Marseillaise, ein kleiner Kampf, bei dem die Freiheit Sieger bleibt) als auch die Konversion des Zynikers Rick ein Votum für die Freiheit mehr als ein Votum für den Krieg; die emotionale entspricht der ideologischen Ambiguität. Es ist soviel Hoffnung wie Vergeblichkeit, soviel Flucht wie Hingabe, soviel Verzicht wie Gewinn in «Casablanca», das von Dooley Wilson gesungene Lied «As Time Goes By» begleitet eine Liebesgeschichte zwischen einem Idealisten, aus dem ein Zyniker geworden ist und dann wieder ein Idealist, und der Frau, deren Gefühle immer wieder durch ihren Idealismus durchbrechen.

Der Krieg zeigte sein Gesicht im Schicksal der Opfer. In «Journey for Margaret» (1942 – Regie: W. S. Van Dyke) geht es um Kinder, die durch einen Bombenangriff ihr Zuhause verloren haben, und um einen amerikanischen Korrespondenten (Robert Young), der eines der Waisenkinder (Margaret O'Brien, die mit diesem Film zum Kinderstar der Kriegszeit wurde) aufnimmt. «Mrs. Miniver» (1942 – Regie: William Wyler) zeichnet ein (arg unrealistisches) Bild der englischen Frau im Krieg, die ihre Aufgaben an der «Heimatfront» akzeptiert. «This Above All» (1942 – Regie: Anatole Litvak) erzählt die Geschichte einer patriotischen jungen Frau (Joan Fontaine), die sich aktiv am Kriegsgeschehen beteiligt und sich eines Soldaten (Tyrone Power) annimmt, der desertiert ist. Der propagandistische Effekt dieser Filme ging bereits erheblich über das in «Casablanca» gezeigte Maß hinaus; man nahm nicht mehr die Perspektive der Opfer ein, sondern die der Patrioten, die sich ihrer (und ihrer «Sache») annehmen. Die Korrespondenten, die das Leid sehen, die Frauen, die ihren Dienst tun, die Menschen, die sich zu Hause wappnen, auch gegen den Zweifel, sind gleichsam Propheten des Kriegseintritts. Die Liebe wird vom Krieg nicht in Frage gestellt, sondern wird sich durch ihn bewähren.

Solche propagandistischen Effekte beinhaltete etwa auch «Millions Like Us» (1943 – Regie: Frank Launder, Sidney Gilliat), die Geschichte einer Frau (Patricia Roc), die Kriegsarbeit leistet und die einen Piloten heiratet, der bald darauf bei einem Einsatz ums Leben kommt. Das «Kriegsmelodram» mußte innerhalb den Genres eine zwiespältige Rolle einnehmen, da es der Grundaussage des Genres, dem Rückzug ins Private, die Öffnung nach draußen hinzufügen sollte. Das Leiden sollte nun nicht mehr nur die Gefühle an sich hervorheben, sondern auch eine Form der Solidarität schaffen. Betont das Melodram im allgemeinen das Recht der Liebe gegen die Gesellschaft (natürlich: in einem Scheinkonflikt, der durch Übertragung den Verzicht versüßt), so ist im Kriegsmelodram der Krieg selber als Schicksal an die Stelle der Gesellschaft getreten. Auch hier also erscheint der Krieg als Versöhnung zwischen Individuum und Gesellschaft; das Private ist nun das Allgemeine. Die Trennung der Liebenden teilt deutlicher als sonst die Menschen in den kämpfenden und den leidenden Teil. Aber trotz einer erklecklichen Anzahl von überaus patriotisch-ideologischen Kriegsmelodramen (*flagwaver* werden diese Filme sehr treffend in der angelsächsischen Literatur bezeichnet) steckt auch hier noch genügend Protest im Melodram gegen den Verrat an den Gefühlen. Der Krieg spaltet die Nation gewissermaßen in eine Männer- und eine Frauengesellschaft, zwischen denen mehr als Notwendigkeiten liegen; die Wege zwischen beiden sind allemal gefahrvoll. Zwischen den kriegführenden Männern und den daheimgebliebenen Frauen liegen solche Abgründe wie sonst im Genre zwischen den Männern und Frauen verschiedener Rassen, verschiedener sozialer Schichten, verschiedener Altersklassen etc. Der melodramatische Grundwiderspruch also wird im Krieg zu einem allgemeinen. Bevor jedoch die Entfremdung überhaupt registriert werden konnte, mußte das Leiden in der Heimat verklärt werden. Das Schicksal der Frauen und Kinder war Thema von Filmen wie «The Human Comedy» (1943 – Regie: Clarence Brown), wo ein junger Telegrammausträger (Mickey Rooney) zum Unglücksboten, zugleich aber auch zum Helfer wird, oder «The Very Thought of You» (1944 – Regie: Delmer Daves), der trotz aller Schwierigkeiten für die Kriegsehe plädiert.

Nur in der Hemingway-Adaption «For Whom the Bell Tolls» (Wem die Stunde schlägt – 1943 – Regie: Sam Wood) erschien noch einmal eine Liebesgeschichte zwischen einem Amerikaner (Gary Cooper) und einer Europäerin (Ingrid Bergman als Spanierin) mit einem tragischen Ende (der Amerikaner kommt bei der Erfüllung eines Auftrags, eine Brücke zu sprengen, ums Leben) als Ausdruck des Kriegs (hier: des Spanischen Bürgerkriegs) als Melodrama. Konsequent war hier eine Entpolitisierung des Stoffes vorgenommen worden, die den Krieg als (selbstgewähltes) Schicksal für die Helden erscheinen läßt. Der Produzent des Films, Adolph Zukor, bezeichnete «For Whom the Bell Tolls» als «großen Film ohne politische Bedeutung», und die Bezeichnung «Faschisten» war aus dem Skript getilgt worden. Der Krieg war gleichsam seines Gegenstandes beraubt worden; fast schien es, als wäre hier der Idealismus der amerikanischen Spanien-Kämpfer kritisiert, die in ihrer Selbstopferung für die Sache der Freiheit auf dem Kontinent die Liebe verraten müssen.

Tatsächlich trat in den Kriegsmelodramen an die Stelle patriotischer Bereitschaft zum Einsatz und zum Leiden bald eine eher duldende, schicksalsergebene Haltung der Frauen zum Krieg und seinen Folgen; mit den Särgen und den Krüppeln, die nach Hause zurückkamen, verlor sich die Begeisterung, und der Soldat als Mann war bald nicht mehr nur Stolz, sondern auch Problem. Die Widersprüche in der Gesellschaft, die sich durch den amerikanischen Kriegseintritt (Dezember 1941 war Japan der Krieg erklärt worden) ergeben hatten, ließen sich in der großen Geste allein nicht mehr bewältigen. Das Hauptproblem bildeten zunächst die Kriegsehen, die Menschen zu Treue und Verantwortung verpflichteten, die kaum Zeit gehabt hatten, sich kennenzulernen. Der Schutz und die Stabilität, die die Ehe zu bieten hatte, wurde nun trügerisch.

Bald konnte man sich nicht mehr damit begnügen, die Leiden der Frauen zu verklären, wie etwa in «The White Cliffs of Dover» (1944 – Regie: Clarence Brown), der Apotheose einer Frau (Irene Dunne), die ihren Mann im Ersten und ihren Sohn im Zweiten Weltkrieg verliert. Auch der Multi-Episoden-Film «Forever and a Day» (1943 – Regie: René Clair, Edmund Goulding, Cedric Hardwicke, Frank Lloyd, Victor Saville, Robert Stevenson, Herbert Wilcox) schildert das Schicksal einer englischen Familie im Krieg. Filme wie diese, zum Teil von einer «englischen Kolonie» in Hollywood forciert, waren auch ein Appell an Amerika, dem bedrohten England zu helfen.

«I Love a Soldier» (1944 – Regie: Mark Sandrich) ist die Geschichte einer Kriegsehe zwischen Paulette Goddard und Sonny Tufts; Schwierigkeiten tauchen auf, aber noch einmal geht alles gut. In «The Impatient Years» (1944 – Regie: Irving Cummings) wird die Wiederaufnahme eines Soldaten (Lee Bowman) bei seiner Frau (Jean Arthur) schon problematischer, aber der Widerspruch findet eine komödiantische Auflösung. In «Piccadilly Incident» (1946 – Regie: Herbert Wilcox) schafft sich die Entfremdung ein erstes Modell: Ein Mann glaubt, daß seine Frau im Krieg getötet wurde, und heiratet wieder. Aber nach einiger Zeit taucht seine Ehefrau wieder auf. «Till the End of Time» (1946 – Regie: Edward Dmytryk) schildert die Probleme dreier Kriegsheimkehrer, deren Beziehungen durcheinandergeraten sind. Hier ist angedeutet, daß durch den Krieg auch das Gefühl verletzt und sogar getötet werden kann. Die Liebesgeschichte zwischen einer jungen Kriegswitwe (Dorothy McGuire) und einem Exsoldaten überwindet kaum die Verzweiflung.

Der durchaus kritische Realismus, mit dem die Entfremdung hier dargestellt wurde (eine Entfremdung, die auch einen gesellschaftlichen Aspekt aufweist), hatte sein Vorbild in William Wylers im selben Jahr entstandenem Film «The Best Years of Our Lives» (Die besten Jahre unseres Lebens), einem Schlüsselwerk der (allzu) kurzen Periode einer Erneuerung im Hollywood-Kino zum Realismus, der die Erfahrungen des Krieges nüchtern und illusionslos wiedergab. «Schon die Anfangspassagen des Films intonieren sein sozialkritisches Thema. Am Schalter einer Luftverkehrsgesellschaft muß der GI Fred (Dana Andrews) erfahren, daß alle Flüge in seine Heimatstadt auf Tage hinaus ausverkauft sind. Gleich darauf erscheint ein Wohlhabenheit ausstrahlender Geschäftsmann, dem die bereits reservierten Billetts höflich ausgehändigt werden, während ein schwarzer Diener Golf-Utensilien auf die Waage stellt. Im Armeeflugzeug, das ihn schließlich nach Hause bringt, begegnet Fred zwei anderen kriegsentlassenen Veteranen. Da ist der Sergeant Al (Fredric March), im Privatberuf Bankier – während der Fliegerhauptmann Fred es nur bis zum Limonadenverkäufer brachte; da ist der Matrose Homer (Harold Russell), der beim Untergang seines Schiffes beide Hände verlor und nun an deren Stelle hakenförmige Greifwerkzeuge trägt. In der Beobachtungskanzel der B–17, ja noch im Taxi der Heimatstadt, läuft für jeden der Film des vergangenen und zukünftigen Lebens ab. Und doch weiß keiner so recht, wie es nun weitergehen soll.

Am leichtesten fällt Al die Neuintegrierung ins zivile Dasein: Auf ihn wartet ein komfortabel ausgestattetes Heim, eine Familie und ein ‹netter fetter Posten in einer netten fetten Bank›. Fred dagegen muß sich mit einem demütigenden Job im Warenhaus begnügen; seine Frau, die er während des Krieges heiratete, entpuppt sich als amüsiersüchtiges Flittchen; sie liebt nicht ihn, sondern seine Uniform. Homers Schwierigkeiten sind vornehmlich psychologischer Art; er hegt den Verdacht, daß alle in ihm den Krüppel sehen, wo er gleichberechtigter Mensch sein möchte.

Die Erlebnisse der drei Helden werden vom Film einander ständig gegenübergestellt. So kommentiert eine Lebenssphäre die andere, ein Charakter den anderen. Mit dem materieller Sorgen enthobenen Wohlstandsmilieu, in welchem Al sich wiederfindet, kontrastiert die auf Ausbeutung, Unterdrückung und Erniedrigung abgestimmte Atmosphäre des Warenhauses (und die Elendsbaracke von Freds Eltern). Dazwischen steht die kleinbürgerliche Umgebung Homers, in der Rasen geschnitten und Häuslichkeit gepflegt wird. Die Kraft filmischer Milieuschilderung bewährt sich vor allem in jenen Szenen, die einen kritischen Akzent tragen. Wie treffend ist die arrogante Überlegenheit dargestellt, mit der die Daheimgebliebenen, inzwischen Avancierten den Heimgekehrten ihre Bedingungen diktieren – etwa im Porträt des scharf seine Worte hervórbellenden Versicherungsvertreters, der Homer einen kleinen Job ‹für Verletzte› offeriert, oder des fuchsäugigen Managers, der Fred seine Unqualifiziertheit unter die Nase reibt. Besonders entlarvend wird der Betrieb des Warenhauses eingefangen: Die Kamera überblickt stets das Gewirr der glitzernden Kosmetiktische, der Reklame- und Preisschilder, bis hin zum erhöhten Kontrollfenster im Hintergrund, hinter welchem, allgegenwärtig und allmächtig, der Manager thront» (Ulrich Gregor).

Die heimkehrenden Soldaten erfahren besonders deutlich die Organisation der Gesellschaft als die eines Ausbeutungszusammenhanges, in dem auch ihre emotionalen Beziehungen eingeflochten sind. Der Krieg ist an dieser Gesellschaft spurlos vorbeigegangen, er hat nur diejenigen verändert, die ihn führen mußten, und diese Veränderung (insbesondere Homers Verkrüppelung) wird von der Gesellschaft der prosperierenden oder apathischen Daheimgebliebenen fast militant verdrängt. Am Ende steht, als eine ein wenig überraschende Wendung zum Optimismus, eine Doppelhochzeit und die Aussicht auf ein bescheidenes Glück.

Mehr den Regeln eines Thrillers gehorchte ein anderer Film, der die Entfremdung zwischen den Soldaten und der Gesellschaft, den heimkehrenden Männern und den Frauen, behandelte: in «Tomorrow is Forever» (1946 – Regie: Irving Pichel) wird ein Mann (Orson Welles) im Krieg vermißt. Er kommt, «mit einem neuen Gesicht», nach Hause zurück und findet seine Frau (Claudette Colbert) mit einem anderen Mann (George Brent) verheiratet. Viele Thriller und Gangsterfilme der vierziger Jahre nahmen direkt (wie etwa George Marshalls «The Blue Dahlia» aus demselben Jahr) oder indirekt (wie viele Filme um die *treacherous woman*) Stellung zu dieser Entfremdung, zur Heimkehr des Soldaten in ein fremdes Land. Hollywood reagierte mit zwei sehr unterschiedlichen Formen auf diese Erfahrungen, mit Filmen im Geist der Schwarzen Serie (vgl. dazu auch den Band «Kino der Angst» in dieser Buchreihe), die, was den sozialen Frieden im und nach dem Krieg anbelangte, buchstäblich schwarz sahen und die Widersprüche in einer Art bitterer Romantik aufhoben, in der dem Mann wenn auch alles sonst, so doch nie seine Ganzheit und seine Unalltäglichkeit genommen war, und mit Filmen, die im Stil der *semidocumentaries*, beeinflußt vom italienischen Neorealismus, Sozialkritik, humanes Engagement und Milieutreue mit einem Plädoyer für die Lösung der durch den Krieg entstandenen menschlichen und sozialen Probleme verbanden. Überspitzt ausgedrückt: Ende der vierziger und Anfang der fünfziger Jahre gab es Filme, die den Krieg fortsetzten, auf den Straßen, in den Herzen, sogar in Licht und Montage, und es gab Filme, die ihn beenden wollten, die Licht ins Dunkle und Erklärungen zu bieten hatten. Natürlich beeinflußten beide Richtungen einander und korrigierten sich gegenseitig, bis sie in der restaurativen Montage der fünfziger Jahre aufgehoben wurden. Beide Stilformen kritisierten die Wirklichkeit, die eine vom Standpunkt einer Art der Romantik, die andere vom Standpunkt einer Art von Aufklärung aus. Und beide Formen mußten ihre Wahrheiten und ihre Lügen produzieren.

Fred Zinnemanns zu dieser Zeit entstandenen Filme sind sicher eindeutig auf die Seite der aufklärerischen, gesellschaftskritischen und dennoch optimistischen Filme zu schlagen. Seine Filme dieser Zeit kommen, wie Ulrich Gregor und Enno Patalas zu «Teresa» geschrieben haben, «den Möglichkeiten eines amerikanischen Neorealismus am nächsten».

«The Search» (Die Gezeichneten – 1948), ist eine amerikanisch-schweizerische Co-Produktion, die in den Ruinenlandschaften der deutschen Städte gedreht wurde. Ein neunjähriger Junge (Ivan Jandl), der keine Familie mehr hat und die Erfahrung der Schrecken in den Lagern durch eine Gedächtnisblockade verbirgt, wird von einem amerikanischen Soldaten (Montgomery Clift in seiner ersten Filmrolle) aufgenommen und findet bei ihm, soviel als möglich ist, Trost. Als die Familie des Amerikaners eintrifft, bricht die verschlossene Erinnerung des Jungen wieder auf, er sieht seine Mutter wieder vor sich. In Rückblenden erfahren wir von der verzweifelten Suche der Mutter nach ihrem Sohn, von Lager zu Lager. Schließlich ist sie davon überzeugt, daß er tot ist. Sie bleibt aber in den Lagern und wird zur Pflegemutter einer Gruppe von jüdischen Kindern. Am Ende aber findet sie ihr tot geglaubtes Kind doch wieder, und der Amerikaner gibt seine Absicht, das Kind zu adoptieren, auf.

Der Film ist eine Feier der einfachen Humanität mit so einfachen Beziehungen, wie sie Zinnemann später nicht wieder gestalten sollte. Der dokumentarische Anspruch (die zerstörten Städte, die Kinder, die man aus den Lagern der UNRRA holte und die ihr eigenes Schicksal darstellten, die Flüchtlingssituation etc.) ging einher mit dem Plädoyer für die Verarbeitung der Vergangenheit und ihre schließliche Überwindung. «Es ging mir», hat Zinnemann gesagt, «nicht darum, vergangene Schrecken neu zu beleben, die Blickrichtung war vielmehr, das künftige Schicksal dieser Kinder anzudeuten, die auf dem Wege in die Zukunft zunächst einmal mit der Vergangenheit fertig werden mußten.» Die melodramatische Grundsituation, die Liebe zwischen Mutter und Sohn, die durch die Schrecken der Welt getrennt sind, das Erscheinen eines Mittlers (der am Ende zu verzichten hat) und das Wiederfinden, ist verbunden mit einer, wenn man so will, politischen Aussage: Die amerikanische Besatzung ist viel weniger als der militärische Sieger gedeutet denn als eine Art psychiatrischer Instanz, die den Überlebenden des faschistischen Wahnsinns den Weg in die bürgerliche Normalität zurück weisen sollte. Wie in Zinnemanns Film konnte am Schluß der «Patient» als geheilt entlassen werden, der Arzt, wie immer ein wenig in den Patienten verliebt und deswegen nicht ohne Wehmut, konnte sich zurückziehen. Daß eine solche Formel auch beim deutschen Publikum ein positives Echo fand, mag unter anderem auch damit zusammenhängen, daß sie allzuleicht mit dem Gedanken von Restauration zu vereinen war.

«Ein besonderes Interesse dürfte auch der Teil des Films erfahren, in dem das Zusammensein zwischen dem jungen Amerikaner, der sich des Jungen angenommen hat, und seinem neuen kleinen Freund geschildert wird. Die gewiß uns nicht unbekannte selbstsichere Haltung des Offiziers ist trefflich gezeichnet und sein Sprachunterricht mit Hilfe der ‹Anschaulichkeit› von Bildern unvergeßlich. Hervorragend auch die Hinführung des Kindes zur Erinnerung an seine eigene Mutter über die Stationen des Konkurrenzgefühls gegenüber dem gleichaltrigen amerikanischen Jungen, des Hundefotos und schließlich der eigenen Gitterzeichnung, die ihn zur Erkenntnis führt, daß er seine eigene Mutter zum letztenmal durch einen Drahtzaun von ihm getrennt gesehen hat» (R. Keller). In der melodramatischen Sicht wird der Sieger zum entbehrten Bruder, der rät und einrenkt. Während in der Bundesrepublik noch lange antifaschistische Filme (wie auch immer man diese definieren mag) mehr oder weniger unterdrückt wurden und aus noch den am wenigsten propagandistisch zu verstehenden Action-Filmen wie Hitchcocks «Notorious» alle Hinweise auf nationalsozialistische Aktivitäten getilgt wurden (eines der krassesten und groteskesten Beispiele ist etwa die Verstümmelung von «Casablanca» durch die deutsche Synchronisation, die so gründlich zensiert hat, daß die ganze Geschichte des Films keinen Sinn und Zusammenhang mehr hat; zudem hat man übrigens aus Dooley Wilson kurzerhand Louis Armstrong gemacht, was vielleicht verletzender ist, als es auf den ersten Blick erscheint), während die deutsche Filmindustrie selbst mit Restaurationsepen erste Erfolge verzeichnete, wurde Zinnemanns Film häufig und gerade in der «Erziehung durch Film» eingesetzt. Man akzeptierte den Humanismus und sperrte sich gegen die Erinnerung. Wie hätte ausgerechnet *dieser* Arzt erkennen sollen, wie sich der Patient verstellte?

Da waren ja auch eigene Wunden zu heilen. Zinnemanns «The Men» (1950) zeigt eine Gruppe von gelähmten Kriegsheimkehrern in einem Sanatorium, die ins Zivilleben «integriert» werden sollen. Es gibt viele Probleme, und nicht das letzte ist die Angst, nicht mehr Mann zu sein. Einer von ihnen (Marlon Brando in seiner ersten Filmrolle) findet durch die Hilfe seiner Verlobten (Teresa Wright) langsam wieder zu einer neuen Form des Selbstvertrauens. Wie in «The Best Years of Our Lives» Harold Russell (dies blieb sein einziger Auftritt im Film) gewissermaßen sich selbst dargestellt hatte und wie in «The Search» die Kinder aus den Lagern ihr eigenes Schicksal wiedergaben, so traten in «The Men» neben Brando gelähmte Kriegsveteranen auf. Doch wird hier diese Authentizität von einer anderen überlagert: Brandos *method acting* zeigt die körperliche Versehrtheit in den Grenzen des Verstehens. Es war, wie es Brandos spätere Rollen variierten, die Ausstellung der bedrohten Männlichkeit (bedroht durch die Folgen des größten aller Männlichkeitsrituale), schließlich der Anspruch auf Sexualität, was den Film zu einem (kleinen) Skandal werden ließ.

Aus dem Krieg heimkehren mag aber auch bedeuten, aus den großen Träumen ins kleine Elend zurückgeholt zu werden. In «Teresa» (Teresa

– 1951) erzählt Zinnemann die Geschichte des amerikanischen Soldaten Philip (John Ericson), der während des Krieges die Italienerin Teresa (Pier Angeli) kennenlernt und sich in sie verliebt. Nicht zufällig heiratet er sie, nachdem er verwundet worden ist. Nach Kriegsende kommt Teresa mit ihrem Mann ins «gelobte Land» Amerika, das sich für sie jedoch keineswegs als das Paradies entpuppt, von dem man in Italien geträumt hat. Vielmehr muß sie sich in einer kleinen, armseligen Wohnung mit Philips eifersüchtiger, tyrannischer Mutter (Patricia Collidge) auseinandersetzen, und Philip kommt mit dem ungewohnten Zivilleben nicht zurecht. Teresa verläßt ihren Mann. Ein Psychiater zeigt Philip, wo seine Probleme liegen; zum guten Ende kann er Teresa zurückholen.

Zunächst bedeuten diese Filme mit ihrer unpathetischen Darstellung der amerikanischen Nachkriegswirklichkeit ein Ende der Verklärung. Sie betonen das Recht des Kriegsheimkehrers auf Glück, weisen ihn aber auch an, sich zu bescheiden. Den Frauen kommt die Aufgabe zu, die Männer zu *heilen*, aber es wird ihnen auch der Anspruch auf Autarkie zuerkannt. Die Liebe muß am Ende «versehrte Menschen» zusammenfügen; sie bedeutet vor allem auch verzeihen. Und wieder muß das Recht auf die Liebe gegen die Umwelt verteidigt werden; die Frau, die ihn erlösen könnte, wird von der Umgebung des Heimkehrers gnadenlos verfolgt. Er steht, wieder einmal, zwischen seiner Familie und seiner Liebe, aber nun hat die Familie (die Mutter, die Gesellschaft etc.) ihr wahres Gesicht gezeigt. Wenn er nur nicht so geschwächt wäre! Um ihn zu retten, muß die Frau neben ihrer Liebe noch Verständnis, Nachsicht, Geduld aufbringen. Der Restauration wird Zeit verschafft. So unbedingt, wie sich das Melodram die Liebe denkt, kann sie so nicht sein. Das hinterläßt einen bitteren Geschmack.

Daß die «Versehrtheit» des Mannes aber nicht durch den Krieg allein zustande gekommen ist (der vielmehr ein Teil dieser «Versehrtheit» ist), zeigt Zinnemann in seiner James Jones-Verfilmung «From Here to Eternity» (Verdammt in alle Ewigkeit – 1953), der eine (maßvolle) Kritik an der psychischen Struktur des soldatischen Männerbundes, der Hierarchie und des Drills beinhaltet. Der Soldat Prewitt (Montgomery Clift) weigert sich, für seine bei Pearl Harbor stationierte Kompanie zu boxen, weil er bei einem früheren Boxkampf einen Freund so schwer getroffen hatte, daß dieser das Augenlicht verlor. Er erträgt die Schikanen, mit denen man ihn zwingen will. Am ehesten hat noch Sergeant Warden (Burt Lancaster) Verständnis für Prewitts Verhalten. Warden hat ein Verhältnis mit der attraktiven Frau (Deborah Kerr) des unfähigen Kommandanten (Philip Ober). Bei einem Ausgang mit seinem Freund Maggio (Frank Sinatra) lernt Prewitt die Hure Lorene (Donna Reed) kennen, in die er sich verliebt. Weil er seinen Wachtposten verlassen hat, kommt Maggio ins Gefängnis und wird von dem sadistischen Sergeant

Judson (Ernest Borgnine) beinahe totgeschlagen. Er flüchtet und stirbt in den Armen seines Freundes Prewitt. Außer sich vor Zorn ersticht Prewitt Judson und desertiert. Bei Lorene findet er Zuflucht. Doch als die Japaner Pearl Harbor überfallen, will Prewitt zu seiner Kompanie zurück. Er wird von einer Patrouille angehalten und als Saboteur erschossen.

Weniger die Wirksamkeit der Kritik (die auf eine sehr amerikanische Art wieder zurückgenommen wird) als die Stellung des Films im Genre, als Kommentar zu Männer- und Frauenrollen mag in diesem Zusammenhang interessieren. Auch dies ist kein Film, der den Krieg als Grab der Gefühle deuten würde (das leisten noch eher so «harte» Kriegsfilme wie die von Robert Aldrich oder Stanley Kubrick); auch er verklärt den Rückzug der Männer vor den weiblichen Herausforderungen. «‹From Here to Eternity› ist eine Hymne auf den Mann. Soldatenfilme sind, wie etliche Western und Gangsterfilme, Männerfilme. Die Aufgaben, die diese Männer zu erfüllen haben, stehen über ihren natürlichen Bedürfnissen. Der Westerner erledigt seine ‹Arbeit› in der Stadt, er hilft einem Sheriff, er nimmt Rache oder er beschützt friedliche Siedler vor den Kuhtreibern, nachher zieht er weiter. Die Frau, die sich in ihn verliebt hat und die auch er liebt, läßt er zurück. Der Gangster, der hoch hinauswill, braucht sein Mädchen als Abreagierungsobjekt, oder er hat Angst vor den Frauen und meidet sie deswegen. Der Soldat dient seinem Lande, er befolgt Befehle von oben auch dann, wenn sie hart sind und das Äußerste von ihm verlangen. Frauen bedeuten für ihn irgendeine herausgeputzte Blondine mit großem Busen, die eine Nacht lang nett zu ihm ist. Verliebt sich der Soldat wirklich, dann werden bald Schwierigkeiten auftreten, und der Soldat wird sich für die Armee entscheiden. In einem solchen Augenblick sagt er aber nicht: ‹Ich muß meinem Lande dienen›, sondern: ‹Ich kann meine Kameraden nicht allein kämpfen lassen.›»

In ‹From Here to Eternity› verliebt sich Burt Lancaster in Deborah Kerr. Dann wird er von Kollegen über ihr bewegtes Liebesleben aufgeklärt. Lancaster fühlt sich betrogen. Die Frau, die er liebt, muß ‹anständig› sein, und das heißt auf amerikanisch eine Hausfrau, die zwar weiß, was es bedeutet, sich an die Brust eines Mannes werfen zu können, die aber unterscheiden kann zwischen einem Mann und einem hergelaufenen Lüstling. Lancaster seinerseits findet es vollkommen in Ordnung, daß er der Serviertochter in der Soldatenkantine grinsend gesteht, daß er nur in dieses Lokal komme, um ihrem schwankenden Hinterteil nachzugaffen. Später küssen sich Lancaster und Deborah Kerr am Strand. Lancaster geht aber nicht so auf sie zu, wie das jeder andere Mann machen würde. Er macht eine Kunstpause; kurz vor dem Kuß zögert er sekundenlang und schaut ihr noch einmal streng in die Augen. Nach dem

«From Here to Eternity» (1953) von Fred Zinnemann. Mit Montgomery Clift und
Frank Sinatra.

Kuß – sie sagt ihm, sie sei noch nie so heiß geküßt worden – will er wissen, wie viele Männer sie gehabt habe. Sie erzählt ihm eine schaurige
Geschichte: Sie war schwanger. In der Nacht, als sie gebar, war ihr
Mann auf Sauftour, das Kind, ein Knabe, kam tot zur Welt. Danach
konnte sie kein Kind mehr bekommen. Sie haßte ihren Mann von da an.
Bei ihren Liebhabern wollte sie vergessen, daß ihr Leben eigentlich kaputt ist. Lancaster ist tief beeindruckt. Die Geschichte zwischen ihm und
Deborah Kerr wird zur richtigen Liebesgeschichte. Sie möchte, daß er
versucht, einen höheren Posten zu bekommen. Sie würde sich dann
scheiden lassen und mit ihm nach Amerika zurückkehren. Lancaster jedoch macht nicht mit. Er will bei seinen Männern bleiben. Sie verlassen
einander.

Montgomery Clifts Mädchen spart das Geld, das sie im Club verdient,
um später sich und ihrer Mutter in der Heimat ein Haus bauen zu können. Clift möchte sie heiraten. Sie will aber keinen Soldaten heiraten.
Sie will nicht schon kurz nach der Hochzeit Witwe werden. Sie will einen
Mann, der ihr eine gesicherte Zukunft verspricht. Clift will weggehen,
sie bittet ihn zu bleiben. ‹Vielleicht glaubst du das nicht – ich bin allein,

ich brauche dich jetzt sehr.› Er sagt: ‹Niemand spricht grundlos von seiner Einsamkeit›, und bleibt. Aber Clift liebt Lorene nicht richtig; er möchte in ihr seine Sehnsucht nach dem Reinen verwirklicht sehen.

Den Höhepunkt der Männerfreundlichkeit bildet die Freundschaft zwischen Montgomery Clift und Frank Sinatra. Frankie Boy, der damals noch ein ausgezeichneter Schauspieler war, spielt einen hilflosen Trinker, der, seiner italienischen Abstammung wegen, von den anderen ständig hochgenommen und vom Gefängnis-Sergeant beleidigt wird. Sinatra bewundert Clift, und Clift gefällt die unkomplizierte Art Sinatras. Die Szene, in der Sinatra in den Armen seines Freundes sterbend erzählt, wie er Ernest Borgnine ins Gesicht gespuckt hat und Clift auf ihn herabschaut, als ob er sein eigenes Kind in den Armen hielte und die paar herumstehenden Soldaten verstummen, ist eine der wenigen Szenen im amerikanischen Männerfilm, in der es um mehr geht als nur um Freundschaft. ‹From Here to Eternity› ist der Hollywood-Männerfilm par excellence» (Bernhard Giger).

Das Melodram ist das Kino der Gefühle, nicht unbedingt nur der zwischen Männern und Frauen. Aber zweifellos kann das Gefühl der Freundschaft zwischen Männern (mit allem «mehr», von dem Giger spricht) nicht, wie die heterosexuelle Zweierbeziehung, gegen die gesellschaftliche Umwelt gerichtet gesehen werden, ohne daß sie den Geruch des Verbotenen bekäme. Die Gefühle zwischen Männern müssen also als *allgemeine* Gefühle dargestellt werden, aufgehoben in den Wechselbeziehungen, die sich in «Männerbünden» ergeben. Die «Liebe» zwischen Montgomery Clift und Frank Sinatra ist von derselben Art wie die Liebe im Melodram «für Frauen»: Ihre Unbedingtheit führt zur gefährlichen Kontroverse mit dem Konsens. Der eigentliche Verrat Clifts (im Sinne der melodramatischen Schreibweise) liegt in seiner letztendlichen Rückkehr. Hier siegt die abstrakte Männerliebe (die offensichtlich in die Seele der handelnden Personen eingeschrieben ist) so sehr über die Freundschaft, wie sie an anderer Stelle über die Liebe zur Frau triumphiert. Damit hebt sich das Melodram am Ende auf, so wie der Soldat (der «Männerbündler») seine Person in der Hierarchie aufhebt. Das Ende von «From Here to Eternity» versiegt in immer engeren Kreisen: Clift kehrt zurück zur Truppe (Person und Gefühl soll aufgelöst werden), er wird erschossen, Burt Lancaster sagt: «Er war mein Freund» (da ist Person und Gefühl wieder da), dann aber beginnt der Krieg.

Das Männer-Melodram tendiert also dazu, seine eigenen Voraussetzungen zu negieren. Die Stärke der Gefühle wird nicht bestätigt, sondern ersetzt durch etwas Größeres, die Gemeinschaft der Männer. Die Metaphysik der Männer-Melodramen (als die sich auch viele Western und Gangsterfilme zeigen würden) ist der Ausschluß der Frauen und

(somit?) der Ausschluß der Gefühle. (Die von den stärksten, von aus-
schließenden Gefühlen beherrschten Männer in «From Here to Eternity» müssen sterben, ebenso wie der sadistische Sergeant, der allzu deutlich den pathologischen Zug seiner «Männerfreundschaft» offenbart.)
Männer-Melodramen wie «From Here to Eternity» sind, wenn man so
will, das Negativ von «wirklichen» Melodramen.

Im Gegensatz zum Männer-Melodrama versuchen die anderen melodramatischen Kriegs- und Nachkriegsfilme eine Versöhnung zwischen
der Männerbund-Erfahrung des Kriegs (mehr noch: der Sozialisation einer ganzen Generation von Männern) und der Welt der Gefühle, zu der
der Soldat einen so weiten Weg zurückzulegen hat wie die hart und
«emanzipiert» gewordene Frau. Aber auch hier muß sich das Melodram
mit Attitüden aufladen, die seinem Kern nicht entsprechen, zum Beispiel Mitleid mit den Männern. Die schwachen Männer im Nachkriegs-
melodram müssen zunächst angenommen werden, so wie etwa der hero-
insüchtige Korea-Veteran (Don Murray) in Zinnemanns «A Hatfull of
Rain» (Giftiger Schnee – 1957), einem engagierten Plädoyer dafür, die
durch den Krieg rauschgiftsüchtig gewordenen Männer nicht ihrem
Schicksal zu überlassen, sondern sie durch ärztliche Hilfe wie durch die
Zuwendung der Menschen in ihrer Umwelt zu retten für das Leben in
der guten Gesellschaft. Doch solches Mitleid verbindet das Private der
Gefühle wieder mit der Erkenntnis in der Gesellschaft, und auf einmal
ist, zur Wiederherstellung des Patriarchats (welches allgemein das Melodram weder kritisiert noch bestätigt, sondern ignoriert), aus der Liebe
von einem großen Ziel ein kleines Mittel geworden.

In «Bright Victory» (1951 – Regie: Mark Robson) findet ein blinder
Exsoldat (Arthur Kennedy) wieder zum Frieden mit der Welt durch die
Liebe einer Frau. Im selben Jahr drehte Robson mit «I Want You» eine
mildere, eher versöhnende Variation von «The Best Years of Our
Lives». Douglas Sirk zeigte in «Battle Hymn» (Der Engel mit den bluti-
gen Flügeln – 1956) die psychische Versehrtheit des Soldaten, die im
Krieg selber als Zerstörung und Selbstzerstörung wirkt. (Vgl. auch das
Kapitel zu Douglas Sirk.) Auch mit gekränkter Eitelkeit müssen die
Frauen der Soldaten fertig werden. In «Homeward Borne» (1957 – Regie: Arthur Hiller) fühlt sich ein nach Hause gekommener Pilot von seiner Frau zurückgesetzt, weil sie ein Waisenkind adoptiert hat. Am Ende
aber gibt es doch fast immer (beinahe) intakte Familien. Und wenn die
Frau tot ist, wie in «Little Boy Lost» (1953 – Regie: George Seaton), so
findet der Mann den neuen Lebensinhalt in der Suche nach seinem kleinen Sohn, mit dem er den Kern einer neuen Familie bildet. Dazu suchen
die beiden eine neue Mutter, aber das wird dann wohl, im Kontext der
populären Mythologie, eine Komödie.

Intakte Familien, zumindest zunächst intakte, sanktionierte Bezie-

hungen, waren auch der Traum vieler Filme, die auf ein durchaus virulentes Problem reagierten: auf die Integration der Kriegsbräute, auf den
Kulturschock, den diese zu gewärtigen hatten, aber auch auf die demo-
kratische Bewährungsprobe für die amerikanische Gesellschaft, die sie
aufzunehmen hatte. Viel eher als die Männer-Melodramen, für die
«From Here to Eternity» als Beispiel angeführt wurde, und die *soap
operas* oder gesellschaftskritischen Filme um Kriegsheimkehrer funktio-
nierten solche Filme nach dem Prinzip des Melodrams, die Zweierbeziehung gegen Umwelt und Gesellschaft zu verteidigen. Wie die Heimkeh-
rerfilme mit ihrer Kritik an der ignoranten Gesellschaft, die den Soldaten nicht zu integrieren, geschweige denn zu entschädigen weiß, auch re-
staurative Forderungen erhoben, so waren die Filme um die kulturelle
Begegnung in den Liebesgeschichten zwischen Amerikanern und Asia-
tinnen oder Europäerinnen (fast) immer auch verbunden mit der Bestätigung der traditionellen angelsächsischen Familienorganisation, die
durch die sozialen Spannungen der Nachkriegszeit in Frage gestellt waren. Einen so erschrockenen, ernüchterten Blick auf die amerikanische
Wirklichkeit wie die Heldin von «Teresa» hat kaum eine der Kriegsbräute in den fünfziger Jahren noch tun dürfen. Und viel mehr als in den Melodramen versteckte sich die Kritik am *american way of life* in den vielen
Komödien des Themas.

Als besonders schwierig erweist sich natürlich der Abbau von Mißtrauen gegenüber Angehörigen der einstigen Feind-Nationen, insbesondere Deutschland und Japan, von denen auch die größte Anpassungslei-
stung erwartet wird. Gleichsam die Vorhut zu den vielen Kriegsbräuten
bildet ein kleiner Junge: In «Tomorrow the World» (1944 – Regie: Leslie Fenton) hat ein amerikanischer Professor (Fredric March) seinen
deutschen Neffen adoptiert und muß erkennen, daß er einen zwölfjähri-
gen fanatisierten Nazi vor sich hat. Der Professor und seine Frau (Betty
Field) müssen gleichsam erst einen Menschen aus ihm machen; sie tun
es, unter anderem, mit Liebe. Die Frauen indes haben ihre Konversion
zumeist bereits hinter sich und können eine Bewährung vorweisen,
wenn sie ins neue Land kommen. In «Frieda» (1947 – Regie: Basil Dearden) hat ein Offizier der RAF (David Farrar) ein deutsches Mädchen
(Mai Zetterling) geheiratet, das ihm geholfen hat, aus einem Kriegsge-
fangenenlager zu entkommen. Seine Familie und seine Umgebung müssen lernen, die deutsche Frau zu akzeptieren. «Japanese War Bride»
(1952 – Regie: King Vidor), gewissermaßen die amerikanische Variante
zum englischen Film «Frieda», erzählt von einem amerikanischen Soldaten (Don Taylor), der die japanische Krankenschwester (Shirley Yamaguchi) geheiratet hat, die ihn während seiner Rekonvaleszenz von einer
Verwundung gepflegt hat. «Sayonara» (Sayonara – 1957 – Regie: Joshua
Logan) darf als der bezeichnende Film für die Nivellierung des Themas

«Sayonara» (1957) von Joshua Logan. Mit Miiko Taka und Marlon Brando.

zu Ende der fünfziger Jahre gelten. «Ein Film wie ein Parteiprogramm: jedem erzählt er, was er gern hört, ohne doch dem jeweils anders Denkenden zu widersprechen. US-Major will japanischen Revuestar heiraten und kriegt – gegen Widerstände – das Mädchen auch, nachdem ein befreundetes amerikanisch-japanisches Paar niederen Ranges Selbstmord beging. Darin steckt für Sozialkritiker die Denunziation unmenschlicher ‹Nonfrat›-Gesetze, für Konservative die Versicherung, daß sie längst aufgehoben sind; für Leute, die Exotik lieben, gibt es Kabuki und japanische Mädchen, für Freunde mehr heimatlicher Kost eine Girls-Revue und ein amerikanisches Mädchen; für Leute, die gern weinen, ein trauriges, und für Leute, die gern lachen, ein glückliches Ende. Dafür, daß die Widersprüche nicht offenbar werden, ist gesorgt: Die japanischen Mädchen sehen aus, als kämen sie (und sie kommen tatsächlich) aus Kalifornien, die japanischen Lieder klingen wie (und sind auch) von Irving Berlin. – Der Rest ist Marlon Brando, erst, trotz militärischer Verkleidung, ganz *the brooder*, der sich bockig gegen Entschlüsse sträubt, die von ihm verlangt werden – Brando, wie er immer ist –, später sentimentaler Liebhaber – Brando, wie er nicht sein kann» (Enno Patalas).

«Love is a Many Splendored Thing» (1955) von Henry King. Mit Jennifer Jones und William Holden. Foto: ORF.

Am eindringlichsten von allen zeigt dieser Film den Kreis der Zähmungen: Die Frau zähmt den Rebellen, die Amerikaner zähmen die Japaner, die amerikanische Kultur zähmt die Welt draußen, der Film zähmt die wilden Sehnsüchte des Publikums. Aber er verweigert niemals das Glück, das ein Melodram seinem Publikum bieten kann; zwar ist der Thrill einer gemischtrassigen Beziehung heruntergespielt; aber die Forderung nach der Bestärkung der Liebesgeschichte durch die Spiegelungen ist fast perfekt erfüllt. Das tragische Ende des anderen Paares muß als die andere große Möglichkeit vorhanden sein, um der Liebe zwischen Marlon Brando und Miyoshi Umeki die Weihe zu geben.

Gleichsam das Modell für solche und ähnliche Filme ist Henry Kings «Love is a Many Splendored Thing» (Alle Herrlichkeit auf Erden – 1955), die Verfilmung eines Romans von Han Suyin, immerhin der kommerziell erfolgreichste Film des Jahres und ausgezeichnet mit drei Oscars. Der Film ist typisch für die asiatisch-amerikanischen (bzw. englischen) Love Stories dieser Jahre, die wohl immer die Kinosäle füllten. Es ist die Geschichte der Autorin selbst (dargestellt von Jennifer Jones), die einen chinesischen Vater und eine belgische Mutter hatte. Sie ist Ärztin am Viktoria-Krankenhaus in Hongkong, eine Aufgabe, die ihren ganzen Lebensinhalt ausmacht, seit ihr Mann im Bürgerkrieg getötet worden ist. Auf einer Party bei der geschwätzigen Matrone Mrs. Palmer-Jones (Isobel Elsom) lernt Han Suyin den amerikanischen Korrespondenten Mark Elliot (William Holden) kennen. Sie wehrt sich dagegen, sich in ihn zu verlieben, da sie weiß, daß er verheiratet ist, allerdings von seiner Frau getrennt lebt. Schließlich setzen sich ihre Gefühle aber doch durch. Nach einer kurzen Zeit des Glücks wird Mark als Kriegsberichterstatter nach Korea versetzt. Han Suyin erhält die Nachricht, daß er bei einem Bombenangriff ums Leben gekommen ist. In ihrer Verzweiflung läuft sie durch die Straßen Hongkongs, bis an den Ort, wo sie sich so oft mit Mark getroffen hat.

Der Erfolg eines solchen Films (und vieler ähnlicher) ist zu verstehen vor dem Hintergrund der Zeitgeschichte in den fünfziger Jahren. Die «allgemeinen» Aussagen des Genres, also die Verabsolutierung der Liebe, war, wie in der literarischen Form der sozialen Melodramen, verbunden mit aktuellen gesellschaftlichen Erfahrungen und Ereignissen. 1950 landeten die Streitkräfte der USA in Korea; *back home* in den Staaten herrschte der McCarthyismus und besetzte den Alltag mit seinen paranoiden Ängsten und dem Mißtrauen gegen alles Fremde, Freie, Weibliche, Linke. 1952 war die erste Wasserstoffbombe explodiert. Die amerikanische Gesellschaft verordnete sich als Disziplinierung den allgemeinen Drill des Zivilschutzes. Eine repressive Moral ließ Emotionen und Wünsche nur in ihrem Scheitern erkennbar werden. Kurz, es war eine ausgesprochen ungemütliche Zeit für Menschen mit Gefühlen. Es war eine Zeit des Konformismus und nicht zuletzt die Zeit einer antiweiblichen Kultur, einer Kultur, die die Verdrängung der Frau aus dem wirtschaftlichen und politischen Leben widerspiegelte. Während diese Wirtschaft zu prosperieren schien, wuchsen in der amerikanischen Gesellschaft die Entfremdung und die Furcht, die keinen wirklichen, keinen benennbaren Grund hatte. Kein Wunder also, daß neben den Melodramen nur die Monster-Filme der Science-fiction in dieser Zeit eines allgemeinen Verfalls des Hollywood-Kinos in Blüte standen (vergl. dazu auch den Band «Kino des Utopischen» in dieser Buchreihe). Zudem begann die Gesellschaft ihre Jugend zu verlieren, an die Kriminalität, an die informelle Selbstordnung der violenten *street gangs*, oder, bei den *high class*-Familien, an die Träume der Beat-Bewegung.

Der Blick in die Ferne war also zunächst für den Zuschauer eine Flucht vor dem neurotisierten, von Verboten gesperrten Alltag, bestimmt von soviel Sehnsucht wie Ängstlichkeit. Nachdem die moralische Reaktion der amerikanischen Frau mit allen zur Verfügung stehenden Mitteln Sexualität und Freiheit (wieder) ausgetrieben hatte, konnte sie kaum anders denn als Monster, das ihre Energien auf das Haus verlegt hatte, der Drache im *home/castle*, allen Glorifizierungen der amerikanischen Hausfrau in der populären Kultur zum Trotz. Die europäische, vor allem aber die asiatische Frau mochte hier eine Alternative sein, als die nicht zur Matrone verdammte Frau. In dieser Vorstellung steckte wohl ebensoviel Bewunderung für die ferne Kultur des Erotischen wie auch ein gutes Stück erotischen, kulturellen Kolonialismus.

Überspitzt ließe sich formulieren, daß das Weibliche (im Kontext des Genres, die Fähigkeit zur wirklichen Liebe) in den Ländern gesucht wurde, mit denen man Krieg führte, weil es zu Hause unterdrückt werden mußte. Nun war der Weg (auch der phantasierte Weg) zur europäischen oder asiatischen Frau von Tabus, Gesetzen und Konventionen verstellt, und der problemlose Ausgang solcher Liebesgeschichten wäre sicher mit dem Status der amerikanischen Frau nicht zu vereinen gewesen, die in diesen Melodramen verbotenes/verlorenes Glück genießen durfte, ohne den amerikanischen Mann gänzlich an die Fremde zu verlieren (lieber schon an den Tod). Noch aussichtsloser verlief noch allemal eine Liebesgeschichte zwischen den Frauen und Männern des feindlichen Lagers, so in «So Little Time» (1952 – Regie: Compton Bennett), wo sich eine Frau im besetzten Belgien in einen Nazi-Offizier verliebt, oder in «Bridge to the Sun» (1961 – Regie: Etienne Perrier), wo im Krieg eine Amerikanerin einen Japaner heiratet, und «If Tomorrow Comes» (1971 – Regie: George McGowan), der dieses Thema variiert.

Ungalant könnte man formulieren, daß der fremden Frau die Integration schon deswegen nicht allzu leicht gemacht werden durfte, weil in den fünfziger Jahren mehr Frauen als Männer im heiratsfähigen Alter waren, und weil sich in der sozialen Restauration dieser Zeit auch der «Heiratsmarkt» wieder konsolidiert hatte, phantasierte das Film-Melodram allen jenen Frauen die härtesten Leiden zu, die sich «unberechtigterweise» auf den Heiratsmarkt drängten: den älteren Frauen (siehe das Kapitel «Herbstblumen»), den fremden Frauen (wie in den Kriegs-Melodramen), den schwarzen Frauen, den «lateinischen» Frauen und, vor allem, den «schlechten Frauen». Das Heiraten war den Frauen in den fünfziger Jahren nicht nur deswegen die Erfüllung aller (erlaubten) Träume, weil es die patriarchalische Moral so wollte, sondern auch deswegen, weil die durch die Ehe zu erreichende wirtschaftliche und soziale Sicherheit für einen großen Teil der Frauen nicht zu erreichen war. Vom Arbeitsmarkt verdrängt, blieb ihnen nur der Heiratsmarkt zu nichts anderem als zum ökonomischen Überleben, und auch da war ihr Wert gesunken. Die latente, verzuckerte Brutalität dieser Situation mußte auch einen ungeheuren Leidensdruck auf Frauen (aber auch auf Männer) ausüben, die den Maßstäben dieses Marktes nicht genügten, und die Angst, ihnen nicht zu genügen, mochte nahezu jeden begleitet haben. Ein Fluchtpunkt war das Kino.

So erfüllte das Kriegsmelodram mit seinen entrückten Liebesgeschichten für den Mann den Wunsch nach der Frau, die lieben kann, anstatt nur geheiratet werden zu wollen. Auf die Frauen mochte das Sub-Genre auf drei Arten gewirkt haben: In den unbedingten Liebesgeschichten ließ sich der andere Teil der Träume, der «verbotene» nämlich, aufheben, wie es möglicherweise überhaupt ein schöner Traum sein mochte, nicht zuerst auf den Job des *boy friends,* sondern in sein Herz sehen zu dürfen (je mehr Leiden und Verzicht ein Film seinen Helden aufbürdete, desto mehr Gefühl, aber auch desto mehr Sexualität gestattete er – gestattete die Zensur: der «Männerfilm» «From Here to Eternity» enthält eine der für die Zeit gewagtesten erotischen Szenen); aus dem Verzicht auf den Mann (den die Wirklichkeit oft genug forderte) wurde die wunderbare Fügung und die edle Geste (also auch der Verzicht wurde belohnt durch ein Maß an Gefühl und Erotik); schließlich bestätigten die Melodramen den Status quo für die Frauen, die sich ihm beugten, indem sie mit Leiden die Überdurchschnittlichkiet einer Liebesgeschichte bestrafte. Mit anderen Worten: das Melodram der fünfziger Jahre bestätigte mit seinen Liebesgeschichten, die so gar nicht dem Konsens zu gehorchen schienen, diesen Konsens aufs perfekteste.

William Holden spielte eine ganz ähnliche Rolle wie in «Love is a Many Splendored Thing» in Richard Quines «The World of Suzie Wong» (Die Welt der Suzie Wong – 1960), der Geschichte einer kulturellen Annäherung zwischen dem amerikanischen Maler (Holden) und dem chinesischen «Yum-Yum-Mädchen» Suzie Wong (Nancy Kwan). Suzie Wongs Abhängigkeit und zugleich ihre Entfremdung von ihrer eigenen Kultur wird immerhin angesprochen; der Holden-Typus verliert sie aus Narzißmus. Ein Gran Kritik hatte schon den Helden von «Casablanca» menschlicher gemacht.

Wie in den Western gibt es Loyalitätskonflikte zwischen den Rassen; etwa in «Hell to Eternity» (Aus der Hölle zur Ewigkeit/Stoßtrupp Saipan – 1960 – Regie: Phil Karlson), wo ein junger Amerikaner (Jeffrey Hunter), der als Pflegesohn bei einer japanischen Familie aufgewachsen ist, im Krieg gegen Japan als Dolmetscher eingesetzt wird. Dolmetscher ist auch der Held von «The Wind Cannot Read» (... denn der Wind kann nicht lesen – 1958 – Regie: Ralph Thomas), der englische Offizier Quinn (Dirk Bogarde), der sich in seine japanische Lehrerin Suzuki San (Yoko Tani) verliebt. Quinn heiratet sie, ohne freilich zu ahnen, daß sie schwer krank ist. Während er in Kriegsgefangenschaft gerät, wird sie operiert. Ihm gelingt die Flucht, und er findet seine Frau sterbend vor. Die Reihe solcher Filme reicht bis ins Jahr 1976, in dem der Film «The Search for Green Eyes» (Regie: John Erman) entstand, die Geschichte eines schwarzen GI, der nach dem Krieg nach Vietnam zurückkehrt, um seine vietnamesische Frau und ihr gemeinsames Kind zu suchen.

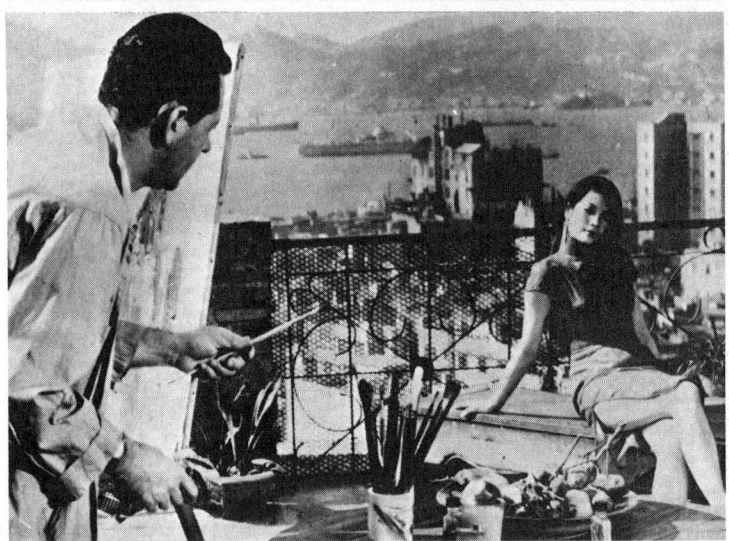

«The World of Suzie Wong» (1960) von Richard Quine. Mit William Holden und Nancy Kwan.

Die Kommunikationsschwierigkeiten nach dem Krieg heimgekehrter Soldaten blieb auch in der Zeit des Vietnam-Krieges virulentes Thema des amerikanischen Melodrams. In Ulu Grosbards «The Subject Was Roses» (1968) geht es um die Entfremdung zwischen einem jungen Vietnam-Heimkehrer und seinen Eltern. «The Forgotten Man» (1971 – Regie: Walter Grauman) zeigt einen Soldaten (Dennis Weaver), der fünf Jahre nachdem man ihn für vermißt erklärt hatte, nach Hause zurückkehrt und seine Frau mit einem anderen verheiratet findet. Ein wenig von diesen nicht gerade neuen Formeln entfernte sich nur Robert Wises «Two People» (Zwei Menschen unterwegs – 1972), die Geschichte eines Vietnam-Deserteurs (Peter Fonda), der nach drei Jahren Irrfahrten durch die ganze Welt beschließt, sich dem Kriegsgericht seiner Heimat zu stellen. In Marokko lernt er das Fotomodell Deirde (Lindsay Wagner) kennen, die zunächst recht sarkastisch scheint. Ihre kurze Liebesgeschichte (er wird eine langjährige Haftstrafe verbüßen) ist wie eine Indikation dafür, daß der Krieg den Menschen die Jugend, die Möglichkeiten zur Bestimmung des Glücks raubt. Ohne Trotz gibt es im Melodram keine Liebesgeschichten; in den Kriegsmelodramen der sechziger und siebziger Jahre bestehen sie aus Trotz und Verzweiflung.

Am konsequentesten hat wohl Hal Ashby in «Coming Home» (Sie kehren heim – 1978) im Schicksal der Heimkehrer den Krieg verurteilt. «Der Film zeigt, wie der Vietnam-Krieg die Menschen kaputtmachte. Ashby indessen geht nicht auf den Kriegsschauplatz, sondern spiegelt diese Kaputtheit auf den Gesichtern und in den Worten dreier Menschen wider. Bob ist der komplexbeladene Captain, der in Vietnam wie ein Held aussieht, aber keiner ist. Sally ist seine Frau; sie arbeitet in Kalifornien in einem Rehabilitierungskrankenhaus für Vietnam-Verletzte, und dort trifft sie den querschnittsgelähmten Luke, den sie liebenlernt. Bob geht zugrunde. Daß seine Frau ihn in der Heimat betrog, ist nur der Tropfen, der das Faß zum Überlaufen brachte; als er nach Hause kam, war er schon ‹kaputt› – schuld war der Krieg. Sally ist keine Dirne, keine, die sich gezielt Geld oder Genuß verschaffen will; sie wird zur Ehebrecherin, weil Gelegenheit Diebe macht, weil die Umstände so waren – schuld ist der Krieg. Lukes leibliche Gesundheit und seelische Existenz ist schwer angeschlagen – schuld ist der Krieg» (Thomas Engel).

Und «am Ende war es doch nur die handelsübliche Dreiecksgeschichte, die Love Story einer verheirateten Frau mit einem Querschnittsgelähmten. Bis auf die Knochen enthäutet und abgepult vom rosigen Fleisch einer bittersüßen Geschichte, bleibt das Skelett übrig, das schon tausend anderen Filmen das Rückgrat steifte: ein Mann und eine Frau und noch ein Mann. Der erste Mann muß hinaus ins feindliche Leben, und seine bis dahin behütete Frau lernt dasselbe kennen, indem sie den anderen Mann kennenlernt, der schon da draußen war. So ungefähr mag es bei den Kreuzrittern gelaufen sein oder an König Artus' Hof, davon singen und sagen die Epen und der Minnesang, der vielleicht doch nichts anderes war als die kulturelle Sublimierungslüge zur Qual der Keuschheitsgürtel ... Die Geschichte ist so alt wie die Bibel, und sie greift immer wieder ans Herz, weil sie immer wieder stimmt. Was hat sich also geändert?» fragt Peter W. Jansen. Die Wunden sind häßlicher geworden; das Schicksal bekommt Gesichter, und wenn es nur die von Richard Nixon und ein paar Army-Paranoikern sind. Und auch bei den Frauen wollen sich die Augen nicht mehr schließen.

«Coming Home» (1978) von Hal Ashby. Mit Jon Voight und Jane Fonda.

Liebe, Schmerz und das ganze verdammte Zeug: Motive des amerikanischen Melodrams

Herbstblumen

Eines von den vielen Problemen, das unsere Gesellschaften mit der Liebe haben, ist: Wir wissen nicht, wann sie beginnen darf, und wir wissen nicht, wann sie aufhören soll. Beginnt sie jemals, hört die Sehnsucht jemals auf? Die Psychologen sagen nein, aber die Psychologen haben die Welt noch nie verändert. In der gesellschaftlichen Organisation von Erotik ist nicht das Bedürfnis des einzelnen, sondern die Friedlichkeit des Ganzen ausschlaggebend. Die Sexualität von Jugendlichen und die Sexualität von Alten ist ein Konfliktstoff, weil unsere Familien, unsere Institutionen, die vielen halben Gefängnisse, in denen wir leben, nicht darauf eingerichtet sind. Da sind Hierarchien, Ordnungen, Kontinuitäten in Gefahr; die Verbote sind wirksam, weil sie als solche gar nicht in Erscheinung treten. Oder, anders ausgedrückt: in der populären Mythologie gibt es keine «romantische» Abbildung für die Liebe vor und nach den Tabu-Grenzen. Aber wo verlaufen diese Grenzen? Sie werden ständig neu definiert, zum Beispiel in Melodramen.

Zunächst hört das Leben nie auf, von Konflikten bestimmt zu sein. In den Männer-Genres sind die Figuren ab einem bestimmten Alter eindeutig festgelegt, sie stehen auf der einen oder auf der anderen Seite, verändern sich nicht mehr. Anders im Melodram. Für die Frau in unseren Gesellschaften, wie sie in den fünfziger Jahren organisiert waren, ist die Suche nach dem Glück nie beendet. Der Mann *hat* den Job, *hat* den Erfolg, *hat* das Haus, *hat* das Geld; oder er hat das alles nicht. Die Frau *ist* Hausfrau, *ist* Mutter, *ist* Geliebte; dies alles in einem labilen Gleichgewicht, das mit jeder Status-Änderung verlorengehen kann.

Shirley Booth spielt in zwei Filmen von Daniel Mann, «Come Back, Little Sheeba» (1952) und «About Mrs. Leslie» (1954), die Frau in einer Krise. Im ersten Film ist sie eine mittelalterliche Hausfrau, die sich mit ihrem alkoholkranken Mann (Burt Lancaster) herumschlagen muß. Im zweiten Film wird sie, als eine in die Jahre gekommene Nachtclubsängerin, von einem jener mysteriösen Millionäre, die es im *woman's film* so häufig gab (vergl. das entsprechende Kapitel), gerettet, der ihr so viel

Geld hinterläßt, daß sie damit eine Pension eröffnen kann. In Rückblenden wird ihre etwas komplizierte Liebesgeschichte mit Robert Ryan erzählt, der einen erfolgreichen Businessman spielt.

Die Melodramen dieser Thematik in den fünfziger Jahren scheinen das Publikum der *woman's films* auf ihrem weiteren Lebensweg zu verfolgen. Die nun älter gewordenen Heldinnen, die Selbstbewußtsein und Verantwortungsgefühl entwickelt hatten, sehen sich einer gewandelten Gesellschaft gegenüber, die ihre Selbstbestimmung bestraft. Die jüngere Generation (die im Kino alles andere als Emanzipationsgeschichten sehen will), die eigenen Kinder auch, verkörpern die moralische Reaktion. Ältere Frauen verhalten sich unstandesgemäß, wenn sie sich jüngeren Männern zuwenden, wie Jane Wyman in «All That Heaven Allows» (1955) von Douglas Sirk. Die konformistische Gesellschaft, die konformistischen Kinder verbieten dieses Glück. Sehr viel früher beginnt der Herbst für die Heldin von «A Cold Wind in August» (Kalter Wind im August – 1961 – Regie: Alexander Singer). Sie ist eine Striptease-Tänzerin um die Dreißig (Lola Albright), in die sich ein siebzehnjähriger Junge (Scott Marlowe) verliebt. Der ist entsetzt, als er von ihrem Beruf erfährt. Wie sie es in diesen fünfziger Jahren in Amerika wohl nicht anders kann, versucht die Frau zu erklären: «Das ist mein Beruf. Das ist Theater. Zwanzig Millionen Frauen in diesem Land spielen dieses Theater ihren Männern jede Nacht vor. Und ich bin anständig, verdammt anständig.» Einen siebzehnjährigen amerikanischen Jungen im Jahr 1961, der so ziemlich das Schlimmste ist, was man sich vorstellen kann, vermag so eine Erklärung auch nicht zu befriedigen, und er wendet sich, vom Regisseur mit offensichtlichem Verständnis bedacht, von seiner Geliebten ab.

Mehr gegen solche Behandlung wehren konnte sich Ingrid Bergman in ihren Filmen dieser Zeit. Hatte sie schon in den italienischen Filmen von Roberto Rossellini gezeigt, daß auch die Sexualität von Frauen über vierzig brennend sein konnte, so wiederholte sie solche Rollen, deutlich abgemildert, in ihrer Arbeit in Hollywood. In «Goodbye Again» (Lieben Sie Brahms? – 1961 – Regie: Anatole Litvak), entstanden nach dem Roman von Françoise Sagan, ist sie die vierzigjährige Dekorateurin, die zwar einerseits gern ihren Freund (Yves Montand) heiraten würde, andererseits aber, weil dieser nicht so recht will, eine Affäre mit einem ein wenig exzentrischen Millionärssohn (Anthony Perkins) beginnt. Auch hier ist das Medium der Liebe das «amerikanische Europa», das amerikanische Paris (vgl. das Kapitel «Eine Reise in die Liebe ... und zurück»). Es ist nichts anderes als das Paris der Menschen, die niemals dort waren und lange davon träumen, einmal hinzukommen. Die Fenster, die sonst auf Landschaften und Architekturen der Leidenschaft hinausführen, in den dramatischeren Filmen des Genres, hier zeigen sie immer nur Paris, das menschliche Paris, das romantische Paris, das sagt: Es ist ja alles nicht so ernst. Melancholie wird zur Folklore. Möglicherweise ist dies kitschig und konventionell, wie es die Filmkritik sah, aber wenn die Ingrid Bergman von «Goodbye Again» noch so verliebt, so süchtig nach körperlicher Berührung schauen kann wie die Ingrid Bergman von «Casablanca», dann ist dies andererseits auch revolutionärer, als sich Regisseur und Produzenten dieses Films gedacht haben. Acht Jahre später ist sie immer noch die Frau, die schmerzlich verliebt sein kann, auch wenn man es ihr nicht ansieht (das heißt: der törichte alte Casanova des Films sieht es ihr nicht an). Sie bekommt am Schluß dieses Komödien-Melodrams, «The Cactus Flower» (Die Kaktusblüte – 1969 – Regie: Gene Saks), Walter Matthau, der seine junge Freundin (Goldie Hawn) an einen jungen Burschen verliert.

In «The Stripper» (Die verlorene Rose – 1963 – Regie: Franklin Schaffner) geht es um eine alternde Schönheitskönigin und Striptease-Tänzerin (Joanne Woodward), die in ihre Heimat zurückkehrt, eine Kleinstadt in Kansas. Sie hat eine unglückliche Affäre mit einem neunzehnjährigen Garagenarbeiter (Richard Beymer), und sie stößt auf Ablehnung. Dieser nach einem nicht sonderlich erfolgreichen Stück von William Inge («Loss of Roses») entstandene Film gehört in eine ganze Reihe ähnlicher mit derselben Grundkonstellation: ältere Frau/Striptease-Tänzerin (Hure) auf der einen, Jungen im Teenager-Alter auf der anderen Seite. Fast scheint es, als würden diese Filme die Frauen im Publikum (die jüngeren Frauen hatten zu dieser Zeit ihr eigenes Genre: Heiratskomödien) davor warnen, ähnliche Bedürfnisse zu entwickeln, die nur in eine emotionale Sackgasse führen konnten. Auf der anderen Seite mochten die Filme die Angst der Mütter widerspiegeln, ihre Söhne an geächtete Frauen zu verlieren (die sie selbst vielleicht beinahe geworden wären). Die «Herbstblumen»-Melodramen dieser Zeit geben also eine geradezu klassische *double bind*-Situation wieder. In Daniel Petries «The Idol» (1966) spielt (ausgerechnet) Jennifer Jones die Rolle der Frau über vierzig, die sich vergeblich dagegen wehrt, sich in den besten Freund ihres Sohnes zu verlieben. Die Geschichte endet in Chaos und Verderben. Ganz anders die Liebesgeschichte zweier nicht mehr ganz junger Delegierter auf einem Post-Kongreß in New York in «Dear Heart» (1964 – Regie: Delbert Mann). Die Liebe jenseits der Mitte des Lebens ist schwierig; unmöglich aber wird sie erst, wenn der Partner deutlich jünger, von den dafür vorgesehenen Sozialisationsinstanzen noch nicht vollständig geformt ist. Und aufregender scheint die Beziehung zwischen einer älteren Frau und einem Jungen als die zwischen älteren Männern und jungen Frauen.

Auch in «Say Hello to Yesterday» (1970 – Regie: Alvin Rakoff) geht es um eine melancholische Beziehung zwischen einer älteren Ehefrau

(Jean Simmons) und einem jungen Mann (Leonard Whiting). Die Frau, die unter der Tyrannei ihrer Mutter zu leiden hat, und der junge Mann treffen sich auf ihrem alltäglichen Weg in die Hauptstadt. Das Problem ist nun ein wenig anders gelagert: Es treffen sich zwei Menschen, die von ihrer Umwelt versklavt und entmündigt zu werden drohen. Daß es auch in den Filmen dieses Themas von allem um das (nun späte) Mensch-Werden der Frauen durch die Liebe geht, zeigt, zum Beispiel, der Film «Love, Pain and the Whole Damned Thing» (Liebe, Schmerz und das ganze verdammte Zeug – 1973 – Regie: Alan J. Pakula), der in einer Zeit der Renaissance des Romantischen in Amerika und England entstand. Hier geht es um die vierzigjährige Lily (Maggie Smith), die ihren beiden schrecklichen Tanten in England für eine Urlaubsreise entkommen ist, und den jungen linkischen Studenten Walter (Timothy Bottoms), der «auf Befehl» seines tyrannischen Vaters eine Radtour durch Spanien unternimmt. Die beiden lernen sich durch eine Reihe eher komischer Zwischenfälle kennen, sie verlieben sich ineinander, und es gelingt ihnen, wechselseitig ihre Hemmungen zu überwinden. In einem gemieteten Wohnwagen setzen sie gemeinsam ihren Weg durch Spanien fort. Aber es kommt zu einem Streit, und Lily wird gleichsam von einem spanischen Grande (Don Jaime de Mora y Aragon) «entführt». Voller Eifersucht und Empörung schreit Walter im Gebirge seine Liebeserklärung an Lily heraus. Aber die Liebesgeschichte der beiden kann kein glückliches Ende finden, denn Lily ist todkrank und hat nur noch kurze Zeit zu leben. Wie in der «schwarzen» Komödie von Hal Ashby «Harold and Maude» (1971) ist nun die Verbindung wieder die klassische des Paares gegen die Welt, der Versuch von Solidarität zwischen Außenseitern, die außerhalb der Leistungsmechanik leben (wollen). Was in den fünfziger Jahren Faszination und Problem war, das ist nun Protest und bitter-süßer *thrill*.

Für Rita Walden (Joanne Woodward), die Heldin von «Summerwishes – Winterdreams» (Sommerwünsche – Winterträume – 1973 – Regie: Gilbert Cates), liegt das Problem darin, daß sie sich nicht von ihrer Vergangenheit lösen kann. Sie gerät in eine tiefe seelische Krise, die sie gemeinsam mit ihrem Mann (Martin Balsam) durch eine Europareise überwinden will. Der Film zeigt die Stadien ihrer «Genesung», der schrittweisen Anerkennung ihres neuen Zustands. John Cassavetes' «Minnie and Moskowitz» (Minnie und Moskowitz – 1972) läßt für einmal die Liebe nicht als letzten Traum vor einem großen Abschied sehen. Die mittelständische Minnie (Gena Rowlands) hat eine unglückliche, neurotische Affäre mit einem verheirateten Mann, als ihr der kauzige junge Parkwächter (Seymour Cassel) begegnet. Obwohl die beiden wie aus anderen Welten zueinander zu kommen scheinen, entwickelt sich mit viel Schreien, Angst und Verwicklungen eine Liebesgeschichte, die schließlich dazu führt, daß Minnie und Moskowitz heiraten. Wirklich: es geht gut aus, niemand stirbt den berüchtigten «Love Story»-Tod: *They lived happily ever after. More or less.*

Von anderer Natur und wahrscheinlich nicht zu lösen sind die Probleme von Mabel Longhetti (Gena Rowlands) in Cassavetes' «A Woman under the Influence» (Eine Frau unter Einfluß – 1974). Die Frau eines Vorarbeiters (Peter Falk), Hausfrau, Mutter von drei Kindern, in einem Haus lebend, in dem Millionen von Amerikanerinnen angeblich glücklich leben, zerfällt mit ihrer Umwelt. Sie hat Angst, und sie macht angst, denen, die sie lieben und denen, deren Liebe nichts anderes ist als die Erwartung, daß sie ihre Rolle ausfüllt. Das tut sie, so gut sie kann, aber in den Stunden, da die Kinder in der Schule sind und der Mann bei der Arbeit, hat sie nichts, gegen die Leere und gegen die Angst anzukämpfen. Sie hat da kein «Verhalten», und Wünsche hat sie nicht entwickeln können. Die Menschen, auf die sie zugeht, ergreifen die Flucht: ein Mann, den sie auf einer Sauftour aufgabelt hat und den sie, als sie am Morgen neben ihm aufwacht, Nick nennt; Nicks Arbeitskollegen, die er zum Spaghetti-Essen mitbringt; Kinder und ihr Vater, die sie auf eine

«A Woman Under the Influence» (1974) von John Cassavetes. Mit Peter Falk und Gena Rowlands. Foto: ARD.

Kinder-Party eingeladen hat. Nick versucht immer wieder, seiner Frau gegenüber so etwas wie Solidarität aufzubringen, aber wenn er zum Beispiel sagt: «Es ist mir scheißegal, ob du spinnst», steckt darin auch immer ein Stück Verurteilung. Er kämpft verzweifelt darum, daß seine Frau in sein Bild von der Welt passen soll. Als Mabel durchdreht, wird der Hausarzt geholt, sie wird in eine psychiatrische Anstalt gebracht. Nick erwartet sie gleichsam «repariert» zurück, und als sie entlassen wird, lädt er alle Verwandten und Bekannten ein, sie zu begrüßen. Mabel kommt geschwächt, von Pharmaka und Gefangenheit ruhiggestellt zurück, sie hat nur Kraft, aber nicht ihre «Krankheit» verloren. Wieder kommt es zu einer Krise; sie unternimmt einen Selbstmord-, zumindest einen Selbstverletzungsversuch, Nick überwältigt sie. Ihr Widerstandswille scheint fürs erste gebrochen. Wie eine Maschine tut sie, was von ihr erwartet wird.

Nachdem in den fünfziger Jahren die Psychoanalyse einen starken Einfluß auf die Darstellung im Genre der Melodramen genommen hatte, ist in Cassavetes' Filmen und besonders in «A Woman under the Influence» ein Echo auf die «Anti-Psychiatrie» von Ronald Laing und anderen zu spüren. Die melodramatische Erzählweise, die auf überhöhende, modellhafte Abbildung aufgebaut ist, wird so ersetzt, zumindest ergänzt durch eine «naturalistische» Technik der Darstellung, die sonst selten im Genre ist. Cassavetes' Filme entstehen «von den Figuren her, während in anderen Filmen die Figuren ein Produkt der Fabel sind» (Cassavetes). «Die Filme von Cassavetes beweisen immer wieder, daß es möglich ist, naturalistischen Schauspielerstil auch im Film zu benutzen, indem man ganze Szenen durchlaufen läßt und der technische Apparat sich ganz den Figuren und ihren Darstellern unterordnet. In einigen Cassavetes-Filmen sind 50 Prozent der Darsteller Laien. In ‹A Woman under the Influence› sind es weniger; aber Cassavetes' Kinder, seine Mutter und seine Schwiegermutter wirken nicht weniger echt als die beiden herausragenden Hauptdarsteller. Gena Rowlands (Cassavetes' Frau) und Peter Falk (Fernsehzuschauern bekannt als ‹Colombo›, wo nur ein Bruchteil seiner Fähigkeiten genützt wird) gestalten ihre Rolle nicht, sie leben sie. Ihr Naturalismus (in der Tradition von Stanislawski, Actor's Studio und Lee Strasberg) überfällt den Regisseur und seine technische Equipe, die sich zu wehren wissen. Das ist das Umwerfende, das Unwahrscheinliche dieses Films: daß das reflexartige Zusammenspiel, Unberechenbarkeit, beispielsweise das Durcheinander einer gestörten Frühstücksparty, ohne Rest in eine Kamera und in ein Mikrofon gehen. Die Filme von Cassavetes kann man nur von den Figuren her erleben (also nicht von der Kamera, nicht von den hinteren Fauteuils aus). Das ist ihre Begrenzung und ihre vitale Stärke. Der Zuschauer wird scheinbar dem Leben ausgesetzt und geht nicht am Geländer irgenddeiner Botschaft durch dieses Leben» (Martin Schaub).

Vom «Ethnografen» Sirk unterscheidet sich Cassavetes also weniger von der Intention her als durch die Methode. Das Hauptproblem ist nun nicht mehr die Repression der Sexualität in der amerikanischen Gesellschaft, sondern die Fortexistenz von bürgerlichen Institutionen wie der Familie, der sozialen Rollenteilung, der Häuser und Wohnungen, die Gräber sind.

Was den Herbst im Leben der Frauen anbelangt, so haben die Melodramen der fünfziger Jahre die Wünsche kritisiert, die melodramatischen Filme der siebziger Jahre die Wirklichkeit. Etwas anders verhält es sich mit den emotionalen Problemen älterer Männer im Film. Die Bedrohung geht hier viel weniger von gesellschaftlichen Tabus und Begrenzungen aus als von eigenen Versagungsängsten, die sich als Erfahrungen und bittere Enttäuschungen verkleiden mögen. In «Marty» (Marty – 1955 – Regie: Delbert Mann), der in manchem fast wie ein stilistischer Vorläufer zu den Filmen von John Cassavetes wirkt, geht es um den schwerfälligen, nicht mehr jungen und nicht gerade attraktiven Metzger Marty (Ernest Borgnine), der von seiner italienischen Familie unterdrückt wird. Er freundet sich mit der ein bißchen altjüngferlich wirkenden Lehrerin Clara (Betsy Blair) an, einer Frau, die wie er selbst mit der Liebe keine allzu guten Erfahrungen gemacht hat. Die schüchterne Beziehung zwischen den beiden zerbricht an einer Umwelt, die zwischen den Kulturen und Klassen keinen Weg duldet.

Die Schilderung vom Alltagsleben der «kleinen Leute», die Darstellung auch der tristeren Seiten des *american way of life* hatte Hollywood im allgemeinen dem Fernsehen überlassen, aber der große Erfolg der TV-Inszenierung (ebenfalls von Delbert Mann besorgt) veranlaßte das Wagnis einer Kino-Version. Daß auch der Film nach dem Drehbuch von Paddy Chayefsky zum Publikumserfolg wurde, hatte zur Folge, daß eine Reihe von ehemaligen TV-Regisseuren (darunter Arthur Penn, Sam Peckinpah, Sidney Lumet und John Frankenheimer) ein Debüt als Kino-Regisseur geben konnten. Und es wurden eine ganze Reihe von Filmen im Stil von «Marty» gedreht, mehr oder weniger präzise, mehr oder weniger sentimentale Alltagsbeschreibungen mit einer Liebesgeschichte als Indikation, und das Verfilmen von Fernsehspielen wurde in dieser Zeit zu einer regelrechten Mode in Hollywood, die freilich kaum noch einmal solch einen Erfolg wie «Marty» hervorbrachte. Bald sollten im Melodram wieder Breitwand und Kulisse beherrschend sein.

Dem Realismus solcher Filme ganz und gar entgegengesetzt ist etwa «A Certain Smile» (Ein gewisses Lächeln – 1958 – Regie: Jean Negulesco), eine weitere Adaption eines Romans von Françoise Sagan in CinemaScope. Negulescos Film macht aus der Vorlage eine sehr amerikanische Darstellung von Beziehungen. Die Geschichte der Liebe einer jungen Studentin (Christine Carere) zu ihrem Professor (Rossano Brazzi) enthält «alle die Standardmotive des ‹psychologischen› Familienromans transatlantischer Prägung (...): das Regime der Mütter und Ehefrauen, die Trottelposition der Männer, die Mutterkomplexe der jungen Generation. Da ist gleich zweimal die destruktive dominierende Frau, da ist die heilende dominierende Frau, da sind die prinzipiell unterlegenen Männer, die unterm Matriarchat teils leiden, teils daran genesen. Die *tristesse* der Sagan-Figuren, das Leiden an einer ziellosen Existenz, wird zur familiären Kalamität, die am Ende natürlich friedlich beigelegt wird» (Enno Patalas).

Der Unterschied zwischen «Marty» und «A Certain Smile» markiert auch ein wenig vom Niedergang Hollywoods am Ende der fünfziger Jahre. Während der «kleine» schwarz-weiß gedrehte Film Authentizität und Vitalität besitzt, ist Negulescos Film ein zu CinemaScope und Farbe aufgeblasener, mit einer europäischen Kulisse mehr schlecht als recht «ausgestatteter» *woman's film*, dem die Perspektive abhanden gekommen ist und der auch noch die letzten weiblichen Anliegen, die das Genre vertreten hat, an die familiäre Typologie verrät. Wie CinemaScope auch noch für das geringste, das intimste Sujet angewandt wurde, um die Konkurrenz des Fernsehens auszustechen, so führt die Matriarchatsobsession dazu, hartnäckig die Wirklichkeit zu leugnen, die erotische Harmonie zu verteidigen, schließlich Konstruktionsprinzipien und Perspektive des Genres aufzulösen; die «starken Frauen» aus den *woman's films*, die im Zentrum der Handlung standen, wichen einer vielzahligen Personage mit Eigenschaften, die sich gewissermaßen gegenseitig neutralisierten. Das Melodram am Ende der fünfziger Jahre hörte als Genre auf, eine Botschaft zu sein, ja es hörte, früher als andere Genres, auf, überhaupt ein Genre zu sein. Die Heldinnen des Melodrams waren zu weiblichen Schreckbildern in Thrillern und Kriminalfilmen geworden wie Bette Davis, Joan Crawford, Olivia de Havilland, oder sie verloren ihren Star-Status wie Jane Wyman. Der Niedergang des Genres hatte den Niedergang einiger Regisseure zur Parallele: Jean Negulesco, der in den vierziger Jahren etwa mit «Humoresque» (1947), «Road House» (Nachtclub Lilly – 1948) oder «Take Care of My Little Girl» (1951) stilisierte, aber zugleich auch sinnliche Melodramen gedreht hatte, wurde zum Garanten für postkartenbunte Romanzen, denen heute hauptsächlich anzusehen ist, wieviel Geld verschleudert wurde, ohne daß filmischer Nutzen daraus gezogen worden wäre. Diese Filme waren dennoch stets Publikumserfolge, was zum einen an den Stars lag, zum anderen daran, daß die Biederkeit in der Gestaltung nicht nur dem Unvermögen der Regisseure, sondern gar auch einer «Verabredung» zwischen Produzenten und Publikum entsprach. Das «Leben» erhalten diese Filme fast ausschließlich durch die Darsteller, die ihren Mythos ausstellen. Ein

«Lolita» (1962) von Stanley Kubrick. Mit Sue Lyon und James Mason.
Foto: MGM.

Film, der so grotesk fehlbesetzt ist wie Negulescos «The Gift of Love»
(1958), mit Lauren Bacall in der Rolle einer sterbenden Frau, die ein
kleines Waisenmädchen adoptiert, damit ihr Mann (Robert Stack!) nach
ihrem Tod nicht ganz allein ist, mag dafür als Beleg dienen.

Daß so häufig Geschichten erzählt wurden von den Schülerinnen, die
sich in ihre Lehrer zu verlieben hatten, von Liebespaaren mit dem gene-
rationenweiten Altersunterschied, ist ein Reflex der amerikanischen Familie. Die Entmachtung der Frau nach dem Krieg hatte zu ihrer Herrschaft im Haus geführt (was fälschlicherweise oft als das «Matriarchat»
der fünfziger Jahre bezeichnet wird): Der amerikanische Mann (der
«westliche» Mann) mußte sich vor seiner Frau so fürchten wie vor einem
wilden Tier, das man eingesperrt und dressiert hat. Die junge Frau, die
Kind-Frau wie in «Baby Doll» (Baby Doll – 1956 – Regie: Elia Kazan),
das Kind selbst wie in «Lolita» (Lolita – 1962 – Regie: Stanley Kubrick)
wurde zum Ausweg und zur Provokation, wie es die europäische Frau
und die asiatische Frau waren (vgl. auch das Kapitel «Der Krieg der Gefühle»).

In «Middle of the Night» (Mitten in der Nacht – 1959) zeichnet Delbert Mann, wieder nach einem Drehbuch von Paddy Chayefsky, ähnlich seinem Film «Marty», das Bild einer Beziehung, die an den Tabus der Gesellschaft zu scheitern droht. War es in «Marty» der soziale Gegensatz, so ist es hier der Altersunterschied zwischen den Protagonisten (Fredric March, Kim Novak), was den Widerstand der Umwelt hervorruft. Aber die Verbindung zwischen einem 56jährigen Kaufhausbesitzer und seiner 24jährigen Angestellten droht, anders als in «Marty», zuletzt nicht nur an der Intoleranz der Familien und der Umwelt zu scheitern, sondern auch an den Selbstzweifeln der Menschen. Die Utopie der «Liebe gegen die Welt» wird dennoch errichtet, nachdem ein Freund des Helden aus Furcht vor Einsamkeit einen Selbstmordversuch begangen hat.

Während für Sirk das «Problem» der Helden in der Organisation von Sexualität/Familie/Gesellschaft besteht (er ist nicht nur «Ethnograf»; modisch könnte man ihn gar einen Strukturalisten nennen), liegt das Problem in den Filmen von Mann und Chayefsky (und den vielen ihnen Verwandten) in den Figuren selbst: Es sind an sich selbst verzweifelnde Menschen, die sich nicht zutrauen, aus ihrer Isolation herauszutreten; sie glauben nicht, daß die Liebe nicht möglich wäre, sie halten nur sich selber für nicht liebesfähig, wie Kim Novak in «Middle of the Night». Das utopische Moment dieser Filme ist der enge Zusammenschluß zweier kontaktarmer, gehemmter Menschen, die von weit aufeinander zugekommen sind und die nichts eint als die gemeinsame Erfahrung, in dieser Gesellschaft und nach ihren Maßstäben ein irgendwie armseliges Leben gefristet zu haben. So verlangen sie das «kleine Glück», das in den sechziger Jahren im Genre wieder an die Stelle der großen Entwürfe tritt.

Aber die Begegnung des älteren Mannes mit der jungen Frau kann auch flüchtig sein und zu einer Art von Revitalisierung führen (ein Motiv, das in erster Linie den Komödien Stoff liefert). Die junge Sekretärin (Carroll Baker, die Hauptdarstellerin von «Baby Doll») liebt den Regisseur (Clark Gable) in «But Not for Me» (Bei mir nicht – 1960 – Regie: Walter Lang), hilft ihm über eine Schaffenskrise hinweg und dem Stück seines Freundes (Lee J. Cobb) zum Erfolg, bevor diese Konstellation aufgelöst wird und Gable sich wieder seiner Frau (Lilli Palmer) und die Sekretärin, nun eine gefeierte Schauspielerin, sich einem gleichaltrigen Kollegen zuwendet. Bitterer ist Gables Erfahrung in der Beziehung zu Marilyn Monroe in John Hustons «The Misfits» (Misfits – nicht gesellschaftsfähig – 1961), wo er als alternder Westerner, der Pferde fängt, um sie als Hundefutter zu verkaufen, seinen hohlen Macho-Traum verlieren muß.

«Faces» (Gesichter – 1968), der erste größere kommerzielle Erfolg von John Cassavetes, beschreibt sehr realistisch, wenn man so will: anti-mythologisch, die Probleme alternder Männer. Er schildert den Verlauf einer Nacht, in der sich ein paar Geschäftsmänner vergeblich abmühen, sich mit ein paar Mädchen zu amüsieren. Einer von ihnen (John Marley) kehrt schließlich zu seiner Frau zurück, und als er, statt ihr zu imponie-ren, nur ihren Widerstand provoziert, verläßt er sie wieder und geht zu einem der Mädchen (Gena Rowlands). Nachdem er zwei Konkurrenten wie in einem grotesken, überanstrengten Balzkampf aus dem Feld ge-schlagen hat, verbringt er die Nacht mit ihr. Unterdessen hat seine Frau (Lyn Carlin) sich mit einem lächerlichen Gigolo zu rächen versucht. Sie versucht einen Selbstmord. Nach dieser Nacht treffen sich die beiden wieder. Die Frau schlägt den Mann. «Ich hasse mein Leben», sagt sie, und: «Ich kann dich nicht mehr lieben.» Danach findet keiner mehr ein Wort für den anderen, sie sitzen schweigend nebeneinander auf der Treppe ihres Hauses, das alles ist, was sie noch verbindet.

Cassavetes' Filme scheinen die einzelnen Stadien von Beziehungen zu dokumentieren; wie «Minnie und Moskowitz» das Entstehen einer Ehe (wider die Wahrscheinlichkeit, wie jede interessante Liebesgeschichte) zeigt, und «A Woman under the Influence» den heroischen und zugleich lächerlichen Versuch, eine Ehe zu bewahren, so zeigt «Faces» das Sta-dium der Auflösung. Wie Sirk ist Cassavetes ein Ethnograf im eigenen Land, seine Methode ist jedoch nicht die Beschreibung (die den Mythos mit einschließt und die Symbole), sondern das Experiment. Er läßt seine Figuren nicht heraus aus dem «Versuchsfeld» eines Lebens zwischen Wohnungen (die zu Häusern werden wollen), Bars (Ersatz und Arena zugleich) und Bühnen (d. h. «Arbeitsstätten», die gesellschaftliche Rol-len verlangen). Diese Begrenzung gehört aber auch zum Dilemma die-ser Menschen, die keinen Erfolg haben können, aber auch ohne ihn nicht leben können, die immer zu stark sozial motiviert zu sein scheinen, um die Gefühle in ihrer *Privatsphäre* ordnen zu können, und zu privat, um in ihren Berufen ganz den Anforderungen nach maschineller Funk-tion gerecht werden zu können.

Clint Eastwood drehte mit «Breezy» (Begegnung am Vormittag – 1973) die Geschichte der Begegnung zwischen einem 55jährigen geschie-denen und von allen Illusionen geheilten Mann (William Holden) und einem siebzehnjährigen Hippiemädchen (Kay Lenz). Der erfolgreiche Grundstücksmakler hat «keine Lust, noch einmal in seinem Leben in ir-gend etwas persönliche Gefühle zu investieren», und in der Beziehung zu seiner Freundin Betty (Marj Dusay) verwirklicht er diesen seinen Wahlspruch auch. Aber das Mädchen Breezy ist anders, und sie zwingt ihn, sich erneut auf einen emotionalen Clinch mit seiner Umwelt einzu-lassen, wobei ihm die Benutzung eines gut Teils seiner männlichen/be-sitzbürgerlichen Hilfsmittel unmöglich gemacht wird. In Eastwoods Film

«But Not For Me» (1960) von Walter Lang. Mit Carroll Baker und Clark Gable.

«Breezy» (1973) von Clint Eastwood. Mit Kay Lenz und William Holden.

steckt nicht nur ein «Herbstblumen»-Melodram, er ist fast schon so etwas wie ein «transkultureller» Film. Dabei ist die schöpferische Begegnung des Hippiemädchens mit dem Großbürger so sehr Traum wie die Begegnung zwischen dem Indianermädchen und dem Westerner.

Der im selben Jahr entstandene Film «Husbands» (Ehemänner) von John Cassavetes beschreibt ein Zusammenkommen von drei älteren Ehemännern, die, durch den Tod eines Freundes verwirrt, beschließen, aus ihrem Alltag auszubrechen. Sie wollen kurzerhand nach Europa reisen und dort eine neue Existenz aufbauen. Einer von ihnen wird wirklich seinem bisherigen Leben entfliehen, die anderen kehren zurück. Der emotionale Aufruhr im «Herbstblumen»-Melodram – das bedeutet nicht nur die Möglichkeit der Sinne, noch einmal zu rebellieren gegen den Panzer, der die Gefühle verschließt, es bedeutet auch, daß eine Lebenslüge sich offenbart und (im mythischen Melodram) überwunden wird oder (im naturalistischen Melodram) eine weitere Wunde hinterläßt.

Eine Reise in die Liebe ... und zurück

Die Reise ist in der populären Mythologie ein Topos, der neben vielem anderen, einer Einstellungsänderung etwa, einem Reifeprozeß, etc., auch den erotischen *thrill* enthält, ja es gibt eigentlich keine Reisegeschichte, die nicht auch – heimlich oder versteckt – eine Liebesgeschichte ist, eine erotische Begegnung, die zu Hause niemals hätte stattfinden können. Es häufen sich, im Kontext des Melodrams, die verstärkenden Momente in der Wahrnehmung (siehe den einleitenden Abschnitt zur Perspektive des Genres); es ist das Meer, die Sonne, die Tänze, der Glanz alter und kostbarer Kulturen, die Nächte, in denen keiner sich zurückziehen mag, was die Seele zittern macht, und all die lange verborgene Sehnsucht dringt hervor. Man ist unterwegs und nicht beobachtet von der Familie und den Nachbarn, die eifersüchtig sonst jeden Schritt bewachen, man ist unterwegs und nicht gefesselt von Rollen und Aufgaben, von dem, was alle von einem halten und man selber schon von sich glaubt, man ist unterwegs, und die Welt scheint mit einemmal voller erotischer Zeichen. Die Krise wird das Ankommen sein. Jede Reise ist eine Reise zu sich selbst oder von sich selbst fort, so will es die populäre Mythologie. Und jede Reise ist einmal zu Ende. Hinaus ist es gegangen aus dem Gefängnis des Alltags, und hinein wird es wieder gehen, wenn kein Wunder geschieht.

Das Motiv war schon in den *woman's films* der vierziger Jahre verbreitet, wenn es auch dort nicht die Rolle spielte wie gerade in den Melodramen der fünfziger und frühen sechziger Jahre. In William Dieterles «I'll Be Seeing You» (1944) ist es ganz buchstäblich eine Reise aus dem Gefängnis und zurück: Ginger Rogers spielt eine Frau, die über Weihnachten für kurze Zeit auf Ehrenwort aus dem Gefängnis entlassen wird. Während dieses Urlaubs lernt sie einen Soldaten (Joseph Cotten) kennen, der in psychologischer Behandlung ist, da er durch den Krieg seelisch gestört ist. Mit einer Erinnerung und einer Hoffnung auf eine «Heilung» (Heilung auch des verletzten Gleichgewichts zwischen Männern und Frauen) geht die Heldin zurück ins Gefängnis.

Am Ende der Reisen mochten die seltsamsten Ziele sein. So erfüllt sich der Titelheld von «The Judge Steps Out» (1947 – Regie: Boris Ingster), gespielt von Alexander Knox, seine Hoffnung auf Glück in einem anderen Leben schließlich als Koch in einer Imbißbude und mit deren Besitzerin (Ann Sothern). «Night Song» (1947 – Regie: John Cromwell) führt die Heldin, Merle Oberon in einer ihrer Tochter-aus-gutem Hause-Rollen, in ein entferntes, dunkles Land: Aus Liebe zu einem blinden Pianisten (Dana Andrews) stellt sie sich blind. Joan Crawford ist in «Flamingo Road» (1949 – Regie: Michael Curtiz) eine Tänzerin, die auf ihrem Weg durch die Welt (der Männer) in einer kleinen Stadt landet und dort sogar in einen Mordfall verwickelt wird.

Wenn die Reise zu sich selbst führt, kann auch ein neuer Beginn gemacht werden, zumindest hat man lange die Hoffnung darauf, bevor die Vergangenheit einen einholt. Sie tut es, will man den Melodramen glauben, immer. In «September Affair» (Liebesrausch auf Capri – 1950 – Regie: William Dieterle) treffen sich ein erfolgreicher Ingenieur (Joseph Cotten) und eine junge Konzertpianistin (Joan Fontaine) kurz vor der Heimreise in die Vereinigten Staaten auf dem Flughafen von Neapel. Cotten, der sich von seiner Frau entfremdet hat, und Joan Fontaine versäumen durch einen Zufall das Flugzeug und müssen einige Tage warten. Kurze Zeit später erfahren sie, daß das Flugzeug abgestürzt ist und alle Insassen, die auf der Passagierliste standen (also auch sie beide) als ertrunken gelten. Da die beiden sich mittlerweile ineinander verliebt haben, beschließen sie, diese Täuschung für sich zu benutzen, und sie beginnen in Italien ein neues Leben miteinander. Durch Zufall erfahren die Frau und der Sohn des Ingenieurs von der Täuschung. Glücklich genug darüber, daß er überhaupt noch am Leben ist, will die Frau auf ihre Ansprüche verzichten und bietet ihm die Scheidung an. Allerdings sind Cotten und Fontaine mittlerweile zu der Einsicht gelangt, daß ihre alten Verpflichtungen, die beruflichen wie die privaten, sie nicht loslassen. Sie kehren beide wieder nach Amerika zurück, bereit, ihr altes Leben wiederaufzunehmen.

Das Glück, in den Melodramen der fünfziger Jahre, ist in der Ferne nicht zu finden, im alten, sündigen Europa, wo die Amerikaner am besten Touristen bleiben, jedenfalls nicht auf Dauer. Aber auch das Heimkommen ist nicht einfach. In Fritz Langs «Clash by Night» (Vor dem neuen Tag – 1952) kommt Barbara Stanwyck nach Hause zurück ins heimatliche Fischerstädtchen, nachdem sie zehn Jahre lang draußen auf der Suche war. In New York war sie die Geliebte eines verheirateten Mannes gewesen, und als dieser gestorben war, stand sie ohne Mittel da. Sie versucht, ein neues Leben mit dem älteren Mann (Paul Douglas) anzufangen, der sie immer geliebt hat und den sie in der Vergangenheit ausgenutzt und gedemütigt hatte. Es war, scheint es, genug der Abenteuer und der Wunden (die vielen Filme, in denen Barbara Stanwyck sich nichts hat gefallen lassen wollen und lieber ausbeutete als ausgebeutet zu werden) für die von Barbara Stanwyck dargestellte Frau; sie sehnte sich nach der Geborgenheit und war doch noch voll erotischer Vitalität. Die neue Familie (sie bekommt ein Kind) wird gefährdet durch einen anderen Mann (Robert Ryan), der den Draufgänger und Kinohelden spielt (er ist Filmvorführer). Bald wird sie unzufrieden mit ihrer Ehe, und Ryan stellt ihr weiter nach. Sie verschmäht ihn, als er ihr seine Schwäche, seine tiefe Verstörung gesteht, aber dem rücksichtslosen Verführer beugt sie sich. Sie will ihren Mann verlassen, aber schließlich

Ob zwei sich kriegen…

...das ist es, was viele sehen wollen, und nicht, ob sie sich hinterher bekriegen. In Kino veritas.

Oft kriegen zwei sich, weil einer Geld hat. Oft bekriegen zwei sich, weil beide kein Geld haben.

setzt sich in ihr doch die Erkenntnis durch, daß ihr Egoismus sie nicht weit führen wird. Sie kehrt zu ihrem Mann zurück, der ihr – noch einmal – verzeiht. Marilyn Monroe ist die Schwester der Heldin, auch sie treibt es hinaus und zur Freiheit, aber ein junger starker Mann treibt ihr die Flausen aus. (Barbara Stanwyck ist zurückgekehrt, eher resigniert, ohne erreicht zu haben, was sie suchte: Freiheit *und* Glück; Marilyn Monroe in ihren späteren Filmen wird kaum zu einem anderen Zweck unterwegs sein, als dem, einen Mann zu finden, der sie nach Hause führt.) Lana Turner als Millionenerbin sucht in Brasilien den Mann, der sie um ihrer selbst willen liebt, in Mervyn LeRoys «Latin Lovers» (1953).

Europa als eine Art erotisches El Dorado, in dem sich Gefühle artikulieren können, spielte eine große Rolle in den Melodramen der fünfziger Jahre. Die italienisch-amerikanische Co-Produktion «Roma, Stazione Termini»/«Indiscretion of an American Wife» (Rom, Station Termini – 1953), das Ergebnis eines Zugeständnisses des für seine kritischen neorealistischen Versuche bekannt (und bei der Industrie berüchtigt) gewordenen Teams des Regisseurs Vittorio De Sica und des Drehbuchautors Cesare Zavattini an die Produzenten, ist eine (weitere) Variation des Themas von «Brief Encounter» (Begegnung – 1945 – Regie: David Lean), zugleich aber auch eine Kritik an der repressiven Gesetzgebung Italiens. May Forbes (Jennifer Jones), eine Amerikanerin, die ihre Schwester in Rom besucht, verliebt sich in den jungen Italiener Giovanni (Montgomery Clift). Die Amerikanerin liebt den Italiener mehr als ihren Mann, und sie will dieser Situation entfliehen. Am Bahnhof aber holt Giovanni sie ein. Der lange Abschied spielt sich vor dem Hintergrund des Hauptbahnhofs ab, im Wartesaal zweiter und dritter Klasse, in den langen Gängen, vor den Schaltern, schließlich in einem leerstehenden Zug, wo die Bahnpolizei die beiden aufgreift und die Frau den Demütigungen aussetzt, die eine geschiedene Frau in Italien zu erwarten hätte. Am Ende verläßt die reiche Amerikanerin den jungen Italiener. Dieses psychologische Kammerspiel, in das die Wirklichkeit nur schemenhaft hineinreicht, zeigt die Entscheidung der Frau zwischen Gefühl und der Erkenntnis der «Unmöglichkeit» ihrer Liebe. Es ist ein Konflikt, den die Menschen in De Sicas/Zavattinis früheren Filmen sicher als Luxus betrachtet hätten; vielleicht ist es gar deren Traum: die kleine Erlösung durch den Engel, der von weiter kommt und dann doch zurückweichen muß.

Umgekehrt ist Europa das Traumziel des amerikanischen Melodrams für seine Reisen in die Liebe. Es ist die Welt der Sonne und der Sinne. «The Last Time I Saw Paris» (1954 – Regie: Richard Brooks), nach einer Vorlage von F. Scott Fitzgerald entstanden, gibt die Erinnerungen eines Schriftstellers (Van Johnson) an seine Liebesgeschichte in Paris wieder; «Three Coins in the Fountain» (Drei Münzen im Brunnen – 1954 – Re-

«Three Coins in the Fountain» (1954) von Jean Negulesco.

gie: Jean Negulesco) erzählt die wechselvollen Liebesgeschichten dreier Amerikanerinnen (Jean Peters, Maggi McNamara, Dorothy McGuire) in Rom bzw. Venedig. Die drei werfen jeder eine Münze in die Fontana di Trevi, und für eine von ihnen wird sich, wie in dem Lied, das als Leitmotiv den Film begleitet, das Glück erfüllen. In «Summertime» (Traum meines Lebens – 1955 – Regie: David Lean) erfüllt sich die Amerikanerin Jane Hudson (Katharine Hepburn) einen langgehegten Wunsch und reist nach Venedig. Die nicht mehr ganz junge, etwas gehemmte Amerikanerin taut bei der Begegnung mit der heiteren Landschaft und Kultur des Mittelmeers auf. Sie verliebt sich schließlich in einen italienischen Antiquitätenhändler (Rossano Brazzi); ihr Glück scheint vollkommen. Doch da erfährt sie, daß er verheiratet ist. Sie verläßt Italien, traurig und doch gestärkt durch eine unverlierbare Erfahrung. Wie etwa in «The African Queen» (African Queen – 1951 – Regie: John Huston) oder «The Rainmaker» (Der Regenmacher – 1956 – Regie: Anthony Asquith) ist Katharine Hepburn hier die puritanische «alte Jungfer», die von einem Mann (ohne dessen allzu großes Zutun) «erweckt» wird, die aber selbst eine gehörige Portion Arbeit verrichten muß, um einerseits ihrem Dornröschen-Status zu entkommen, sich andererseits aber auch nicht vollends vereinnahmen zu lassen. Ihre «Zickigkeit» geht nicht über in Unterwerfung. Diese Katharine Hepburn ist eine Figur des Übergangs von den «starken Frauen» der *woman's films*, die ihr Leben lang um ihr Recht auf erotische Entfaltung kämpfen müssen (und gelegentlich über dem Kampf die Liebe vergessen), zu den Frauen in Filmen der sechziger Jahre, die ihre Sexualität eher zu entdramatisieren haben.

Im Paris nach dem Ersten Weltkrieg spielt die Hemingway-Verfilmung «The Sun Also Rises» (Zwischen Madrid und Paris – 1957 – Regie: Henry King), «Interlude» (Zwischenspiel – 1958 – Regie: Douglas Sirk) in München; nach Paris führt «In the French Style» (1962 – Regie: Robert Parrish), die Geschichte eines amerikanischen Mädchens (Jean Seberg), die in der «Hauptstadt der Liebe» eine Affäre mit einem verheirateten Journalisten (Stanley Baker) und einem Jungen (Philippe Fouquet) hat. In Griechenland treffen sich die Protagonisten von «In the Cool of the Night» (1962 – Regie: Robert Stevens): Jane Fonda verliebt sich in Peter Finch, der mit Angela Lansbury verheiratet ist. «Two Weeks in Another Town» (Zwei Wochen in einer anderen Stadt – 1962 – Regie: Vincente Minnelli) führt ein amerikanisches Filmteam nach Rom, wo Liebe und Schicksal zuschlagen. (Minnellis Film gehört im übrigen in die Reihe der kritischen Filme über Hollywood, die in dieser Zeit gedreht wurden.) «The Pleasure Seekers» (Drei Mädchen in Madrid – 1964 – Regie: Jean Negulesco) variiert das Konzept von «Three Coins in the Fountain» und läßt Ann-Margret, Carol Lynley und Pamela Tiffin vor dem Happy-End Verwicklungen und Zweifel in Madrid erleben. Kevin Billingtons «Interlude» (1968) verlegt die Handlung von «Intermezzo» ins «Swinging London» der 68er Jahre. (An diesem Film läßt sich zeigen, wie notwendig in den genannten Filmen das Motiv der Reise in die kontinentale, alte Kultur ist beim Funktionieren antipuritanischer Liebesgeschichten.)

Auch in Amerika selbst konnten Reisen in die Liebe stattfinden, nur war selten die Heimkehr so gesichert. Fremde pflegten da in verschlafene Nester im Westen oder, vor allem, im Süden zu kommen und einen emotionalen Aufruhr zu entfachen. Oder jemand kam nach langer Abwesenheit wieder in seine Heimat zurück, und die hatte sich so wenig verändert, daß ein Konflikt zwischen ihr und dem randvoll mit Erfahrung, Bitterkeit, Verstehen Zurückgekehrten nicht ausbleiben konnte. Die (tatsächliche oder scheinbare, vorübergehende oder dauernde) Befreiung der Frau, die in den Filmen, die sie nach Europa führten, bereits im Ansatz von ihr selbst als Entscheidung durchgeführt worden war, muß hier erst durch einen oft recht schmerzhaften Prozeß in Gang gebracht werden. Die Umwelt scheint sich ihr zu widersetzen, und da es keine nichtpuritanische Kultur gibt, die sich in ihren Beziehungen spiegeln würde, ist die Frau bei ihrer Reise zu sich selbst und zum Mann anfangs recht einsam.

In «Bus Stop» (Bus Stop – 1956 – Regie: Joshua Logan) kommt der junge, reiche «Hinterwäldler» Bo (Don Murray) nach Phoenix, um an einem Rodeo teilzunehmen und nebenbei auch eine Frau zu finden. Die meint er in einer ebenso hübschen wie talentlosen Nachtclubsängerin (Marilyn Monroe) gefunden zu haben, und als die nicht gleich so will, entführt er sie kurzerhand. Es beginnt ein Erziehungsprozeß, an dessen Ende die Chance auf eine glückliche Beziehung steht. Im gleichen Jahr drehte Logan «Picnic» (Picknick), ein Melodram, das ein wenig die Perspektive für den Blick auf die amerikanische Kleinstadt und ihre «guten Familien» veränderte. Da erscheint in einer solchen Umgebung bei einem sittsamen Picknickfest ein mittelloser Fremder (William Holden) und erobert zum Schrecken aller Versammelten das Herz eines schönen Mädchens (Kim Novak). Die Ordnung der Kleinstadtgesellschaft ist aus den Fugen; sie reagiert mit List und Gewalt gegen den Eindringling.

«An Affair to Remember» (Die große Liebe meines Lebens – 1957 – Regie: Leo McCarey) schildert die Liebesgeschichte einer Ex-Nacht-

«Picnic» (1956) von Joshua Logan.

clubsängerin (Deborah Kerr) und eines reichen Playboys (Cary Grant) auf einem Ozeanschiff, das nach Amerika zurückkehrt. Grant steht kurz vor der Hochzeit mit einer Millionenerbin, und als bekannt wird, daß er einen Flirt mit Deborah Kerr gehabt hat, glaubt man, es handele sich nur um eine weitere von vielen Affären des Playboys. Dem aber ist es diesmal Ernst, und um seiner Liebe ein Fundament zu geben, muß Grant erst einmal sich selbst beweisen, daß er sein Leben gestalten kann. Er versucht sein Glück als Maler, und als er sich nach einigen Jahren tatsächlich durchgesetzt hat, kehrt er zu Deborah Kerr zurück. Der Tag des Wiedersehens kommt, und wir erfahren, daß sie in der Zwischenzeit einen Autounfall gehabt hat und an den Rollstuhl gefesselt sein wird. Die Reise wird hier auch zu einer Abfolge von Prüfungen; am Ende jeder Reise sind die Helden «andere geworden».

Die erotischen Obsessionen seiner Umwelt weckt der Held von «The Fugitive Kind» (Der Mann mit der Schlangenhaut – 1960 – Regie: Sidney Lumet) als er, der Landstreicher und Blues-Sänger Val (Marlon Brando), es satt hat, immer wieder ins Gefängnis geworfen zu werden, und in einer Kleinstadt bleiben und einen normalen Beruf ergreifen will: Er verdingt sich als Verkäufer bei einem alten, krebskranken Mann, dessen junge Frau (Anna Magnani) sich bald in den virilen, zugleich «poetischen» Val verliebt. Sie ist das Opfer der Moral in ihrer Heimatstadt geworden: Als ihr früherer Liebhaber sie verlassen hatte, eines reichen Mädchens wegen, und ihr Vater in den Flammen seines Hauses umgekommen war (das man angezündet hatte, weil er es gewagt hatte, in seinem Restaurant auch Neger zu bedienen), war sie gezwungen worden, den mächtigen Jabe zu heiraten. Nun träumt sie von einem neuen Leben mit Val, von dem sie ein Kind erwartet. Doch das patriarchalische System ist so nicht zu bezwingen; es vernichtet die abtrünnige Frau und den Eindringling, der den Blues hat. Jabe erschießt seine Frau, die Einwohner der Stadt unter Führung des Sheriffs jagen Val; sie treiben ihn ins Feuer, so wie sie den Vater der Heldin getötet hatten (auch an diesem Mord war Jabe maßgeblich beteiligt gewesen). Zurück bleibt das Mächen Carrol (Joanne Woodward), das Val geliebt hat. Sie erscheint wie das nächste Opfer dieser Gesellschaft, dem die Flucht nicht gelingen will. Ihr verzweifelter Protest drückt sich (beinahe ein Klischee des Genres) durch groteske Nymphomanie aus.

Das Stück von Tennessee Williams, das Lumets Film zur Vorlage diente, hat den Titel «Orpheus descending»; die Hölle, in die der Held hinabsteigt und aus der er trotz seiner Stärke die Frau nicht herausbringen kann, ist das Provinznest, die reaktionäre Gemeinde, die Hölle des Genres. Die Philosophie des Helden ist, daß die Welt aus Käufern und Gekauften bestehe und aus ein paar Menschen wie ihm selbst, die wie die Vögel frei und unabhängig seien. Das Anhalten auf seiner Reise wird ihm zum Verhängnis, er kann die Frauen nicht erlösen, die gekauft sind und von ihren Besitzern nicht anders freigegeben werden als an den Tod. Daß dieser Orpheus sich selber sowenig versteht wie die Gesellschaft, zu der er da herabgestiegen ist, mag nicht unbedingt intendiert gewesen sein, doch Brandos paradoxer Macho-Held ist der Märtyrer der Sexualität, ein rituelles Opfer der paranoiden, faschistischen Männergesellschaft an ihre eigene Impotenz, wie es auch der Rassismus ist, der in diesem Film deutlich wie selten sonst im amerikanischen Film dargestellt wird.

Das Reisen und die Flucht vermischen sich in den Melodramen der sechziger Jahre für die Helden. Auf der Flucht ist zum Beispiel Audrey Hepburn in Blake Edwards' «Breakfast at Tiffany's» (Frühstück bei Tiffany – 1961) vor einem Mann, einer amerikanischen Kleinstadt, einem Gefängnis. In diesen für die sechziger Jahre typischen Komödien mit melodramatischen *twists* wird allemal das lustige/lustvolle Leben in den Metropolen gegen das öde und repressive in der Provinz ausgespielt. Nach dem bekannten soziologischen Modell erscheinen hier die Großstädte wie «matriarchalische» Inseln im Meer des Patriarchats, auf die sich die verfolgten, versklavten Frauen retten können. In den sechziger Jahren gehören die Städte den Komödien, die blutigen, verletzenden Dramen gehören aufs Land; dahinter steckt noch einmal der alte Widerspruch zwischen dem Norden und dem Süden Amerikas.

«Breakfast at Tiffany's» (1961) von Blake Edwards. Mit Audrey Hepburn und George Peppard. Foto: Paramount.

Süßer Vogel Jugend

Der Schritt aus der Jugend heraus, das Zu-Ende-geboren-Werden durch die Liebe ist die Metaphysik sehr vieler amerikanischer Melodramen, so sehr wie das Scheitern daran. Dabei geht es darum, daß man immer zuerst ein gesellschaftliches Wesen werden soll und dann erst ein Mensch, und daß es viele Menschen gibt, die vollständig sozialisiert sind, aber noch keine Menschen. In den Filmen, in denen es explizit um Krisen zwischen Jugend und Erwachsensein geht, kann dies besonders deutlich werden, es kann aber auch die größte Verschleierung erfahren. Die melodramatischen Filme um jugendliche Menschen zeigen ihre Helden im Widerspruch zwischen ihrer durch Gewalt, Entbehrung, Abhängigkeit, uneingelöste Versprechen oder emotionale Tyrannei geprägten Beziehung zu den Eltern und dem Gefühl für einen neuen Partner, für das es kein Modell gibt und das von den uneingelösten Versprechen bedroht ist.

«The Glass Menagerie» (Die Glasmenagerie – 1950 – Regie: Irving Rapper) zeigt Jane Wyman, die fünf Jahre später in Douglas Sirks «All That Heaven Allows» eine Frau jenseits der Vierziger spielt, als die verkrüppelte, sensible Laura, die zusammen mit ihrem Bruder Tom (Arthur Kennedy) und ihrer vom Leben enttäuschten, bitter und zynisch gewordenen Mutter Amanda (Gertrude Lawrence) in einem schäbigen Mietshaus wohnt. Vor der schlechten Realität hat sie sich in eine Traumwelt zurückgezogen, deren Ausdruck ihre Glasmenagerie ist. Den beiden Kindern soll es einmal besser gehen, dieser Wunsch beherrscht Amanda, und sie verhält sich nicht besonders zartfühlend, wenn es darum geht, dieses Ziel zu erreichen. Als Tom eines Abends seinen lebenstüchtigen Arbeitskollegen Jim (Kirk Douglas) mit zum Essen bringt, sieht Amanda die Chance gekommen, Laura zu verkuppeln. Jim versucht, Laura Selbstvertrauen zu geben, aber ihre Beziehung muß an den falschen Erwartungen scheitern.

Wie es Lauras Problem ist, ihre Identität zu finden (was ihre Mutter nicht verstehen kann, denn sie kann sich eine Identität nur als sozialen Status vorstellen), so ist es, auf andere Weise, auch das der Heldin von «Our Very Own» (1950 – Regie: David Miller), einem jungen Mädchen (Ann Blyth), das entdeckt, daß ihre vermeintlichen Eltern sie nur adoptiert haben. Es findet die wirkliche Mutter (Ann Dvorak) und muß sich mit ihr auseinandersetzen. Auch Julie Harris als zwölfjährige Heldin von «The Member of the Wedding» (1953 – Regie: Fred Zinnemann) macht ihre ersten Erfahrungen mit der Welt der Erwachsenen durch schmerzliche Verluste. Ihre Schwester heiratet, ein Junge wird getötet; das Glück der einen hängt mit dem Unglück der anderen zusammen.

Zu sich selbst zu gelangen, wie immer das aussehen mochte, schien für die amerikanischen Teenager in den fünfziger Jahren ohne den Weg über die Auseinandersetzung mit den Eltern noch nicht möglich; sie klagen die Liebe ein, die ihnen die Eltern nicht gegeben haben, weil diese ihre eigenen Gefühle nicht zu leben wußten, weil der soziale Apparat, die Karriere, schließlich das Verarbeiten des eigenen vorprogrammierten Scheiterns sie nicht dazu hat kommen lassen. Die Eltern ersticken die Kinder in ihrer Schwäche; es gibt kein größeres Verbrechen für den Vater von Ödipus junior als dies: ihm kein Angriffsziel zu bieten.

James Dean ist in «Rebel Without a Cause» (... denn sie wissen nicht was sie tun – 1955 – Regie: Nicholas Ray) der Sohn eines gutsituierten Ehepaares (Jim Backus und Ann Doran), der mit sich und seiner Situation in der Familie nicht zurechtkommt. Er hat Angst davor, so zu werden wie sein schwacher Vater, der sich von der zänkischen Mutter tyrannisieren läßt. Immer wieder stellt Jim etwas an, das seinen Mut beweisen und provozieren soll, und dies dient wiederum der Mutter als Vorwand, immer von neuem umzuziehen, dem Gerede der Leute, in Wahrheit der Auseinandersetzung zu entkommen. In seiner neuen Schule lernt Jim das Mädchen Judy (Natalie Wood) und den jungen Plato (Sal Mineo) kennen; das Mädchen verliebt sich in ihn, nicht ohne Skepsis gegen manche Züge seines Verhaltens, Plato aber bewundert ihn und sucht, ein Außenseiter auch er, seine Nähe. Buzz (Corey Allen), der Anführer der Bande in der Schule, fordert Jim immer wieder heraus. Zuerst kommt es zu einer Messerstecherei, bei der Buzz von dem unbewaffneten Jim besiegt wird, dann zu einem Autorennen mit gestohlenen Wagen, bei dem die Konkurrenten im Auto auf einen Abgrund zurasen und erst im letzten Moment abspringen, um ihren Mut zu beweisen; wer zuerst springt, ist der Feigling von beiden. Dabei verunglückt Buzz tödlich. Jim ist verzweifelt. Er vertraut sich seinen Eltern an, will sich der Polizei stellen, aber diese fürchten den Skandal und wollen alles vertuschen. Jim läuft von zu Hause davon; zusammen mit Judy versteckt er sich in einem alten Schloß. Plato kommt, um Jim davor zu warnen, daß Buzz' Bande ihm nachstellt, weil die Jungen glauben, er habe sie an die Polizei verraten. Bei der Auseinandersetzung mit der Bande schießt Plato auf einen von den Jungen und verletzt ihn. Jim will, daß Plato sich gemeinsam mit ihm stellt. Aber als die Polizei mit Sirenen und Scheinwerfern eintrifft, verliert Plato den Kopf; er wird schließlich von einem Polizisten erschossen.

«Der Film entstand zu einer Zeit, als die sogenannten Halbstarken-Filme nahezu ein eigenes Genre bildeten. Wie die meisten dieser Filme handelt auch ‹Rebel Without a Cause› sein Thema und seine Thesen an einem extremen, kriminalistisch gefärbten Einzelfall ab; und auch hier verfängt sich die Psychologie häufig in Klischees und Schablonen. Ray

«The Glass Menagerie» (1950) von Irving Rapper. Mit Jane Wyman und Kirk Douglas. Foto: Centfox.

hat sein Thema jedoch sorgfältig und effektvoll zugleich aufbereitet. Und vor allem bot dieser Film eine große Identifikationsrolle für den Schauspieler James Dean. Dieses Porträt eines jungen, von seinen Eltern unverstandenen Einzelgängers in der Welt von heute hat sein Image vermutlich stärker geprägt als seine Rolle in ‹East of Eden›. Dieser Film bereitete den Boden, auf dem der James Dean-Kult gedieh» (Krusche/ Labenski).

Der englische Film «My Teenage Daughter» (1956 – Regie: Herbert Wilcox), um nur einen der vielen Nachfolge-Filme zu Rays Arbeit zu nennen, ist gewissermaßen die Geschichte der weiblichen Variante des Helden von «Rebel Without a Cause»; hier tut sich ein von den Eltern unverstandenes siebzehnjähriges Mädchen (Anna Neagle) mit einem aggressiven jungen Mann zusammen und endet schließlich vor den Schranken des Gerichts, als es zumindest für das Verständnis der Eltern zu spät ist. Der trotz aller Hollywood-Psychologie/Mythologie in Nicholas Rays Film vitale rebellische Impetus ist in keinem der Filme, die von seinem Erfolg profitieren wollten, erreicht (und auch nur selten angestrebt) worden.

Die schwachen Väter aber konnten auch in anderer Weise zum Verhängnis für ihre Söhne werden, etwa wenn sie, wie der Vater in Arthur Millers «Death of a Salesman», die Söhne zu Leistung und Tüchtigkeit bringen (und zwingen), wofür sie selbst sich als zu schwach erwiesen haben. Ein Bild dafür ist der sportliche Erfolg.

So wird in «Fear Strikes Out» (Die Nacht kennt keine Schatten – 1957 – Regie: Robert Mulligan) ein Junge (Anthony Perkins) von seinem ehrgeizigen Vater (Karl Malden) systematisch und unter Entbehrungen zum Baseball aufgebaut. Da der Vater seinen ganzen neurotischen Erfolgstraum in den Sohn projiziert, bleibt diesem weder eine Form der Selbstbestimmung noch die Möglichkeit, auch Schwäche in sich selbst zu akzeptieren. In einem Augenblick größter Beanspruchung in einem entscheidenden Spiel bricht er zusammen. In einer psychiatrischen Klinik muß der Junge lernen, sich von seinem Vater zu lösen, um, wie es der Arzt formuliert, «sich selber Rechenschaft ablegen zu können». Eine Variante zum Motiv der Zerstörung der Jugend durch frühen Erfolg und eine dominante Vaterfigur bietet die Darstellung Dorothy Malones in der Rolle von Diane Barrymore, die über der Auseinandersetzung mit dem berühmten Vater (den Errol Flynn spielt) zur Trinkerin wird in «Too Much Too Soon» (1958 – Regie: Art Napoleon).

Die Schwierigkeiten, die die jungen Leute mit der Liebe haben, wenn ihre Umwelt weder Verständnis noch eine Ahnung von der Überständigkeit ihrer Moralbegriffe hat, zeigen Filme wie «All the Fine Young Cannibals» (1960 – Regie: Michael Anderson), ohne allerdings diese Situation einer wirklich kritischen Analyse zu unterziehen. Elia Kazan

«Rebel Without a Cause» (1955) von Nicholas Ray. Mit Natalie Wood und James Dean.

verlegt die Handlung von «Splendor in the Grass» (Fieber im Blut –
1961) in die Depressionszeit der dreißiger Jahre. Die Liebesgeschichte
zwischen Natalie Wood und Warren Beatty zerbricht an der bigotten,
brutalen Haltung der Kleinstadtgesellschaft. (Im übrigen haben viele
amerikanische Filme die sozialgeschichtliche «Depression» als Zeichen
für die Depression ihrer – manchmal durchaus «heutigen» – Menschen
verwendet.) «Sweet Bird of Youth» (Süßer Vogel Jugend – 1961 – Regie: Richard Brooks) erzählt von einem jungen Mann (Paul Newman),
der zusammen mit einer kaputten Schauspielerin (Geraldine Page) in
seine Heimatstadt zurückkehrt, wo es nichts als Ärger gibt. Im ödipalen
Gesellschaftsmodell des Melodrams ist Jugend nichts anderes als die
scheiternde Revolte.

Gegen Ende der sechziger Jahre hatten sich die Probleme allerdings
verschoben; da ging es nicht mehr in erster Linie um die Auseinandersetzung zwischen den Jugendlichen und ihren Eltern, die ihnen alles,
einschließlich Leistungszwang, Ängsten, Einsamkeit, geben konnten,
bloß keine Liebe. Die Jugendlichen waren nun von Anfang an allein, die
Eltern schienen schemenhafte Figuren mit gesellschaftlicher Macht im
Hintergrund zu sein. Ein sechzehnjähriger Junge, der um die Liebe seiner Mutter oder seines Vater gebettelt hätte, wäre nun entweder peinlich oder lächerlich erschienen. Nicht daß die Rock-Ära so sehr viel an
Befreiung gebracht hätte, es gab nur mehr gesellschaftliche Alternati-
ven, die *youth culture* hatte ihre eigenen Plätze, wo es warm und weich
und regressiv zugehen durfte. Mutter (die gute Mutter), das war die
Gruppe, die Musik, das Gemeinsame; Vater (der böse Vater), das war
die Gesellschaft, der Staat, Uncle Sam, für eine Minderheit, die anders
lebte, und für eine Mehrheit, die davon träumte. Die Probleme mit der
Familie lagen so tief innen, daß sie sich der Darstellung entzogen. Die
Erwachsenen behalfen sich und faselten von Akzeleration oder ähnli-
chem; dem Mittelstand wurde seine eigene Jugend zum Phänomen.

In «Last Summer» (Petting – 1969 – Regie: Frank Perry) geht es um
vier Teenager in den Ferien. Zwei Jungen sind hinter einem Mädchen
her. Als sich ein «häßliches junges Entlein» in einen von den Jungen verliebt, wird das Mädchen eifersüchtig und stachelt die Jungen so lange
auf, bis sie ihm Gewalt antun. Dies Verhalten ist Abbildung sozialer
Machtverhältnisse: Die beiden Jungen und das Mädchen stammen aus
reichen Familien, das andere Mädchen, das so unbedarft und ehrlich da-
herkommt, ist arm. «Me, Natalie» (1969 – Regie: Fred Coe) zeigt ein
unattraktives Mädchen (Patty Duke), das in Greenwich Village sein
Glück zu machen versucht und schließlich lernt, sich so zu akzeptieren,
wie es ist. Hollywood reagierte auf die Infizierung mit Bildern und Gedanken der Hippies und auf die Emanzipationsbestrebungen, die sich,
unter anderem, durch sie vermittelten, wie immer geschwätzig: Es er-

zählte *tall stories* aus Greenwich Village und Umgebung.

An die Stelle der familiären waren in den Filmen um die Jugendlichen die sozialen Probleme getreten; es ging um die Verheißung von «Selbstverwirklichung» auf der einen Seite, die Möglichkeit oder Unmöglichkeit für die Emanzipation der sozial Unterdrückten. Der Mythos vom Außenseiter verband sich mit dem Motiv der Minderheit. «They Shoot Horses, Don't They» (Nur Pferden gibt man den Gnadenschuß – 1969 – Regie: Sidney Pollack) führt wieder in die Depressionszeit zurück (ein schrecklicher Moment der Wahrheit in vielen kritischen Hollywood-Filmen dieser Zeit für die Fehler in der Entwicklung der amerikanischen Gesellschaft, ähnlich wie die Endzeit des Westens in den Spätwestern sich darstellte als Bild eines historischen Verrats). Während immer mehr Menschen durch die Arbeitslosigkeit ihre Existenz, ihre Heimat und ihre Familien verlieren, versuchen sich die anderen durch immer bizarrer und auch grausamer werdende Formen von Vergnügen und Unterhaltung die Angst vom Leib zu halten, und das Showbusiness ist erfindungsreich, in der Erfindung von Sentimentalität wie in der Erfindung von Quälereien. Zu Opfern dieses Systems, das alle aus der Sicherheit gestoßenen Menschen zu Opfern der billigen Vergnügungen der anderen macht, werden auch Jane Fonda und Michael Sarrazin, die ihr Glück bei einem Marathon-Tanzwettbewerb versuchen, bei dem sich Menschen buchstäblich zu Tode tanzen, zum Gaudium des Publikums. Das Siegerpaar erhält 500 Dollar. Gloria und Robert halten nun schon seit tausend Stunden mit nur kurzen Pausen zwischen den Tänzen durch. Der korrupte Veranstalter des Marathons (Gig Young) hat die publikumswirksame Idee, daß sich Gloria und Robert auf der Tanzfläche trauen lassen sollen. Viele der Tänzer geben auf, wenige werden von der Marter in diesem «menschlichen Zoo» erlöst durch die Aussicht auf eine Arbeit, andere halten durch bis zu ihrem körperlichen und seelischen Ende. Da nur Konkurrenz gelten darf, reagieren die Menschen aggressiv und hysterisch, an Solidarität gegen ihre Peiniger ist nicht zu denken, und die kurzen Momente menschlicher Kommunikation werden schnell durchbrochen von der Sirene, die die Tänzer auf die Tanzfläche zurückbefiehlt. Gloria erfährt, daß dem Sieger am Ende die «Spesen» von der Gewinnsumme abgezogen werden sollen, das heißt, daß er noch um diesen Gewinn betrogen werden wird. Robert erfüllt ihren letzten Wunsch; er erschießt Gloria. Er wird verhaftet, während der Tanzwettbewerb weitergeht. Es «erweist sich die minuziöse Rekonstruktion dieser Show als treffendes Modell der nur noch dem Erfolg huldigenden Leistungsgesellschaft. Der durch unmenschliche Spielregeln erzeugte brutale Druck auf den einzelnen, der zu seelischer Verkümmerung und vorzeitigem Altern führt, wird hier erschreckend deutlich. So provoziert Pollacks Film durchaus die Frage nach einer gesellschaftlichen Alternative» (Wolfgang Ruf).

Geschärft mochte das Bewußtsein für die Ausbeutung der Jugend durch die Gesellschaft durch den Vietnamkrieg sein; eine Generation war von den reaktionären Kräften zum Martyrium verurteilt, die Kinder der Weltkriegsgeneration gingen in einen Slapstick-Sadismus-Science-fiction- und Drogenkrieg. Die eigene Freiheit, die eigene Freundlichkeit, die eigene Kultur wird zermahlen oder korrumpiert in Filmen wie «Easy Rider» (Easy Rider – 1969 – Regie: Dennis Hopper), «Alice's Restaurant» (Alices Restaurant – 1969 – Regie: Arthur Penn) und ähnlichen.

Die Bewegung war die Flucht vor der Gesellschaft, eine Bewegung, in der sich die alten Mythen Amerikas noch einmal mit sehr neuen, herben Erfahrungen trafen. Und so produzierte auch das Genre als Neuauflage seiner Grund-Mythen die Geschichte vom jugendlichen Paar, das gegen die ganze Welt steht (der einfachste Weg einer Jugendbewegung in die populäre Mythologie ist der über eine Romeo und Julia-Geschichte. In «Friends» (Die jungen Liebenden – 1970 – Regie: Lewis Gilbert) treffen sich Michelle (Anicée Alvina), eine vierzehnjährige Waise, und der fünfzehnjährige Paul (Sean Bury), vernachlässigter Sohn eines Fabrikanten, sie flüchten und finden Zuflucht in einem Haus in der Camargue, das Michelles Vater gehört hatte. Paul versucht auf alle möglichen Arten, Geld für ihren Lebensunterhalt zu verdienen; Michelle bekommt ein Kind. Das Glück der beiden wird gestört, als der Vater des Jungen seine Macht ausspielt. Milos Forman hat in seinem im selben Jahr entstandenen «Taking Off» (Auf und davon) ein ähnliches Thema, den Ausbruch eines Teenagers (Linnea Heacock) aus der gutbürgerlichen Welt ihrer Eltern, satirisch behandelt.

Appeasement und Integration war bald wieder das vorherrschende Moment in den Filmen des Motivs. In «To Find a Man» (1971 – Regie: Buzz Kulik) ist die Tochter einer reichen Familie in einer genretypischen Kleinstadt (Pamela Martin), durch die Umstände ihrer gehemmten Entwicklung rebellisch geworden, schwanger; es stellt sich ihr die Frage einer Abtreibung, und ihr Freund (Darren O'Connor) akzeptiert schließlich die Verantwortung, der er sich stellen muß. «Jeremy» (Jeremy – 1973 – Regie: Arthur Barron) ist eine Teenager-Love-Story ganz ohne die Ingredienzien von Drogen, Kriminalität und Banden auf der einen, Sentiment und Verklärung auf der anderen Seite: Es ist eine nicht besonders schöne Welt, aber man muß darin leben, und wenn man verliebt ist, ist's zwar nicht leichter, aber aufregender. «The Stranger Who Looks Like Me» (1974 – Regie: Larry Peerce) und ein Remake von «The Glass Menagerie» (1973 – Regie: Anthony Harvey), beide fürs Fernsehen hergestellt, problematisieren wieder die Eltern-Kind-Beziehungen. Die Revolution ist vorbei, und niemand hat gewonnen als die Beharrlichkeit.

«The Glass Menagerie» (1973) von Anthony Harvey. Mit Katharine Hepburn. Foto: ARD.

Hollywood und das Rassenproblem

Die melodramatische Erzählweise ist zugleich eine Methode, sich einem bis anhin tabuisierten Thema zu nähern, Partei zu ergreifen, gar Partei für eine unterprivilegierte Gruppe oder Klasse (ohne sie «beim Namen zu nennen»), wie auch eine Methode, Probleme zu entschärfen, sie von ihrer gesellschaftspolitischen Brisanz zu befreien und sie in ein imaginäres Reich des Privaten zu verweisen. Weil das Melodram den Gegensatz zwischen Individuum und Gesellschaft als total ansieht, kann sein Gegenstand kaum die gesellschaftliche Lösung eines Widerspruchs sein. Die Verweigerung des Glücks durch die Gesellschaft trifft in seinem Kontext den Armen wie den Reichen, den Weißen wie den Schwarzen, den Jungen wie den Alten. Sich lieben, nur sich mögen, sich verstehen ist nicht anders möglich als gegen die Gesellschaft. So ist es nicht verwunderlich, daß der für die amerikanische Gesellschaft prägende Konflikt zwischen den Weißen und den Schwarzen sich im Genre des Melodrams darauf reduzieren ließ, daß Individuen zwischen schwarz und weiß von einer Gesellschaft, die die Erlösung durch die Liebe versäumt hatte, an einem «kleinen» Anspruch auf Glück scheitern. Schwarz oder weiß sein ist dem Melodram nur eine weitere Verstärkung der schwierig gemachten Liebesgeschichte (auch wenn dies sich gerade im Hollywood-Film an einer nationalen Mythologie brechen muß, der der Rassismus nur ganz allmählich ausgetrieben werden kann). Es ist daher wohl müßig zu fragen, ob die Melodramen, die historische, politische und kulturelle Widersprüche zum Ausgangspunkt haben, der «Sache» ihrer Helden als (politischer oder ethnischer) Gruppe dienen, oder ob sie sie vielmehr durch Integration in den Konsens der populären Kultur (durch Kritik an Klischees durch die Schaffung neuer Klischees) mit dem allgemeinen Konsens kommensurabel machen. (Sicher können sie, wie mehrere Autoren bemerkt haben, hinter eine bereits erreichte Bewußtseinsfront zurückfallen und können sie – ein wenig – darüber hinausgreifen; das melodramatische Konzept aber sieht nur den einzelnen, mancher rhetorischer Schwenks zum Trotz, Erlösung ist ihm näher als Emanzipation, und wer als Weißer über «Uncle Tom's Cabin» geweint hat, kann trotzdem und ohne inneren Widerspruch eine rassistische Haltung einnehmen.)

So ist in der Erzählung des Melodrams der Rassenkonflikt eine Verstärkung der Retardierungen, die sich den Helden des Genres bei ihrer emotionalen Selbstverwirklichung auftun. In der Universalität (und im Pessimismus) des Melodrams ist alles aufgehoben, was einzelne Menschen daran hindert, glücklich zu sein. Das Schwarzsein für schwarze Helden im Melodram ist ein solcher Hinderungsgrund, der von einer mehr oder minder abstrakten Gesellschaft aufgestellt worden ist und der durch typische *heavies*, schurkische oder pathologische Weiße, verstärkt wird. Aber das ist natürlich nur die halbe Wahrheit, denn in einer sozialen und historischen Situation wie der Amerikas drängt das Thema zu einer zweiten Aussage. Melodramen um das Problem der Rassenintegration haben zumeist zwei oft einander sogar widersprechende Ebenen, die melodramatische Ebene, die ihre eigene Moral produziert, nämlich, daß Menschen, die sich mögen oder lieben, zueinander kommen und beieinander bleiben dürfen sollen, was immer sie auseinanderbringt, und daß das, was sie auseinanderbringt, letztlich immer das Stärkere ist, und die Ebene der Politik, die eine Meinung produzieren soll. Gelungene Melodramen über die Beziehungen zwischen schwarzen und weißen Menschen schaffen die Identität zwischen der emotionalen und der argumentativen Ebene, und viele von ihnen haben, um dies Ziel zu erreichen, zu «Tricks» gegriffen, die in der Retrospektive falsch und verlogen sein mögen, die sich aber, im Zusammenhang mit der politischen Realität ihrer Entstehungszeit gesehen, oft als einzig mögliche Kompromisse erweisen. Kompromisse, vor allem künstlerische Kompromisse sind, wo sie einmal erkannt sind, häßlich, und so steckt nur in wenigen der «schwarzen» Filme Hollywoods die verborgene Schönheit, die eine Entdeckung wertvoll macht. Man muß die Geschichte dazudenken, um sie zu verstehen. Doch auch die melodramatischen Filme waren beteiligt an der Suche nach einem Ausweg. Der konnte nur gefunden werden durch Anpassung, durch Unterwerfung, durch Flucht (in die Idylle etwa), durch Emanzipation oder durch einen neuen Stolz auf die eigene Gruppe. Das Happy-End bestimmte die Art des Auswegs.

Im schwarzen oder schwarz/weißen Melodram behalten die traditionellen Typologien der melodramatischen Erzählweise im allgemeinen ihre Gültigkeit; auf beiden Seiten gibt es die versteinerten und die verstehenden Menschen (und oft scheint sich der Konflikt am Ende, von jeder gesellschaftlichen Struktur losgelöst, auf diese beiden Gruppen zu konzentrieren); es gibt für die in Freundschaft oder Liebe verbundenen Helden weise, beratende Figuren im Hintergrund, und böse, intrigante, die dazu verführen, das Unverzeihliche, das Trennende zu tun. Auch hier bleibt der Ausgangspunkt der Erzählung eine Rebellion, eine Rebellion des Paares gegen die Welt und ihre Konventionen, oder eine Rebellion des einzelnen, die sich freilich zunächst vor allem gegen sich selbst, gegen die eigene Rolle, die eigene Geschichte, die eigene Rasse auch richtet. Der Schwarze, der ein Weißer werden will, ist der Held des Melodrams (nicht der Schwarze, der dieselben Rechte, dieselben Möglichkeiten verlangt). Der gesellschaftliche Widerspruch, der im Melodram die Liebenden trennt, kann im schwarzen oder schwarz/weißen Melodram mitten durch die Seele eines Menschen gehen.

Das Modell für die melodramatische Behandlung von Rassenproblemen in der populären Literatur Amerikas bildet Harriet Beecher Stowes Roman «Uncle Tom's Cabin» (1851), das oft als die Etablierung eines Ideals vom Neger, der sich in seiner Rolle als Diener bescheidet, der aber auch gegen Willkür und Grausamkeit der Weißen geschützt sein sollte, gedeutet wird. Ganz sicher war die Intention der Autorin kein solcher Appell zum *appeasement*; es war der einzige ihr mögliche Protest gegen die Einrichtung der Sklaverei, von der sie als junges Mädchen das erstemal gehört hatte, und das ihr, als sie als Erwachsene mit der Realität der Sklaverei konfrontiert wurde, einen Schock versetzt hatte. Die Geschichte entstand als Pamphlet gegen die Sklaverei, vor allem gegen neue in Washington beschlossene Gesetze über die Bestrafung entflohener Sklaven und ihrer Helfer (auch Harriet Beecher Stowe hatte einer Sklavin zur Flucht verholfen). Die Autorin hat die Niederschrift des Buches nie anders denn als christlichen/politischen Akt verstanden.

Die Geschichte handelt von dem gütigen alten Neger Tom, seiner Frau Cloe und seinen Kinder, die bei dem Farmer Shelby leben und arbeiten und gut behandelt werden. Shelby hat Tom sogar Lesen und Schreiben beigebracht, so daß Tom in seiner Hütte der Familie aus der

Bibel vorlesen kann. Als Shelby sich in Schulden gestürzt hat, verkauft er Tom und dessen Ziehtochter Eliza an den brutalen Sklavenhändler Haley. Eliza wird dadurch von ihrem Mann, dem Mulatten George, getrennt, der aus Furcht, ebenfalls verkauft zu werden, nach Kanada flieht. Auch Tom und Eliza mit ihrem kleinen Kind fliehen. Eliza folgt George. Sie wird nach einer lebensgefährlichen Flußüberquerung von einer Quäker-Familie aufgenommen, die auf ihrer Farm entflohene Sklaven beherbergt (dieser Farmer hatte übrigens ein reales Vorbild, ebenso wie Tom selbst, dem ein ehemaliger Sklave, der Priester geworden war und in dieser Eigenschaft Vergebung für seine einstigen Peiniger predigte, als Modell diente). Schließlich finden Eliza und George wieder zusammen und entkommen nach Kanada. Tom ist unterdessen von Haley gefangen und geschunden worden. Als Tom ein kleines weißes Mädchen vor dem Ertrinken gerettet hat, kauft ihn dessen Vater, der Plantagenbesitzer St. Clare, von Haley. Bei seinem neuen Herrn hat es Tom zwar gut, doch er sehnt sich nach seiner Frau und den Kindern. Er kümmert sich um die kleine Eva wie um ein eigenes Kind. Das Mädchen erkrankt an Tuberkulose, und sterbend bittet es den Vater, Tom, der Tag und Nacht an ihrem Bett gewacht hat, in seine Heimat zurückkehren zu lassen. Bevor St. Clare das Vermächtnis seiner Tochter erfüllen kann, stirbt auch er an der Krankheit. Die Plantage wird versteigert und mit ihr die Sklaven. Der brutale Simon Legree übernimmt Tom mit dem anderen Besitz, und er quält und prügelt Tom, der solche Peinigungen stumm über sich ergehen läßt, um so mehr, als sich dieser für seine Mitgefangenen einsetzt. Als einige Frauen geflohen sind, weigert sich Tom, sie zu verraten. Simon Legree schlägt ihn tot. Zu spät erscheint der Sohn von Shelby, um Tom nach Hause zu bringen; er kann nur noch seinen Leichnam seiner Familie übergeben. An Toms Grab schwört Shelby, gegen die Sklaverei zu kämpfen, und er läßt alle seine Sklaven frei. George und Eliza haben unterdessen beschlossen, nicht in Kanada zu bleiben, sondern in ihr eigenes Land, nach Afrika zurückzukehren.

Während im Norden das Buch (erschienen 1852, nachdem es vorher in Fortsetzungen in einem Wochenmagazin publiziert worden war) zu einem sensationellen Erfolg wurde, kam es im Süden zu heftigsten Protesten, und das Buch wurde mit allen erdenklichen Mitteln unterdrückt. Zehn Jahre später hatte der amerikanische Bürgerkrieg die Befreiung der Sklaven gebracht, und nicht wenige behaupteten, Harriet Beecher Stowes Buch habe sein Teil dazu beigetragen.

Tatsächlich ist, was den Figuren widerfährt, was allen Figuren in melodramatischen Geschichten widerfährt: Eine schreckliche Umwelt trennt die Liebenden voneinander. Und die Gewalt der Unterdrücker ist vor allem sinnlos böse; der schreckliche Simon Legree haßt Uncle Tom vor allem, weil er in ihm die Inkarnation des Guten sieht, so wie alle Schurken im Melodrama die Unschuld verfolgen, solange es sie gibt. Und Uncle Tom betet für seine Peiniger, im Wissen darum, daß im Jenseits sie es sind, die für vieles büßen müssen. Tom kennt den Aufstand nicht, und er kennt keine Gewalt, er ist durch und durch nur Opfer und Anklage. Daher ist verständlich, daß eine Figur wie diese im Jahr 1852 so brisant sein konnte, daß es – im Süden – gefährlich war, das Buch auch nur zu besitzen, und daß es andererseits hundert Jahre später zu einem Schimpfwort werden mußte, ein «Uncle Tom» zu sein, als der christliche Geist, aus dem die Autorin ihre Klageschrift verfaßt hatte, als der Unterdrückung anderer Teil erkannt worden war. Onkel Tom, wie auch immer modernisiert und variiert, blieb der Unterhaltungsindustrie freilich noch lange Zeit der liebste Neger.

Auch die ersten Filme, die sich in den Jahren um 1910 mit dem Rassenproblem befaßten, waren, im günstigsten Fall, nach einem solchen melodramatischen Muster geformt. Andere mehr oder weniger offen rassistische Filme diktierten den Negern die Rolle von Tölpeln und Clowns zu; wieder andere warnten drastisch vor jeder Form von Beziehung zwischen den Rassen. Die «liberalen» Filme suchten einen Ausweg zwischen sozialer Gerechtigkeit und Verhinderung der wirklichen Emanzipation. So wird in «The Judge's Story» (1911) ein schwarzer Junge vor einem weißen Gericht von einer Anklage freigesprochen, weil der Richter seiner Mutter verpflichtet ist, die ihm in der Vergangenheit geholfen hatte. (Wohl unbeabsichtigt wahrhaftig ist die Tatsache, daß der Zuschauer nie erfährt, ob der Junge schuldig ist oder nicht, ganz so, als solle gezeigt werden, daß Schuld oder Unschuld für einen schwarzen Jungen vor einem weißen Gericht zu dieser Zeit wirklich irrelevant waren: Er war von vornherein verurteilt.)

1903 war bereits die erste Filmversion von «Uncle Tom's Cabin» unter der Regie von Edwin S. Porter entstanden, wobei der rebellische und anklägerische Aspekt der Vorlage vollständig unterschlagen wurde (so etwa wurde die Parallelhandlung der Flucht nach Kanada unterschlagen, ebenso wie die grausame Behandlung der Sklaven, während die Beziehung Toms zu Eva in den Vordergrund gestellt wurde). Die Rollen der Schwarzen wurden von weißen Schauspielern mit geschwärzten Gesichtern dargestellt. Ähnlich angelegt waren auch die Remakes aus den Jahren 1909, 1913 und 1918, wo eine weiße Schauspielerin sowohl das weiße als auch das schwarze Mädchen darstellt, zu deren «Vater» Tom wird. Diese Technik verhinderte nicht nur die Emanzipation schwarzer Schauspieler, sie gab dem Geschehen auch eine Wendung ins Allgemeinmenschliche (das heißt: ins Weiße); sowenig Schwarz schön sein durfte, sowenig durfte wirklich schwarzes Schicksal Mitleid erwecken. In der Version von 1914 immerhin stellte zum erstenmal ein Neger den Uncle

«Uncle Tom's Cabin» (1903) von Edwin S. Porter.

Tom dar (Regie bei dieser Version führte William Robert Daly).

Diese Filme richteten sich in erster Linie an ein weißes Publikum im Norden. Ein eigenständiges schwarzes Kino entwickelte sich erst einige Jahre später in Ansätzen. Unabhängig von den großen Studios und allseits behindert durch die Industrie und die Politik, schufen Produzenten und Regisseure wie Oscar Micheaux «kleine» Filme nach den Formeln des Hollywood-Kinos (schwarze Western, schwarze Abenteuerfilme, schwarze Romanzen), in denen jeder Hinweis auf die Realität der afroamerikanischen Bevölkerung ausgemerzt war. Die schwarzen Kinos im Süden, die den Hauptmarkt für solche Filme bildeten, wären im besten Fall geschlossen, im schlimmsten angezündet worden, hätte es in den Filmen auch nur die Andeutung einer Kritik gegeben.

Das weiße Kino hingegen schuf sich seine schwarzen Stereotypen, mit denen sich gut leben ließ und die ein möglicherweise entstehendes Rebellieren gegen den Status quo verhinderten. In vielen Filmen gab es die Figur des *tragic mulatto*, des tragischen Halbbluts, gewissermaßen ein lebender Beweis für die schrecklichen Folgen der Rassenmischung. Diese Figur schien die rechte Illustration für die «liberale» Ideologie des «equal but separated», die sich später entwickeln sollte.

In «The Debt» (1912) hat ein weißer Mann zur gleichen Zeit ein Kind von seiner weißen Frau und von seiner schwarzen Geliebten. Die beiden Kinder wachsen gemeinsam auf, ohne zu wissen, daß sie miteinander verwandt sind. Als sie erwachsen sind, verlieben sie sich ineinander. Aber sie können nicht heiraten. So erfährt das Mädchen, daß sie schwarzes Blut hat. Immer wieder werden die vergeblichen Versuche von Mulatten geschildert, als weiß zu gelten und so an den Privilegien der weißen Rasse teilzuhaben. Früher oder später, so suggerieren die Filme, wird ihre wahre Herkunft entdeckt, und sie werden nur um so tiefer ins Unglück gestürzt. Solche Geschichten erzählen zum Beispiel die Filme «In Humanity's Cause» (1913) und «The Octoroon» (1913).

Die nächste Version von «Uncle Tom's Cabin» entstand 1927 unter Regie von Harry Pollard mit James B. Lowe in der Titelrolle. Ein wenig hatte sich nun, bedingt durch das Zusammenleben von weißen und schwarzen Soldaten im Ersten Weltkrieg, die Haltung des weißen Amerika zu den Schwarzen geändert. So konnte der Film mehr von der Vorlage wiedergeben als sein Vorgänger. Aber die Figur des *tragic mulatto* schien eine zeitgemäßere Form zu konstituieren, eine Formel für die Darstellung des Rassenkonflikts zu entwickeln. In ihr konnte sich zugleich die Anklage gegen die Ungerechtigkeit der Situation der Schwarzen niederschlagen, der Appell für «menschliche» (individuelle) Lösungen, als auch eine Idealisierung des neuen Onkel Tom, der in seiner bescheidenen Situation in Abhängigkeit vom guten Weißen bleiben will, der ihn vor dem bösen Weißen schützt.

Der Film «Imitation of Life» (1934 – Regie: John M. Stahl) war ein Reflex auf die liberale Zeitstimmung unter der Politik des New Deal. Die Geschichte einer weißen (Claudette Colbert) und einer schwarzen Witwe (Louise Beavers) und ihrer Töchter steuert auf die Idealisierung einer Harmonie zwischen den Rassen zu, die auf Einsicht und menschlichem Verständnis beruht. Das alte Abhängigkeitsprinzip scheint hier eine voluntaristische Note zu bekommen: Während die weiße Frau an ihrer Karriere arbeitet, besorgt die schwarze das Haus. Durch ein Rezept könnte die schwarze Frau reich werden, aber sie verzichtet freiwillig und läßt lieber die weiße Frau die Vermarktung ihrer Arbeit betreiben, um selbst in der Küche bleiben zu dürfen. Sie will das Idyll ihrer Situation nicht verlassen (im Kontext solcher Filme verhalten sich Schwarze zu Weißen oft wie Frauen zu Männern; es wird gezeigt, daß ihre Abhängigkeit auch ihr Glück ist). Aber die Tochter der schwarzen Frau, die als Weiße gelten kann, will endgültig die Rassenschranken überschreiten und weiß werden; sie verläßt ihre Mutter, der es das Herz bricht.

Das freiwillige Zusammenstehen der beiden Mütter verweist einerseits auf die typische New Deal-Ideologie, wie sie in vielen Filmen der Zeit (z. B. in den Komödien von Frank Capra) zwischen Arm und Reich

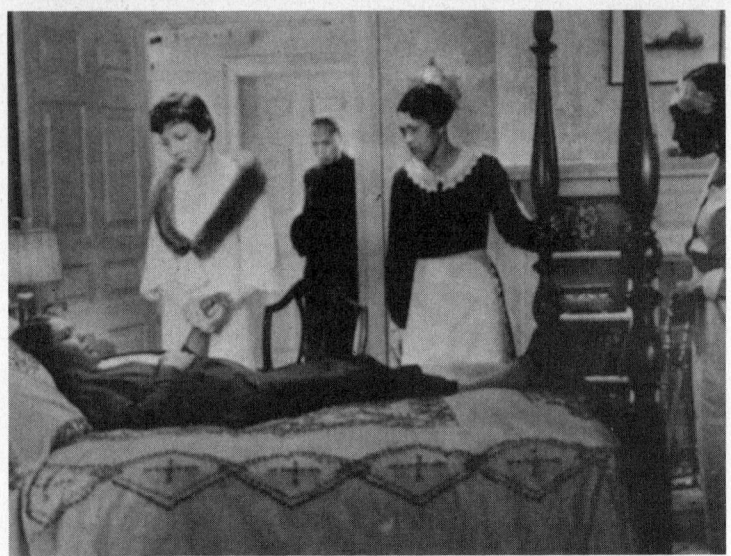

«Imitation of Life» (1934) von John M. Stahl. Mit Louise Beavers und Claudette Colbert.

und zwischen Männern und Frauen propagiert wurde, es ist aber auf der anderen Seite nur möglich durch die Fortsetzung der «christlichen» Haltung von Stoizismus der schwarzen Frau, die geadelt wird dadurch, daß sie leiden gelernt hat. Dieser Film markiert auch den Übergang einer weiteren stereotypen Figur, der schwarzen Mammy, von einer eher komischen Charakterisierung zu einer menschlichen Dimension. Die schwarze Mammy wird hier zu einer Art Muttergestalt, deren Verständnis von der weißen Frau niemals aufgebracht werden könnte. So «warnt» die schwarze Frau zugleich die weißen Frauen davor, sich allzusehr aufs Leben draußen zu werfen und ihre Aufgabe als Mutter zu vergessen, indem sie die Mütterlichkeit usurpiert. Die meisten Tränen weißer Teenager in den Melodramen der kommenden Jahre werden an den Schultern schwarzer Mammys geweint.

Nicht nur die Melodramen brachten aus zugleich pragmatischen wie ideologischen Gründen eine Übertragung von wahrhaft gigantischen Ausmaßen zustande, die bei «Uncle Tom» begonnen hatte und mit dem Tod von Martin Luther King endete. Den Negern wurden alle christlichen Tugenden beigeordnet, die die Predigten füllen konnten, der «gute

Neger» war mehr oder weniger ein Heiliger. Die Weißen waren dafür vielleicht ein bißchen schlecht, aber dafür durften sie allen Spaß und alle Macht auf der Erde für sich in Anspruch nehmen. In der populären Mythologie haben die Weißen den Schwarzen schon früh den Himmel überlassen.

Das Mischlingsmädchen Peola (Fredi Washington) ist die Fortsetzung des *tragic mulatto*, wie Louise Beavers die Fortsetzung der längst schon zum Klischee gewordenen Mammy und Dienerin war, aber wie diese war auch sie zugleich ein wenig dazu angelegt, das Klischee zu überschreiten. Sie ist das erste Modell einer schwarzen Revolte.

Ganz ähnlich Fredi Washington in «Imitation of Life» versuchen auch die Helden von «Pinky» (1949 – Regie: Elia Kazan) und «Lost Boundaries» (1949 – Regie: Alfred L. Werker) ihre Rasse zu verleugnen. Pinky, eine hellhäutige Negerin (Jeanne Crain), kommt aus dem Norden, wo sie als Weiße gelebt hat, zurück in ihre Heimat im Süden. Sie wird angegriffen und von Polizisten beschützt, nur um von ihnen gedemütigt zu werden, nachdem sie erfahren haben, daß sie eine Schwarze ist. Pinky will zurück in den Norden zu ihrem weißen Verlobten, doch ihre Großmutter bringt sie dazu, eine sterbende Frau (Ethel Barrymore) zu pflegen. Diese, ganz von der aristokratischen Attitüde des Südens geprägt, läßt sie erfahren, daß sie nicht etwas sein kann, was sie nicht ist. Die alte Frau stirbt und hinterläßt Pinky ihr Anwesen. Pinky kämpft um das Recht, es führen zu dürfen, und sie bekennt sich zu ihrer schwarzen Herkunft. Sie trennt sich von ihrem weißen Verlobten (William Lundigan) und bleibt im Süden, um sich für die Schwarzen einsetzen zu können.

Die entgegengesetzte Lösung findet der Film «Lost Boundaries», der nach einem autobiografischen Bericht in der Zeitschrift «Reader's Digest» entstand. Er handelt von einer Familie, die lange Zeit als weiß galt. Dr. Carter und seine Frau (Mel Ferrer, Beatrice Pearson) kommen in eine amerikanische Kleinstadt und werden zu angesehenen Bürgern, da niemand von ihrer schwarzen Abstammung erfährt. Doch als sich Dr. Carter freiwillig zur Marine meldet, nachdem der Krieg erklärt wurde, wird seine «schwarze Herkunft» entdeckt, und er wird zurückgewiesen. Die Kinder und das Paar selbst werden nun mit der Wirklichkeit des Rassismus konfrontiert, die sie aus ihrer mittelständischen Existenz eliminiert zu haben schienen. Während der Sohn nach Harlem geht, um seine wirkliche Heimat zu finden, wenden sich die Einwohner der Stadt von ihren früheren Freunden ab. Unter dem Einfluß eines Priesters kommt es aber schließlich doch zur Versöhnung, und die Familie wird erneut in die Gemeinschaft der Stadt aufgenommen – ein etwas fragwürdiges Happy-End.

Während «Bright Victory» (1951 – Regie: Mark Robson) das Thema der Rassenintegration mit einer Kriegsheimkehrergeschichte verband,

Dorothy Dandridge und Harry Belafonte in «Carmen Jones» (1954) von Otto Preminger.

erreichte das Genre der schwarzen Musicals in zwei Filmen von Otto Preminger seine am meisten melodramatische Ausformung. «Carmen Jones» (1954) ist eine moderne Fassung von Bizets Oper «Carmen», «Porgy and Bess» (Porgy und Bess – 1959) die Verfilmung von George Gershwins gleichnamiger Oper. Die Heldin von «Carmen Jones» (Dorothy Dandridge) ist eine Arbeiterin in einer Rüstungsfabrik, in die sich der Pilot Joe (Harry Belafonte) verliebt. Als sie ihn mit einem anderen betrügt, wird sie von Joe getötet. «Porgy and Bess» erzählt von dem verkrüppelten Bettler Porgy (Sidney Poitier), der sich in die schöne Bess (Dorothy Dandridge) verliebt. Er tötet ihren früheren Geliebten (Brock Peters), aber Bess verfällt den Verführungskünsten des eleganten Rauschgifthändlers «Sportin' Life» (Sammy Davis jr.).

Daß dieser Film gegenüber dem originalen Opernlibretto ein wenig geschönt erscheint und daß er sich niemals auf eine realistische Beschreibung des sozialen Hintergrunds einläßt, kann nicht allein Preminger angelastet werden, der sich bei den Dreharbeiten in einem ständigen Kampf mit dem Produzenten Samuel Goldwyn befand. «Meiner Meinung nach wäre der Film besser geworden, wenn er nicht so dicht an der

Vorlage gemacht worden wäre. Man muß sich doch nicht an den Buchstaben halten, um die Idee eines Stoffes oder einer Gestalt zu respektieren! Aber das wollte Goldwyn um jeden Preis. ‹Porgy and Bess› ist ein exzellentes Skript, aber es war damals bereits beinahe dreißig Jahre alt und ziemlich altmodisch, vor allem was den Humor anging. Der Film wäre besser geworden, wenn ich ihn wie ‹Carmen Jones› als Film mit Musik und nicht als Film-Musical gemacht hätte» (Otto Preminger).

Auf den ersten Blick erscheinen sowohl «Carmen Jones» als auch «Porgy and Bess» als melodramatische Geschichten, bei denen das schwarze Element nicht viel mehr hergibt als einen pittoresken Hintergrund (zumal man Rhythmus, Leidenschaft und Emotionalität in den fünfziger Jahren gern in jedes andere Milieu außer dem des weißen Mittelstandes projizierte). Gary Null indessen hat nachgewiesen, wie sehr die Rollen der Dorothy Dandridge in beiden Filmen eine Fortsetzung der Figur der *tragic mulattoes* aus den Filmen der dreißiger und vierziger Jahre sind: Sie ist so schön und begehrenswert, wie sie weiß ist, und sie ist so tragisch und verdammt, wie sie schwarz ist.

Die Eisenhower-Ära, an der Oberfläche langweilig und restaurativ, war voller Widersprüche und sozialer Gärprozesse. Während es in Mississippi noch zu Lynch-Morden kam, schritt der Emanzipationsprozeß langsam fort. Der Film bekam seine schwarzen und seine «schwarzen» Stars: Harry Belafonte, Sidney Poitier, Dorothy Dandridge, Woody Strode, Sammy Davis jr., Eartha Kitt, um nur einige zu nennen. Die meisten von ihnen kamen von der Musik her, und «schwarze» Filme waren in den fünfziger Jahren mehr oder weniger von Musik geprägt; der schwarze Rhythmus schien dem Drama den Melos wiederzugeben. Und sie handelten von Dingen, die sich die weiße Gesellschaft verboten hatte. Zum Beispiel setzten sie ein Milieu der Bohème fort, in dem es noch so etwas wie ein (erotisch) aufregendes Leben geben durfte. Positive, zumindest ambivalente Huren, die Prostituierte mit dem Herzen aus Gold, wie sie etwa Eartha Kitt oder Lena Horne verkörperten, waren wie Gestalten aus weißen Melodramen, eine Dekade früher, ausgestattet mit einem Hang zu Exaltationen. Wo die Heldinnen der weißen Melodramen aus den vierziger Jahren weinten, da mußten die schwarzen Heldinnen einen Blues anstimmen oder stumm leiden. Noch häufiger wurde aus Leidenschaft getötet.

So wie in den fünfziger Jahren die Figur des tragischen Halbbluts eine gewisse Vertiefung erfuhr, indem ihr eine erotische oder eine bürgerliche Identität zugestanden wurde, so wurde auch die Figur der freundlichen schwarzen Mammy weiterentwickelt. Juanita Moore in Douglas Sirks «Imitation of Life» (1959), dem Remake von John M. Stahls Film, und Ethel Waters in «Members of the Wedding» (1953 – Regie: Fred Zinnemann) und «The Sound and the Fury» (Fluch des Südens – 1959 –

Joanne Woodward und Margaret Leighton in «The Sound and the Fury» (1959)
von Martin Ritt.

Regie: Martin Ritt) wurden zu universalen Muttergestalten, wie um einen Verlust von Mütterlichkeit bei den WASPs auszugleichen. In «Member of the Wedding» wächst ein weißes Mädchen (Julie Harris) bei einer warmherzigen, verständigen schwarzen Frau auf. Natürlichkeit und Gefühl, das im Dienste gesellschaftlicher Karrieren verdrängt wird, reinkarniert sich in den schwarzen Müttern wie den leidenschaftlichen Liebhabern, die aus Eifersucht töten, und den schwarzen Mädchen, deren Leben aus nichts als Liebe besteht. In den fünfziger Jahren konnte die schwarze Mammy durchaus eine (geheime) Utopie werden, in einer Welt, in der Gefühle, Verständnis, Toleranz suspekt erschienen und in der das schlüssigste (Kino-)Bild für den Nächsten und für die gesellschaftliche Situation das Monster war.

«The Sound and the Fury» ist einer der zahlreichen Filme, die Leidenschaft und Gefühle, so wie eine gewisse Morbidität, den Untergang als Alltagszustand, in einen beinahe mystischen Süden verlagerten. Ritts Film verändert die Ideen seiner Vorlage, des Romans von William Faulkner, und verkehrt seine Botschaft nahezu ins Gegenteil, indem er aus der Gestalt des autoritären Jason (gespielt von Yul Brynner), im

Original ein Rassist und Tyrann, ein Ausbeuter im wirtschaftlichen und im emotionalen Sinne, eine positive Figur macht. Er ist nicht der endgültige Vollzug des Niedergangs einer aristokratischen Familie, sondern der einzige, der ihn aufhalten kann, der einzige, der es gewissermaßen fertigbringt, diese Familie zu «heilen», indem er sie zusammenfügt und verbürgerlicht. Diese autoritäre Männergestalt löst die mütterliche Kraft der schwarzen Mammy (Ethel Waters) ab, die die Familie anders geführt hat: durch Liebe, die auch den schwachsinnigen Bruder Jasons und das rebellische junge Mädchen (Joanne Woodward) am Leben erhält, und durch den Rat, der von der weißen Familie angenommen wird. In diesem Film zeichnet sich der Sieg patriarchalischer Mythen über einen matriarchalischen Einschub ab, der auch das Verhältnis der Rassen betraf.

Neben die Figur des *tragic mulatto* trat nun die eines jungen rebellischen Negers, der seine Erfahrungen macht, um am Ende zu einem nützlichen Mitglied der Gesellschaft zu werden, die ihm einen Platz zuweist. Während in «Kings Go Forth» (Rivalen – 1958 – Regie: Delmer Daves) zwei weiße Soldaten (Frank Sinatra, Tony Curtis) über ein Mädchen mit schwarzem Blut (Natalie Wood) in Streit geraten, ist in «The Blackboard Jungle» (1955 – Regie: Richard Brooks) Sidney Poitier, der «Held für eine Dekade der Integration» (Donald Bogle), ein Junge in einer High School, der ebenso hart und rebellisch ist wie seine Mitschüler, und obendrein schwarz. Er wird jedoch durch die persönliche Kraft des Lehrers (Glenn Ford) reformiert und rettet seinem Mentor schließlich sogar das Leben, als dieser vom schlimmsten der Jungen (Vic Morrow) mit dem Messer angegriffen wird.

Ein rebellischer schwarzer Junge ist auch Johnny Nash in «Take a Giant Step» (Spring über deinen Schatten – 1960 – Regie: Philip Leacock), der Sohn einer schwarzen Mittelstandsfamilie, und auch er wird schließlich zur Einsicht gebracht, seinen Platz in der Gesellschaft zu akzeptieren, der gegenüber dem Los der Neger im Süden ein Paradies sei. Der Liberalismus dieser Zeit schien darin zu gipfeln, daß Schwarz und Weiß sich in dem Stolz dareinfinden sollten, was alles seit den Tagen von Uncle Tom erreicht worden sei.

Während sich also die meisten amerikanischen Regisseure auf integrationistische Lehrstücke, moralische Appelle und gewiß auch Verharmlosungen der wirklichen Situation eingelassen hatten, um eine Atmosphäre des guten Willens zu schaffen, beschreibt Luis Buñuels in Mexiko in englischer Sprache entstandener Film «La Joven»/«The Young One» (Das junge Mädchen – 1960) den Rassismus an einer Modellsituation. Auf einer Insel vor der amerikanischen Südküste leben ein vierzehnjähriges Mädchen (Kay Meersman), dessen Großvater gerade gestorben ist, und der Jagdaufseher Miller (Zachary Scott). Der schwarze Travers

(Bernie Hamilton), der auf der Flucht ist, kommt auf die Insel, um sein Boot zu reparieren. In der Nacht verführt Miller Evelyn. Am nächsten Morgen erscheinen der Pfarrer Fleetwood (Claudio Brock), der Evelyn in ein Heim bringen will, und der Bootsmann Jackson (Graham Denton) auf der Insel. Jackson ist auf der Suche nach einem Neger, der, wie er berichtet, auf dem Festland eine weiße Frau vergewaltigt habe. Travers wird von Jackson und Miller, der sich ihm angeschlossen hat, festgenommen. Obwohl der Pfarrer von seiner Unschuld überzeugt ist (die Vergewaltigung entsprang dem Hirn einer neurotischen Frau), wagt er es nicht, sich gegen die beiden anderen Männer zu stellen. Als er erfährt, daß Miller mit Evelyn geschlafen hat, schlägt er ihm ein Geschäft vor: Er soll Evelyn heiraten und Travers entkommen lassen. Miller willigt ein, und Travers flieht weiter.

«Es ist eine psychologische Studie über das Verhalten von fünf Menschen in einer Ausnahmesituation, vor allem aber auch ein Film über das Rassenproblem, in dem alle Personen unterschiedliche Standpunkte einnehmen. Jackson ist ein fanatischer Rassist, für den Neger seelenlose Geschöpfe sind. Miller ist indifferent; er akzeptiert Travers als Handlanger, aber er würde ihm nie Gleichberechtigung zubilligen und läßt sich auch von Jackson schnell aufhetzen. Der Pfarrer ist zwar überzeugt, keine Rassenvorurteile zu haben. Doch als er hört, daß in dem Bett, das man ihm zuweist, Travers eine Nacht geschlafen hat, dreht er die Matratze um. Nur Evelyn, gleichsam die unverbildete Stimme der Natur, reagiert völlig normal auf Travers» (Krusche/Labenski).

Einen ähnlichen Realismus in der Behandlung der Rassenfrage erlangte nur Robert Mulligans «To Kill a Mockingbird» (Wer die Nachtigall stört – 1962), die Geschichte eines weißen Anwalts (Gregory Peck), der einen schwarzen Farmer (Brock Peters) verteidigt, den man wegen der Vergewaltigung einer weißen Frau angeklagt hat. (Ein ganz ähnliches Thema behandelt John Ford in seinem Western «Sergeant Rutledge» – Mit einem Fuß in der Hölle/Der schwarze Sergeant – 1959.) Daß die Anklage der Vergewaltigung von den Schwarzen genommen wird, hat sicherlich auch symbolischen Wert und soll ein verbreitetes rassistisches Ideologem entschärfen. Die Anklage wird zurückverwiesen an die frigide weiße Frau oder den weißen Rassisten. Dieser Freispruch wird allerdings in den meisten Fällen nur durch eine weiße Vaterfigur oder einen weißen Verteidiger zuwege gebracht.

Liebesgeschichten zwischen den Rassen waren in den sechziger Jahren ohne die mythische Figur des *tragic mulatto* möglich geworden. In Tony Richardsons englischem Film «A Taste of Honey» (Bitterer Honig – 1962) wird die Geschichte eines Mädchens (Rita Tushingham) erzählt, das von einem schwarzen Matrosen ein Kind bekommt, die Farbe ihres Babys ist nur noch ein zusätzlicher Aspekt ihrer Ächtung durch die Umwelt. «One

Potato, Two Potato» (1964 – Regie: Larry Peerce) ist wohl die erste Behandlung einer schwarz/weißen Ehe auf der Leinwand. Eine junge weiße Frau (Barbara Barrie), die sich gerade hat scheiden lassen, verliebt sich zum Entsetzen ihrer Umwelt und vor allem ihrer Eltern in einen schwarzen Mann (Bernie Hamilton) und heiratet ihn. Zunächst scheint alles gutzugehen; die beiden leben mit der Tochter der Frau aus erster Ehe in einem bescheidenen Glück. Schließlich aber findet der erste Mann der Frau heraus, wo sich seine Tochter aufhält, und verlangt sie zurück. Er strengt ein Gerichtsverfahren an, und der Fall wird zu seinen Gunsten entschieden; der Film endet damit, daß er mit dem entsetzten Kind davonfährt.

Mit Filmen wie diesem wurden die rhetorischen Figuren und die Klischees des Genres verlassen. Andere, wie Shirley Clarkes «The Cool World» (1964), beschäftigten sich mit dem Leben in den Slums und der Entstehung der Streetgangs. Die Chance war gegeben, aus den gegebenen, mehr oder minder wohlmeinenden «mythischen» Stereotypen für die Schwarzen auszubrechen und Menschen aus Fleisch und Blut zu zeigen anstatt die fixen Gestalten der *tragic mulattoes*, der Black Mammys, der Uncle Toms, der schwarzen Clowns und der schwarzen *heavies* und Verführer, wie sie Donald Bogle einteilt. Aber Filme über die wirkliche Situation der Schwarzen waren nicht konsensfähig.

Wie die beiden vorgenannten Filme war auch «Shadows» (Schatten – 1960 – Regie: John Cassavetes) eine unabhängige Produktion. In diesem Film stellte Cassavetes gewissermaßen einige der vorgenannten Klischees vom Kopf auf die Füße. So gibt es das schwarze Mädchen, das für weiß gehalten wird und das von ihrem weißen Freund zurückgewiesen wird, als er von ihrer Herkunft erfährt. Aber das Mädchen ist nicht das aus «Imitation of Life»; sie will nicht von einer Schwarzen zu einer Weißen werden, sie versteht ganz einfach nicht, was der Unterschied sein soll. Ihre Brüder haben diesen Unterschied allerdings schon verinnerlicht und sich in ihre Rollen drängen lassen, den (wenn auch stolzen) Uncle Tom, den Sänger (James Earl Jones), dessen Gesangsstil so weit hinter der Zeit ist wie seine Lebensform, den *coon*, den aufgedrehten, herausgeputzten Manager des Sängers, den jungen Rebellen, dem die Straße, das Rauschgift, der Jazz zugeordnet sind.

Der Erfolg solcher Filme bei der Kritik und (in bescheidenerem Umfang) beim Publikum führte dazu, daß auch Hollywood seine Serie von melodramatischen Filmen über das Rassenproblem fortsetzte. Zwangsläufig mußte es dabei weit hinter das hier Erreichte zurückfallen. Allerdings geht auch hier die verborgene Kritik weiter, als es der Konsens gestatten will. In «A Patch of Blue» (Träumende Lippen – 1966 – Regie: Guy Green) ist zwar jeder Ansatz einer realistischen Alltagsbeschreibung zugunsten des melodramatischen Effekts geopfert, aber die mit dem Thema der Begegnung verbundene Kritik an der weißen Familie

trifft tief. Ein blindes Mädchen (Elizabeth Hartman), das sein Augenlicht bei einem Streit der Eltern verloren hat, trifft auf einen jungen
Mann (Sidney Poitier) und verliebt sich in ihn, von dem sie nicht weiß,
daß er schwarz ist. Aus dem schrecklichen Milieu ihres Zuhause bringt
er sie in zähem Ringen mit dem stets betrunkenen Großvater (Wallace
Ford) und der verschlampt tyrannischen Mutter (Shelley Winters) heraus. Der schwarze Mann als Erlöser der weißen Familie ist ein durchaus
rebellischer Entwurf, auch wenn er so verkleidet ist wie hier.

Das Thema der Eheschließung zwischen den Rassen führte der Film
«Guess Who's Coming to Dinner» (Rat mal, wer zum Essen kommt –
1967 – Regie: Stanley Kramer) fort. Der letzte von acht Filmen, in denen das Paar Spencer Tracy und Katharine Hepburn auftrat, ist in der
Tat die letzte mögliche Krise für das Paar, das sich zwischen Patriarchalismus in abgemilderter Form und Liberalismus eingerichtet hat. Ihre
Tochter (Katharine Houghton) hat sich in einen schwarzen Arzt (Sidney
Poitier, wer sonst?) verliebt und will ihn heiraten. Tracy, der angesehe-
ne Zeitungsverleger, gerät zunächst völlig aus dem Tritt, als er erfährt,
daß seine Tochter einen Neger heiraten will, und er versucht, in der
wohl typischen Manier des Liberalen, seine Ablehnung nicht mit der eigenen, sondern mit der Intoleranz der übrigen Gesellschaft zu rechtferti-
gen, die dem jungen Paar ein böses Erwachen bescheren werde. Die Eltern des Arztes, vor allem der Vater (Roy E. Glenn), stellen sich auf
denselben Standpunkt, als sie ohne ihr Zutun bei einem Dinner mit den
Heiratsplänen ihres Sohnes konfrontiert werden.

Mag dieser Film auch als Beleg dafür angeführt werden, wie oberflächlich, ja wie verantwortungslos Hollywood mit den Problemen umzugehen pflegte, so zeigt er doch auch die Notwendigkeit, auf eine Hoffnung zu reagieren, die so liberal wie zu dieser Zeit nicht mehr ausgesprochen werden sollte. Der Integrationismus der sechziger Jahre sollte
bald einer neuen Konfrontation weichen, der vorwiegend von jenen
wirtschaftlichen Ursachen bedingt war, von denen Hollywood so beharr-
lich schwieg. Die Integration der Schwarzen in die Welt der Weißen
schien in den Hollywood-Filmen vorwiegend ein Binnenproblem des
Mittelstandes zu sein; diese Schwarzen hatten ebenso dekorative Berufe
wie freundliche Umgangsformen und ein Selbstbewußtsein, das einzig
auf der eigenen Leistung und dem eigenen Status basierte und weder
Klasse noch Rasse als politischen Hintergrund kannte. Eine solche Integration durch Anpassung und «Verabredung» schien bald nicht mehr so
heiß erstrebenswert, wie es in den Filmen dargestellt worden war.

In «I Passed for White» (1960 – Regie: Fred McLeod Wilcox) versucht
ein Neger in New York sein Glück zu machen, indem er vorgibt, Weißer
zu sein, umgekehrt wird der Held von «Black Like Me» (1964 – Regie:
Carl Lerner) durch eine chemische Substanz von einem Weißen zu ei-

nem Schwarzen verwandelt und erfährt alle die Rassendiskriminierung im Süden. In unzähligen Fernsehserien lebt diese Figur des die Rassenschranken überschreitenden Menschen fort, der immer wieder in die Schranken gewiesen wird; längst ist er zur Antwort auf ein Scheinproblem geworden. In «The Liberation of L. B. Jones» (Glut der Gewalt – 1970 – Regie: William Wyler) wird nicht nur der Rassismus und Opportunismus der Weißen, sondern auch der «Tomismus» der Schwarzen gezeigt. Der weiße Anwalt Hedgepath (Lee J. Cobb) übernimmt in einem immer noch von Rassismus und Intoleranz geprägten Provinzstädtchen in Tennessee nur widerwillig den Scheidungsfall seines schwarzen Mitbürgers Lord Byron Jones (Roscoe Lee Browne), dessen Frau (Lola Falana) ihn mit einem Weißen betrogen hat. Um diesen zu decken, verstößt der Anwalt gegen die Interessen seines Klienten und vertuscht sogar einen Mord. Mit diesem Film, der die Grenze zum Thriller überschreitet, begann der Problemfilm über das Thema des Rassismus seine Einbindung ins Melodramatische und ins versöhnende Happy-End zu verlieren. Nun ging es kaum noch um die «Errettung» der Schwarzen, eher schon, wie in «For Love of Ivy» (Liebling – 1968 – Regie: Daniel Mann) oder «The Landlord» (Der Hausbesitzer – 1970 – Regie: Hal Ashby), um die «Errettung» der Weißen mit den kaputten Gefühlen.

Es entwickelte sich ein anderes (beinahe) schwarzes Kino mit schwarzen Regisseuren und Autoren, das neben kaum reflektierten Action-Filmen vor allem Dokumentarfilme und realistische Spielfilme hervorbrachte. Melodramatisches (so wie es in diesem Buch definiert ist) hatte dabei nur noch am Rande Platz, so wie sich die melodramatische Erzählweise nur in den seltensten Fällen als die dem Thema angemessene erwiesen hat.

«For Love of Ivy» (1968) von Daniel Mann. Mit Sidney Poitier und Beau Bridges.

Die Rückseite der Sterne

Schon in den *woman's films* der dreißiger und vierziger Jahre hatten die Geschichten vom Aufstieg und Fall der Frauen, die Ruhm und Reichtum im Showbusiness suchten und die dafür einen hohen Preis zu zahlen hatten, zu den bevorzugten Themen gehört, das Problem Frau und Karriere zu behandeln. Der Aufstieg zum Star erschien nicht nur als der «natürlichste», weibliche Weg aus der Alltäglichkeit, sondern auch zugleich als überzeugendste Darstellung des (notwendigen) Scheiterns in der «Imitation of Life», die ihre Widersprüche produzieren mußte, spätestens, wenn diese Imitation aus mangelnder Motivation oder einfach, weil die Verabredung mit dem Publikum nicht mehr wirksam war, nicht mehr gelingen wollte. Je erfolgreicher die Frauen *spielten*, desto deprimierender gestaltete sich ihre eigene Wirklichkeit.

Die an der Realität orientierten wie die fiktiven Star-Biografien waren zudem eine Möglichkeit, die gegensätzlichen Darstellungsweisen weiblicher Selbstbehauptung, *glamour* und Melodram zusammenzubringen. Statt sich auszuschließen, bedingen sie hier einander als zwei Seiten einer Münze. Die Beziehung auf den «Marktwert» und die Ausbeutung der Stars ist so eindeutig mit dem Willen zum Erfolg gleichgesetzt, daß hier ein absolutes Gesetz zu walten scheint. Weder die Ausbeutung scheint das Problem zu sein noch der Leidensdruck, und auch «ganz oben», an der Spitze des Ruhms, herrschen noch die Männer, sind die Frauen ihre Geschöpfe. (Freilich, gegenüber dem wirklichen Leben der Frauen im Zuschauerraum, welch Traum von Freiheit: Die Heldinnen haben eigene Wohnungen oder Häuser, sie gehen, wohin sie wollen, sie sagen nein, sie haben keine Kinder; die Männer in ihren Kreisen sind nicht so eifersüchtig wie der eigene Ehemann, der über einen Flirt mit dem Nachbarn außer sich gerät.) Dieser Erfolg besteht in nichts anderem als der Ausstrahlung von *glamour* (mag die Heldin auch etwas noch so Seriöses wie etwa klassische Musikerin sein), das heißt Verbreitung von erotischer Faszination bei gleichzeitiger «Entrückung». Allerdings ist auch das Nachlassen der erotischen/künstlerischen Ausstrahlung die größte, manchmal die tödliche Krise. (Umgekehrt kann auch die Frau durch die Ausprägung von *glamour* sich selbst entfremdet werden: Sie sieht in den Spiegel und erkennt sich nicht mehr; sie erschrickt, als sie merkt, daß sie bewundert, aber nicht geliebt wird. Mit dem eigenen *glamour* umzugehen, so meint das Genre, bedarf eines gewissen Maßes an Unnatürlichkeit und Härte; die sucht man im allgemeinen bei den aristokratischeren Menschen. So reüssieren die schwarzhaarigen Frauen mit den langen Beinen und den stolzen, schmalen Mündern, die kleineren, runderen mit den großen Augen sind unglücklich im Showbusiness und wollen zurück in die Wärme, aus der sie geflohen sind.) Die Krise im

Leben des Stars ist nicht nur die Kontemplation von Aufstiegsträumen und ihren emotionalen Folgen, sie ist wohl auch eine ins Gigantische verzerrte Abbildung von Krisen im Leben jeder Frau in der bürgerlichen Gesellschaft; dem größeren Aufstieg (eine nicht zufällig so «männliche» Metapher), der größeren Faszination folgt nur der größere Fall.

Der Aufstieg der Frauen und ihr Ehrgeiz machen sie gelegentlich auch «häßlich». In einer bezeichnenden Spaltung ist es in «The Hard Way» (1942 – Regie: Vincent Sherman) eine ehrgeizige, manische Frau (Ida Lupino), die ihre Schwester zum Star-Ruhm bringt, dabei nicht nur rücksichtslos jeden aus dem Weg räumend, der ihre Pläne stört, sondern auch in Kauf nehmend, daß die Schwester daran zerbrechen kann. Das andere Extrem bilden jene Geschichten, in denen Frauen von ihrer Umgebung oder von der Familie daran gehindert werden, ihre Talente zu entfalten, so etwa in «The Seventh Veil» (1945 – Regie: Compton Bennett), wo Ann Todd ihrem Onkel davonlaufen muß, um eine berühmte Pianistin zu werden, der gleich vier Männer den Hof machen.

«All About Eve» (Alles über Eva – 1950 – Regie: Joseph L. Mankiewicz) zeigt den Aufstieg einer «bösen Frau»: Rücksichtslos und raffiniert

Bette Davis in «All About Eve» (1950) von Joseph L. Mankiewicz.

bahnt sich die Nachwuchsschauspielerin Eve (Anne Baxter) den Weg zu Ruhm und Reichtum. Margo Channings (Bette Davis) steht fast im Zenit ihrer Laufbahn als Schauspielerin, da wird sie zum Opfer der Intrigen Eves, die auch ihren Freund für sich gewonnen und die Kritiker gegen Margo aufgebracht hat und schließlich zur «Schauspielerin des Jahres» gewählt wird. Nun dünkt sich Eve am Ziel ihrer Träume, da taucht eine junge Schauspielerin auf, die genauso skrupellos ihre Karriere forciert, wie Eve es getan hat, und Eve wird ihr Opfer. Dieser sehr skeptische Film über die Mechanismen einer Hollywood-Karriere steht in einer ganzen Reihe kritischer Filme zum Showbusiness aus dieser Zeit, die, stilistisch den Filmen der Schwarzen Serie verwandt, Ruhm und Macht der Stars und der «Verwalter» dieses Ruhms als Ergebnis von Korruption, Fanatismus, Brutalität und erotischer Ausbeutung sehen. Diese Filme begleiteten den Tod des «alten» Hollywood und seine Reorganisation.

Zu den berühmtesten unter ihnen gehört Billy Wilders «Sunset Boulevard» (Boulevard der Dämmerung) aus demselben Jahr. Ein erfolgloser Drehbuchautor kommt auf der Flucht vor den Beauftragten seiner Gläubiger zu einer riesigen alten, verwahrlost scheinenden Villa, in der der einstige Stummfilmstar Norma Desmond (Gloria Swanson) in einer unwirklichen Welt und von den Erinnerungen an ihre Karriere lebt, deren Ende zu akzeptieren ihr Herz sich weigert. Der Wächter ihrer Träume ist ihr Diener Max (Erich von Stroheim), der, wie sich später herausstellt, ihr früherer Regisseur und Ehemann war. Norma Desmond engagiert Joe (William Holden), ein von ihr geschriebenes Drehbuch zu einem «Salome»-Film umzuarbeiten, und weil Joe so ein angenehmes Leben führen kann, wird er auch Normas Geliebter. Aber er trifft ein junges Mädchen (Nancy Olson) wieder, unter dessen Einfluß er beginnt, an seinem eigenen Drehbuch weiterzuarbeiten. Er will sich von Norma lösen, nachdem er wegen ihr das Mädchen verloren hat. Er kann dies aber nur, indem er Norma schonungslos die Wahrheit sagt, sie aus ihren Träumen zu reißen versucht. Dafür aber ist es längst zu spät; Norma erschießt Joe, als er aus dem Haus geht. «Einen Star verläßt man nicht», sagt sie. Als die Polizei eintrifft und die Journalisten mit Blitzlicht und Kameras sich Zutritt zum Haus verschaffen, halluziniert Norma ein Aufnahmeteam für ihren neuen Film. Der Gang die Treppe ihrer Villa hinab vor die Wochenschaukameras wird zu ihrem letzten großen Auftritt.

Der Film zeigt die doppelte Verzweiflung im Showbusiness, die Verzweiflung jener, die von Hollywood vergessen worden sind, und die Verzweiflung derjenigen, die in Hollywood nicht Platz greifen können, auf denkbar authentische Weise. Das liegt sicher zum einen daran, daß der Film sehr viel Dokumentarisches in die fiktive Handlung spiegelt, nicht nur in den vielen Figuren, die «sich selbst» darstellen, wie Stroheim, Cecil B. DeMille, Buster Keaton und natürlich Gloria Swanson, die sich in ihrer Villa mit Holden gemeinsam immer wieder ihre Stummfilme betrachtet, so Stroheims «Queen Kelly» (1925), in dem sie die Hauptrolle spielt, es liegt auch daran, daß die beiden Hauptfiguren, verloren in Hollywood, auch miteinander einen tödlichen Kampf führen und somit die Ausweglosigkeit ihrer Situation das System definiert. (In der Handlung steckt wohl auch Autobiografisches von sowohl William Holden, der vor diesem Film lange Zeit als unbedeutender Vertragsschauspieler den Liebhaber in Programmfüllern spielte, als auch von Billy Wilder, von dessen Zeit als «Eintänzer» in Berlin jeder zweite Billy Wilder-Aufsatz erzählt.)

Joe glaubt, wie er einmal sagt, Norma «an der Angel zu haben», aber er ist es, der in einer Falle sitzt, die sich immer hermetischer schließt. Er wird zu einem Teil von Normas Traum so sehr, wie es Stroheim als Max von Mayerling ist; lebend kann er diesen Traum nicht mehr verlassen, und es ist wirklich nicht nur der narzißtische Traum von Norma, es ist der Traum vom «alten» Hollywood überhaupt. Als Joe beschließt, Norma zu verlassen, da tut er es nicht, um selbständig in Hollywood Karrie-

«Sunset Boulevard» (1950) von Billy Wilder. Mit William Holden und Gloria Swanson.

re zu machen, sondern er will von Hollywood fliehen, zurück in seinen alten Beruf als Journalist. Denn Norma Desmond ist kein menschliches Ungeheuer, das ihm zum Verhängnis wird, sie ist ein Teil von Hollywood, so wie die begrabenen Träume auch immer ein Teil von Traumfabriken sind. Und auch Betty Schaeffer, die junge, tüchtige Autorin, die sich in Joe verliebt hat, ist eine Repräsentantin der Traumfabrik, sosehr sie auch vorgibt, sich den Problemen rational zu nähern. Das Problem im Leben der Stars und Traumfabrikanten ist, daß es zunehmend schwer wird, zwischen Traum und Wirklichkeit zu unterscheiden. Ist man der Herrscher über den Traum, den man verbreitet, oder schon sein Sklave? Den Traum zu akzeptieren, den man herstellt, heißt auch, bis zu einem gewissen Grad in ihm leben. (Wie Norma Desmond wird mehr als zehn Jahre später Bette Davis in Robert Aldrichs «Whatever Happened to Baby Jane?» keinen Ausgang aus dem Traum mehr finden, den die Umwelt ihr nicht mehr gestatten will, und auch sie wird zur Mörderin.)

Ein Maß an Wahnsinn muß also den Aufstieg zum Star begleiten, wenn der Abstieg so gefährlich ausfällt. In «The Barefoot Contessa» (Die barfüßige Gräfin – 1954 – Regie: Joseph L. Mankiewicz) spielt Lana Turner eine Sängerin in einem zweitklassigen Nachtclub, die von dem Regisseur Harry Dawes (Humphrey Bogart) entdeckt wird. Schon in ihrem ersten Film wird sie zum Star, und auch Dawes rettet seine angeschlagene Position. Wie in «Sunset Boulevard» wird der Film als Rückblende erzählt; das erste, was wir von Maria Vargas erfahren, ist, daß sie tot ist. Nachdem sie von ihrer Heimat Abschied genommen hat, wird sie zum Opfer der Männer, die in der einen oder anderen Weise von ihrer Karriere profitieren. Da ist der hysterische Patriarch, der reiche, puritanische Produzent, dessen Liebe Haß aus verstellter Geilheit ist. Da ist der verbitterte, kranke Regisseur, ein früherer Alkoholiker, der nur noch Freundschaft, aber keine Liebe mehr zu geben hat. Eine Karikatur von Mann schließlich, ein impotenter italienischer Graf (Rossano Brazzi), letzter Sproß einer alten Adelsfamilie, ist ihre letzte Hoffnung. Es ist eine Passionsgeschichte, die Verfilmung einer Liturgie, des Begräbnisses, das den Rahmen des Filmes bildet. Es bleibt von der Heldin eine weiße Marmorstatue und die Erinnerungen der drei Männer, die ihr gegenüber versagt haben. Aus ihnen setzt sich, bruchstückhaft, das Porträt einer Frau zusammen, die kein würdiges Objekt für ihre Liebe findet. «The Big Knife» (Hollywood-Story – 1955 – Regie: Robert Aldrich) ist die Geschichte eines männlichen Stars in Hollywood (Jack Palance), auch er ist das Produkt von Korruption und Gewalt gegen sich selbst wie gegen andere (vgl. zu diesem Film auch den Band «Kino der Angst»).

Mit den *woman's films* hatten diese schwarzen Melodramen, an deren Ende immer nur der Tod stehen konnte, wenig zu tun; sie kritisierten ein System, das Menschen verbrauchte und verbrannte, und sie kritisierten durch sie hindurch die großen Träume Hollywoods – in Form großer Hollywood-Träume. Nicht das Schicksal und nicht die seltsamen Wege der Liebe waren hier schuld am Verderben der Heldin, sondern ihre eigene Schwäche gegenüber der gesellschaftlichen Ausbeutung, der sie sich nur allzuleicht ausliefert. Die Filme von Wilder, Mankiewicz und Aldrich nehmen nicht den Standpunkt der Frauen ein, sondern sie zeigen sie als Opfer einer Situation, die alle Menschen verwundet. In der Tradition der *films noirs* bleibt den Frauen ein großer Rest von Geheimnis; sie sind keine Identifikationsmodelle.

Anders in solchen Filmen, die als Fortsetzung der *woman's films* in den fünfziger Jahren gelten dürfen. (Interessanterweise milderten die «kleinen» Filme des Genres ihre kritischen Intentionen ab, während die nicht ausschließlich für den Frauen-Markt produzierten schwarzen Melodramen in ihrer Kritik weitergingen, dabei aber unspezifischer wurden. Während die «Schlechtigkeit der Welt» ihre filmischen Belege fand, gestaltete sich die Kritik an den Männern nun eher indirekt.) In George Cukors «A Life of Her Own» (1950) spielt Lana Turner ein fast schon typisches Schicksal des *road to ruin* einer zum gefeierten Modell aufgestiegenen Frau. Im vier Jahre später produzierten «A Star is Born» (Ein neuer Stern am Himmel – 1954) spielt Judy Garland die Sängerin Esther Blodget, die zum großen Musical-Star aufsteigt, während sich ihr Mann (James Mason), selbst ein berühmter Schauspieler, in Alkohol und Depression verliert. Diese auf einer Geschichte von William Wellman basierende Konstellation (die Wellman selbst 1937 bereits mit Janet Gaynor und Fredric March verfilmt hatte und die unter demselben Titel 1976 von Frank Pierson mit Barbra Streisand und Kris Kristofferson neu inszeniert wurde) tendiert in ihrer Balance zwischen Kritik und Bestätigung schon eher in die Richtung des *woman's film*. Es ist, mit den Worten eines deutschen Kritikers, ein «bitteres, aber keineswegs einseitiges Bild Hollywoods. Die Faszination der Traumfabrik geht trotz des enttäuschenden Blickes hinter ihre Kulissen weiter.» «The Show Must Go On» ist nicht nur der Wahlspruch zur Neutralisierung der Kritik, sondern auch zur Lebensmaxime der vom Schicksal gebeutelten Heldinnen im Genre.

Gerade die Künstler sind es, die im Melodram den Widerspruch zwischen Menschlichkeit und sozialem Erfolg am schmerzlichsten ausleben. «The Bad and the Beautiful» (Die Stadt der Illusionen – 1952 – Regie: Vincente Minnelli) zeigt dies in der Beziehung eines skrupellosen, gleichwohl genialen Produzenten (Kirk Douglas) zu seinem Star (Lana Turner), zum Autor (Dick Powell) und zum Regisseur (Barry Sullivan) eines Films. Der Künstler, den Minnelli in seiner sozialen Funktion zu verstehen versucht, hat sich von dem manisch auf sich selbst (und auf die Selbstausbeutung) fixierten van Gogh in «Lust for Life» (Vincent van

«The Bad and the Beautiful» (1952) von Vincente Minnelli. Mit Kirk Douglas und Lana Turner.

Gogh – Ein Leben in Leidenschaft – 1956) – dargestellt ebenfalls von Kirk Douglas – zum Mann mit dem genialen Gespür für Menschen entwickelt, der die talentierten, aber emotional, moralisch oder beruflich begrenzten anderen zusammenzufügen und auszubeuten weiß. So geht van Gogh an der Endlichkeit seiner eigenen Belastbarkeit zugrunde, der Held von «The Bad and the Beautiful» an der notwendigen Zerstörung, am Verschleiß der Menschen um ihn herum. Diese Menschen leben davon, ihren Wahnsinn zu Erfolg zu machen; das bedeutet: der Erfolg ist der einzige mögliche Weg zur Abwehr des Wahnsinns.

Eine Reihe von Filmen, die die Biografie von Hollywood-Stars wiedergaben, waren nach dem Muster: Aufstieg und Fall . . ., inszeniert. So spielt in «I'll Cry Tomorrow» (Und morgen werd' ich weinen . . . – 1955 – Regie: Daniel Mann) Susan Hayward die Rolle der Sängerin Lillian Roth, die von ihrer ehrgeizigen Mutter von Jugend an zur Karriere getrieben und keinen Moment sich selbst überlassen wird. Sie lernt einen jungen Mann kennen, doch auch die Freundschaft zu ihm versucht die Mutter (Jo van Fleet) zu hintertreiben. Als der junge Mann an einer schweren Krankheit stirbt, wird Lillian schwermütig und verfällt dem

«Harlow» (1965) von Gordon Douglas. Mit Carroll Baker. Foto: ORF.

Alkohol. «After the Ball» (1957 – Regie: Compton Bennett) ist die Geschichte der Music Hall-Sängerin Vesta Tilley, die – nicht ohne Schwierigkeiten – in eine adelige Familie einheiratet. «The Helen Morgan Story» (1957 – Regie: Michael Curtiz) beschreibt den Weg der berühmten Sängerin der dreißiger Jahre (dargestellt von Ann Blyth) in den Ruhm, dann in den Alkohol. (Daß sich gerade dieses Motiv in der zweiten Hälfte der fünfziger Jahre in den Star-Biografien wie in anderen Filmen häufte, mag durchaus seine sozialpsychologische Entsprechung haben: Das Problem Frauen und Alkohol wurde zu dieser Zeit nicht nur virulenter, als es je vorher war, es traf auch die patriarchalische Obsession, nach der Trinken ein Männerritual ist.)

John Cromwells nach einem Buch von Paddy Chayefsky entstandener Film «The Goddess» (1958), der den Weg einer jungen Schauspielerin zu Hollywood-Ruhm nachzeichnet, bezieht sich auf den Lebensweg Marilyn Monroes, deutlicher noch (aber ebensowenig ausgesprochen) David Lowell Richs «The Sex Symbol» aus dem Jahr 1974. Gordon Douglas setzte 1965 in «Harlow» (Die Welt der Jean Harlow) der berühmten Schauspielerin ein vielleicht etwas zweifelhaftes Denkmal. Hatten schon diese und andere Star-Biografien ihr Maß an Leiden und Schrecknissen für die Heldinnen parat, so waren die fiktiven Biografien womöglich noch freigiebiger mit Schicksalsschlägen für die Protagonisten.

Der Widerspruch zwischen Liebe und Karriere drohte so das Paar Katharine Hepburn und Charles Boyer, beide begnadete Musiker, auseinanderzubringen in «Break of Hearts» (1953 – Regie: Philip Moeller). Elizabeth Taylor ist das eine Ende des Dreiecks in «Rhapsody» (Symphonie des Herzens – 1954 – Regie: Charles Vidor), die anderen beiden sind Vittorio Gassmann als Violinist und John Ericson als Pianist; dabei produzierte sich Leiden wie von selbst. (In den fünfziger Jahren schien im Hollywood-Film klassische Musik ein wichtiges Element zu sein, das aber selten ohne Illustrierung durch melodramatische Geschichten auskam; bis zum 1979 entstandenen «Kramer Versus Kramer» ist im Hollywood-Film die – teils «bearbeitete» – klassische Musik mit dem Melodramatischen verknüpft.)

In «The Female Animal» (1957 – Regie: Harry Keller) hat Hedy Lamarr ein Comeback als Hollywood-Star, dem von einem Komparsen (George Nader, später ein beliebter Schauspieler im deutschen B-Film) das Leben gerettet wird. Sie hat eine Affäre mit ihm, bevor er sich in ihre Tochter verliebt. In «The Roman Spring of Mrs. Stone» (Der römische Frühling der Mrs. Stone – 1961 – Regie: José Quintero) wird die Geschichte einer alternden Filmdiva (Vivien Leigh) erzählt, die von einer alten Kupplerin (Lotte Lenya) an einen jungen Gigolo/Call Boy (Warren Beatty) in Rom vermittelt wird. Judy Garland ist die Künstlerin in einer Krise in «I Could Go on Singing» (1963 – Regie: Ronald Neame).

Am Ende einer Star-Karriere stehen Ernüchterung und Einsamkeit, aber schon am Anfang muß vieles an Gefühlen aufgegeben werden. Robert Mulligans «Inside Daisy Clover» (Verdammte süße Welt – 1965) ist ein weiterer Film aus der Reihe der «Anti-Hollywood-Hollywoodfilme» in der Tradition von Wilders «Sunset Boulevard», Minnellis «Two Weeks in Another Town» oder Aldrichs «The Big Knife». Erzählt wird die Geschichte der jungen Daisy Clover (Natalie Wood), die im Alter von 15 Jahren im Hafenviertel von Los Angeles entdeckt wird und von ihrem skrupellosen Entdecker und Produzenten (Christopher Plummer) zu einem neuen weiblichen Musical-Clown Amerikas aufgebaut wird. Er läßt sie eine Verbindung mit dem Star Lewis Wade (Robert Redford) eingehen, um einen Publicity-Coup zu landen und sie fester an sich zu binden, obwohl er weiß, daß dies für Daisy zu einer Enttäuschung führen wird (Lewis verläßt sie noch in der Hochzeitsnacht; er ist homosexuell). Daisy versucht bei ihrem Produzenten Trost zu finden, der ihr Leben beherrscht, aber dann beginnt sie sich gegen ihre Versklavung aufzulehnen. Dazu muß sie, wie der Film nahelegt, aber auch noch ein anderes Problem lösen, die Auseinandersetzung mit ihrer Mutter, die sie in ihrer eigenen Regression festhält.

«The Valley of the Dolls» (Das Tal der Puppen – 1967 – Regie: Mark Robson), entstanden nach dem gleichnamigen Bestseller von Jacqueline Susann, schildert Auf- und Abstieg dreier Frauen im Showbusiness (Patty Duke, Sharon Tate, Barbara Perkins). (Der Titel bezieht sich auf Pillen, die die Protagonistinnen ständig einnehmen.) Guy Green transpo-

«I Could Go on Singing» (1963) von Ronald Neame. Mit Judy Garland.

nierte mit «Once is not Enough» (Einmal ist nicht genug – 1975) einen weiteren Roman von Susann ins Genre der *soap operas*, und beide Filme zeigen, wie die sozial-melodramatischen Bestseller (vgl. das entsprechende Kapitel) bei ihrer Transponierung ins Medium des Films etwas von ihrer Brisanz verlieren, ein wenig auch davon, was man die literarische Form von übler Nachrede nennen könnte. (Dies gilt übrigens auch von der Übertragung von «Peyton Place» durch Mark Robson im Jahr 1957.)

«The Legend of Lylah Clare» (Große Lüge Lylah Clare – 1968 – Regie: Robert Aldrich) ist nach «The Big Knife» Aldrichs zweite Attacke gegen den Hollywood-Mythos. Da soll von drei mehr oder weniger kaputten Vertretern von Studio-Hollywood, dem tyrannischen Studio-Boss (Ernest Borgnine), dem krebskranken Produzenten, der sich Mitleid und Aufmerksamkeit erzwingen will (Milton Selzner), und dem zynisch und skrupellos gewordenen Regisseur (Peter Finch), ein Film über eine tote Leinwanddiva gedreht werden (dargestellt von Kim Novak), die ihr Regisseur auf dem Gewissen hat. Aldrichs Film trifft nicht nur Hollywood (wenn er es trifft, so trifft er es, wie ein Hollywood-Film Hollywood treffen kann, als Aufstand der hitzigen B-Film-Ästhetik gegen polierte Großproduktionen), sondern auch die gerade modischen pseudokritischen Star-Biografien wie «Harlow» oder auch die fiktiven Zeichnungen bitterer Schauspielerinnen-Schicksale wie «Goodbye, Raggedy Ann» (1971 – Regie: Fielder Cook), wo Mia Farrow ein Starlet spielt, das in Hollywood an den Rand des Ruins gebracht wird. (Der Film wurde vom Fernsehen produziert, das sich gerne über Hollywoods Unmoral mokierte.)

Karel Reisz’ «Isadora» (Isadora – 1968) versucht den Lebensweg der Tänzerin Isadora Duncan nachzuzeichnen, die Anfang des Jahrhunderts einen neuen Stil ins klassische Ballett einführte und damit die konservativen Kräfte provozierte. Der Film zeichnet ihr Leben in Rückblenden, ihre Liebe zu einem Bühnenbildner (James Fox), das Zusammenleben mit einem französischen Industriellen (Jason Robards), schließlich den Unfalltod ihrer beiden Kinder. Der Film endet mit ihrem Tod, so theatralisch und absurd wie vieles in ihrem Leben: Ihr Schal verwickelt sich in die Speichen am Rad ihres Autos und erdrosselt sie. Vanessa Redgrave spielt diese Isadora Duncan als eine Frau, die ihre Ansprüche zu dieser Zeit nicht anders als durch teils «echte», teils inszenierte Exaltationen vortragen kann; so groß ist die Ungleichzeitigkeit ihrer Gefühle und der Gesellschaft, daß sie nicht anders als grotesk erscheinen kann.

Ein Beispiel für eine filmische Star-Biografie aus jüngster Zeit ist Mark Rydells Film «The Rose» (The Rose – 1979), der eine Reihe moderner Accessoires vorweist, im Grunde aber in der Handlungsstruktur wie in der «Moral» ganz dem Genre-Konzept entspricht. Die Handlung ist, ohne daß es ausgesprochen wird, an Leben und Tod der Rock-Sängerin Janis Joplin angelehnt, doch die Konflikte, der sich die Sängerin Rose (Bette Midler) ausgesetzt sieht, betreffen zugleich den Einzelfall, die Situation der einzelnen im Showbusiness und den Mythos von der starken Persönlichkeit, die durch Mechanik und Maschine des Showbusiness zerstört wird. Rose zerbricht am Widerspruch zwischen ihren eigenen Wünschen und den berechnenden Gesetzen der «Szene». Wie die populäre Musik, die Rock-Kultur, Hollywood in der Produktion von *glamour* und Identifikationsmodellen abgelöst hat, so löst der Blick hinter die Kulissen der Rock-Szene den hinter die Studiowände ab. Aber sonst hat sich kaum etwas geändert, denn offensichtlich ist die Geschichte einer Frau, die sich mit Vitalität, Können und Ehrgeiz eine künstlerische Karriere eröffnet, um dann in die Klauen einer ausbeuterischen, von Männern, die offenbar Gefallen daran finden, Gefühle zu zerstören, beherrschten Show-Industrie zu geraten, die sie mit langsamer Aushöhlung und schnellem Vergnügen ruiniert, auch eine von jenen Geschichten, die immer stimmen.

Female Trouble: die leidende Frau

Das Melodram schickt die Frau ins Fegefeuer: In «Waterloo Bridge» (1931 – Regie: James Whale) will ein Marineoffizier (Kent Douglas) eine Ballettänzerin (Mae Clarke) heiraten. Man meldet seinen Tod an der Front. Die Familie des toten Offiziers will mit der Tänzerin nichts zu tun haben. Not und Verzweiflung ergreifen von ihr Besitz. Sie sinkt hinab, hinab, hinab, bis sie zur Prostituierten wird. Ihr bleibt auch keine andere Wahl. Auch «Waterloo Bridge» mag als ein Film gelten, der die Essenz des Genres wiedergibt, zumindest jenes Teils des Genres, in dem die Frau von Anfang an zum Opfer bestimmt ist, das für wenige Augenblicke der Liebe ein ganzes Leben lang zahlen muß. Diese Filme mögen die Ungerechtigkeit der Rollenverteilung anprangern (zumal unter der Regie von James Whale, des englischen Exzentrikers, der nicht nur «Frankenstein» drehte, bevor er am Hollywood-Konformismus scheiterte), sie sind in erster Linie Feiern der weiblichen Leidensfähigkeit.

Mervyn LeRoy drehte 1940 unter demselben Titel ein Remake von Whales Film (dt.: Ihr erster Mann), in dem der Wahnsinn des Leidens bezeichnenderweise als fast natürlich dargestellt wird und die Frau sich ihm am Ende gar freiwillig unterwerfen muß. Vivien Leigh und Robert Taylor spielen nun die Hauptrollen. Der Offizier arrangiert die Hochzeit, doch ein Einsatzbefehl kommt dazwischen. Nachdem Myra, die Tänzerin, den Namen ihres Geliebten auf der Liste der Gefallenen gefunden hat, verliert sie allen Mut und geht auf die Straße. Da trifft sie den Totgeglaubten eines Tages an der Waterloo Bridge; Roy ist der Hölle des Krieges entronnen. Er nimmt Myra mit zu seiner Mutter, die die beiden herzlich aufnimmt. Aber Myra kommt mit ihrer Vergangenheit nicht mehr zurecht. Sie kehrt zur Waterloo Bridge zurück und wirft sich vor einen Zug. Aus einer Märtyrerin der Liebe ist nun eine Frau geworden, die aus freien Stücken auf ihr Glück verzichtet, ja aufs Leben, weil sie nicht mit ihrer beschämenden Vergangenheit leben kann – sicherlich die Erfüllung des Gebets einer masochistischen patriarchalischen Frau. «Waterloo Bridge» erlebte unter dem Titel «Gaby» noch eine weitere Verfilmung im Jahr 1956; Regie führte Curtis Bernhardt, die Hauptrollen spielten Leslie Caron und John Kerr, und obwohl die Moral der Geschichte nun tatsächlich arg antiquiert wirkte, fand der Film sein Publikum.

Der Weg der Frauen aus dem Leiden führte nur in die verschiedensten Formen von Selbstopfer. In «Blossoms in the Dust» (Blüten im Staub – 1941 – Regie: Mervyn LeRoy) wird die Geschichte einer Frau aus wohlhabender Familie (Greer Garson) erzählt, die kurz nach ihrer Hochzeit die Schwester durch Selbstmord verliert, von der sich heraus-

«Waterloo Bridge» (1940) von Mervyn LeRoy. Mit Robert Taylor und Vivien Leigh.

gestellt hat, daß sie ein Findelkind war. Die Heldin Edna geht mit ihrem
Mann und ihrem Kind fort. Später wird ihr einziges Kind durch einen
Unfall getötet. Ihren Weg nach diesem Schock zurück ins Leben findet
Edna durch die Gründung eines Kinderheims. ««Blüten im Staub»»,
schrieb Hans Günther Pflaum in einer Kritik in der «Süddeutschen Zeitung», «für den heutigen wie den damaligen Geschmack eine aufdring-
lich sentimentale Geschichte, ist dennoch ein perfekt inszeniertes Melodram, dessen seichte Stellen vor allem im Drehbuch der berühmten Anita Loos (sie schrieb hauptsächlich für Griffith und Fairbanks) liegen, deren Stärke wohl mehr komödiantische Szenarios waren. Regisseur Mervyn LeRoy, eigentlich bekannt für seine Gangsterfilme (‹Little Cesar›),
bewies dennoch viel Gespür für sein Thema, inszenierte die Geschichte
ganz sanft und führte die aristokratisch aussehende Greer Garson in der
Hauptrolle sehr souverän und sicher. Die Kameramänner Karl Freund
und W. Howard Green tauchten ihre Bilder in schmelzend weiche Pa-
stellfarben.»

In «The Great Lie» (1941 – Regie: Edmond Goulding) heiratet
George Brent Bette Davis, nachdem seine Ehe mit Mary Astor annulliert

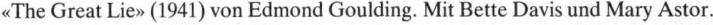

«The Great Lie» (1941) von Edmond Goulding. Mit Bette Davis und Mary Astor.

worden ist. Als er bei einem Flugzeugunfall ums Leben kommt, gibt es eine bittere Auseinandersetzung zwischen Davis und Astor, die ein Kind bekommt, das sie nicht haben will. Bette Davis nimmt das Kind auf. Zurück an die viktorianischen Wurzeln des Genres führt die Charlotte Brontë-Verfilmung «Jane Eyre» (Die Waise von Lockwood – 1944 – Regie: Robert Stevenson). Die Titelheldin (Joan Fontaine) kommt 1829 als Erzieherin auf einen düsteren Herrensitz, dessen Besitzer Rochester (Orson Welles) sie herablassend und abweisend behandelt. Doch Jane spürt, daß ihn etwas belastet, und sie fühlt sich immer mehr zu ihm hingezogen. Durch Orson Welles' Darstellung gerät der Film beinahe zu einem psychologischen Horror-Film wie Hitchcocks «Rebecca» (1940) oder Robert Siodmaks «The Spiral Staircase» (1946), die sich auch als gotische Melodramen lesen lassen, in denen das Leiden der Frauen bis zur körperlichen Bedrohung geht. Ebenfalls zurück ins neunzehnte Jahrhundert führt Jean Renoirs «The Diary of a Chambermaid» (Tagebuch einer Kammerzofe – 1946); Paulette Goddard ist in diesem Film die gepeinigte Frau.

Barbara Stanwyck spielt in «My Reputation» (1946 – Regie: Curtis Bernhardt) eine junge Witwe, die sich bald nach dem Tod ihres Mannes mit einem anderen Mann (George Brent) trifft, was einen Skandal verursacht. In dem im selben Jahr entstandenen «The Secret Heart» (Regie: Robert Z. Leonard) hat Claudette Colbert als Witwe die Probleme ihrer psychisch gestörten Tochter zu bewältigen. Der Tod der Männer in allen diesen Filmen führt nicht zu einem neuen Beginn, sondern dazu, daß sich die Frauen in gewisser Weise lebendig einmauern, in eine soziale Aufgabe, in der beschädigten Familie, die gerettet werden muß, in die Isolation flüchten. (Hollywood hat sich karitative Haltungen nie anders vorstellen können denn als Ergebnis persönlicher Verluste.)

In «Sentimental Journey» (1946 – Regie: Walter Lang) spielt Maureen O'Hara eine Schauspielerin, die weiß, daß sie nur noch kurze Zeit zu leben hat, und deswegen ein Waisenkind adoptiert, um ihrem Mann eine Stütze zu geben, wenn sie nicht mehr ist. Im Remake dieses Films, «The Gift of Love» (1958), den Richard Winnington (zitiert nach Leslie Halliwell) «the apotheosis of weepie» nennt, spielt Lauren Bacall die Hauptrolle, vermutlich die einzige in ihrer Karriere, in der sie keine Chance hatte. Eine Variation zu «Sentimental Journey» ist «No Sad Songs for Me» (1950 – Regie: Rudolph Maté). Margaret Sullavan ist eine junge Frau, die nur noch Monate zu leben hat und in dieser Zeit das Leben ihres Mannes (Wendell Corey) ordnet. Der Tod im Melodram ist ein Synonym für das Einanderverlassen, er hat deswegen kaum eine physische Dimension. Krankheiten haben keinerlei sichtbare Auswirkungen, und Schmerzen treten, wenn überhaupt, nur in Form dekorativer Ohnmachten auf. Der Tod reißt die Liebenden auseinander und bindet sie doch um so fester. Das Melodram verspricht den schönen Tod in der Liebe, der besser ist als der Tod der Liebe. Die sterbenden Frauen sind weit glücklicher als die verlassenen im Melodram.

«Letter from an Unknown Woman» (1948 – Regie: Max Ophüls) schildert das Leben einer Frau (Joan Fontaine), die ihr ganzes Leben der Liebe zu einem Konzertpianisten (Louis Jourdan) widmet, der sie nicht einmal beachtet. Sie ist geradezu besessen vom Gedanken an ihn, und sie versagt sich jeden Blick nach einem anderen. Dann aber zieht sie mit ihrer Familie in eine andere Stadt. Jahre später trifft sie Stefan wieder; die kurze Affäre, die sie miteinander haben, bedeutet ihr alles und ihm fast nichts. Stefan geht auf eine Konzerttournee. Lisa bemerkt, daß sie schwanger ist. Sie bricht jeden Kontakt mit Stefan ab, um seiner künstlerischen Karriere nicht im Weg zu stehen. Sie heiratet einen älteren Mann, um ein Zuhause für ihr Kind zu haben. Dann aber begegnet sie Stefan wieder, und sie will Mann und Kind verlassen, um zu ihm zurückzugehen. Doch als sie zu ihm kommt, erkennt er sie nicht einmal, zu viele Frauen hat es in seinem Leben gegeben. Einige Zeit nach dieser bitteren Enttäuschung stirbt sie an Tuberkulose, der zuvor schon ihr Sohn zum Opfer gefallen ist. Vor ihrem Tod schreibt sie einen Brief an Stefan (dieser Brief gibt dem Film das erzählerische Gerüst). «Die Kunst von Ophüls besteht hier darin, gemäß seiner sehr femininen Optik das Gewicht des Augenblicks spürbar zu machen, die Sehnsucht einer liebenden Frau, die jede Liebesminute mit leidenschaftlicher Intensität auflädt. Träumerisch, zart, verloren an ihre Leidenschaft, lebt Joan Fontaine nur in ihrer und für ihre Liebe, in diesem kaiserlichen Wien, das ganz und gar aus Dekor zu bestehen scheint» (Louis Marcorelles). Doch ganz so sehr, wie es hier scheinen mag, hat Ophüls nicht das männliche Wunschbild der ganz und gar aus Hingabe bestehenden Frau gezeichnet. Die «feminine Optik» ist die Optik des Verlierers im Spiel der Gefühle, desjenigen, der eine Beziehung leben will. Was bleibt, ist die Liebe zum Tod.

In «Paid in Full» (1950 – Regie: William Dieterle) ist Lizabeth Scott eine Frau, die am Tod des Kindes ihrer Schwester schuldig ist. Dann wird sie schwanger, und sie erfährt, daß sie an dieser Schwangerschaft sterben kann. Bette Davis bleibt der Ausweg in die Sentimentalität nicht, wenn sie wieder einmal, wie in «Payment on Demand» (1951 – Regie: Curtis Bernhardt), von ihrem Mann (hier Barry Sullivan) verlassen wird.

Dorothy Malone ist eine invalide Frau, die das Recht auf Glück verwirklichen will, in «Invitation» (1952 – Regie: Gottfried Reinhardt); Katharine Hepburn tut sich in «Christopher Strong» (1955 – Regie: Dorothy Arzner) als Fliegerin hervor. Sie hat ein Verhältnis mit einem verheirateten Mann (Colin Clive), und als sie erfährt, daß sie schwanger ist,

begeht sie Selbstmord. Vivien Leigh in «The Deep Blue Sea» (1955 –
Regie: Anatole Litvak) unternimmt als Frau eines Richters einen Selbstmordversuch, als ihr ehemaliger Geliebter wiederauftaucht. «Hilda
Crane» (1956 – Regie: Philip Dunne) ist die Geschichte einer unglückli-
chen Frau (Jean Simmons), die zum drittenmal heiratet und erneut ihre
Beziehung gefährdet sieht. Anders als in den Melodramen von Sirk und
Minnelli aus dieser Zeit ist in diesen Filmen das Schicksal, das die Frau
trifft, gerade die Einsamkeit. Nicht, weil sie ihr abgenommen werden,
sondern weil sie ihre Entscheidungen allein treffen muß, gehört ihnen
unser Mitgefühl. Sie scheitern an den Regeln der Gesellschaft, die sie
aus der Gemeinschaft ausgrenzen, ohne ihnen die Chance zu einem Dialog einzuräumen.

Gleichsam die Apotheose der leidenden Frau und lange Zeit eine Heldin der Regenbogenpresse ist Anna Anderson, die sich selbst als Anastasia, Tochter des Zaren von Rußland, ausgibt. In einem wie symbolischen Akt muß sie um ihre Identität kämpfen und wird von der Männerwelt ausgebeutet. In «Anastasia» (Anastasia – 1956 – Regie: Anatole
Litvak) können zwei Männer, Serge (Gregoire Gromoff) und der Ex-
general Bounine (Yul Brynner), eine Frau (Ingrid Bergman) vor dem
Selbstmord in letzter Sekunde retten. Ihnen fällt die Ähnlichkeit der
Frau, die sich Anna Koref nennt, aber sonst über sich nichts zu sagen
weiß, mit der Zarentochter auf. Bounine ist der Leiter einer Organisation, die an das Vermögen des Zaren herankommen will, das auf einem
Sperrkonto in England liegt. Daher versucht er Anna als die legitime Erbin des Vermögens «aufzubauen». Weniger eine Dokumentation über
die tatsächlichen Begebenheiten als ein melodramatischer Versuch über
Liebe und Abhängigkeit, zeigt Litvaks Film Anastasia als Produkt einer
Inszenierung, gegen die sie sich in zunehmendem Maße zur Wehr setzt,
zumal sie sich in den Regisseur ihrer Legende verliebt hat.

Auch in den sechziger Jahren waren die Leiden der Frauen kaum ge-
mildert. In «Bitter Harvest» (Schule des süßen Lebens – 1963 – Regie:
Peter Graham Scott) gerät ein «Mädchen vom Lande» (Janet Munro),
nachdem ihm übel mitgespielt worden ist, auf die schiefe Bahn und endet durch Selbstmord. «Psyche 59» (Das Verlangen – 1964 – Regie:
Alexander Singer) schildert das Schicksal einer blinden Frau, deren Mann
sich in die junge, verführerische Schwägerin verliebt. «The Pumpkin
Eater» (Schlafzimmerstreit – 1964 – Regie: Jack Clayton) beschreibt die
Ehekrise einer Frau (Anne Bancroft), die zurückgezogen mit ihren beiden Kindern lebt. «A Touch of Love» (1969 – Regie: Waris Hussein) ist
die Geschichte eines Mädchens (Sandy Dennis), das ein Kind bekommt,
nachdem es sich gegen eine Abtreibung entschieden hat. In «Rabbit,
Run» (1970 – Regie: Jack Smight) wird – nach einem Roman von John
Updike – die Geschichte einer Ehe entwickelt, die bereits am Tag

ihres Beginns zum Scheitern verurteilt war und die damit endet, daß der Mann (James Caan) seine schwangere Frau (Anjanette Comer) wegen einer Prostituierten verläßt.

In der zweiten Hälfte der sechziger Jahre war das Melodram in der Publikumsgunst tiefer gesunken denn je zuvor. Das mag zum einen an der Versorgung durch *soap operas* liegen, die das Fernsehen allabendlich ausstrahlte, zum anderen daran, daß in einer Zeit, in denen die Träume von Befreiung noch die desparatesten Seelen erreichte, das Leiden der Frauen an der Liebe nicht die brennendste Botschaft war (man denkt ein wenig an eine ähnliche Baisse des Genres in den zwanziger Jahren). Der Rückschlag erfolgte schnell. Zum Überraschungserfolg des Jahres 1970 wurde Arthur Hillers «Love Story» (Love Story), entstanden nach einem Roman von Erich Segal, der eigentlich ein Film-Treatment ist. Es geht um die Liebesgeschichte zwischen zwei Studenten (Ryan O'Neal, Ali McGraw); der reiche Vater und auch sonst eine Menge Leute sind dagegen. Es ist für diesen Romeo und diese Julia aber nicht der Weg zwischen den Klassen, sondern der Weg zwischen den «Aggregatzuständen» arm und reich; der läßt sich durch Fleiß und Wohlanständig-

«Anastasia» (1956) von Anatole Litvak. Mit Ingrid Bergman und Yul Brynner. Foto: Centfox.

keit bewältigen. Trotzdem muß die Heldin am Ende des Films an einer jener Krankheiten sterben, die es so nur im Genre der *soap operas* gibt. Wie am Ende der zwanziger Jahre und in den dreißiger Jahren das Wiederaufleben melodramatischer *tearjerkers* als moralische Reaktion (unter vielen anderen) gewertet werden kann, so ist auch der Erfolg von «Love Story», einem Film, der kaum ein Element der *soap operas* ausläßt, als Reaktion auf die Angst vor der (scheinbar) fröhlichen Promiskuität zu deuten. Obwohl die Entwicklung des Genres kaum von diesem Film, der noch hinter den Standard der *woman's films* zurückfiel, was seine Perspektive anbetrifft, geprägt wurde, markiert er doch das, was als «Tendenzwende» später in der politischen Publizistik seinen Terminus erhielt und was in der Ästhetik der Liebe sich lange abzeichnete, bevor es sich im als solchen erkannten «politischen Leben» zu erkennen gab.

Klaus Eder hat «ein paar Vermutungen» zum Erfolg von «Love Story» angestellt. «*Erstens* sind Erfolge – in Grenzen – machbar. Überdurchschnittliche Erfolge lassen sich nur mit entsprechender Werbung bewerkstelligen. Verlag und Verleih haben hohe Beträge in die Werbung für ihr Produkt investiert. In der Filmindustrie ist diese – auf dem Buchmarkt seit kurzem gängige – *Promotion* noch kaum üblich, könnte es aber werden. (Sie ist es geworden – d. Verf.) Voraussetzung und Folge: weitere Konzentrierung der Verleihe, damit noch weniger Chancen für unabhängige Filme.

Zweitens kann angenommen werden, daß von der ‹Love Story› ein Publikum bedient wird, das nicht mehr häufig und nicht mehr regelmäßig ins Kino geht. Die ‹harten› Filme, die Pauker- und Porno-Streifen haben die Zuschauer eher vergrault: keine zwanzig Prozent der potentiellen Kinogänger sind – dies das Ergebnis der Untersuchungen von Dichter und Infratest 1970 – in den letzten Jahren regelmäßig, das heißt mindestens einmal im Monat, ins Kino gegangen. Viele würden aber, bei entsprechendem Angebot, gerne gehen: mag sein, daß Werbung und Mundpropaganda sie glauben ließen, bei der ‹Love Story› könnte es sich um solch ein akzeptables Angebot handeln. Die Werbung kalkuliert selbstverständlich mit dem Überdruß an der Pornografie: ‹Love Story›, heißt es im Waschzettel der westdeutschen Ausgabe, hätte ‹mühelos die bekannten *Sexknüller*› überflügelt. Ob allerdings dieser Film dem Kino auf die Dauer neue Zuschauer gewinnt, wird abzuwarten sein.

Drittens ist, was Erich Segal bietet, nicht neu. Nicht nur der Hinweis auf die Courths-Mahler ist angebracht; auch der auf die millionenfach gehandelte Trivialliteratur. Nichts geschieht in der ‹Love Story›, was nicht auch dort millionenfach beschrieben wurde und beschrieben wird. Nur ist Segal ins öffentliche Bewußtsein geschwemmt, in den Bereich der Feuilletons, in denen gemeinhin solche Art Trivialliteratur nicht vorkommt. Segals Erfolg ist also eigentlich weder neu noch überraschend; neu und überraschend ist lediglich, daß sich dieser Erfolg in aller Öffentlichkeit vollzieht.

Viertens lädt die ‹Love Story› zur Identifizierung (Karasek: ‹Teilhabe›) ein, dazu, die Gefühle auf der Leinwand für die eigenen zu halten. Der Film erkauft sich dies durch einen aber auch vollkommenen Verzicht auf alles, was von «draußen» in ihn eindringen könnte. Er spielt sich in luftleerem Raum ab, ohne jeden Hinweis auf die Zeit oder auf den Ort seiner Geschichte. Segal macht das durch zwei Änderungen vom Drehbuch (das zuerst entstand) und Buch zum Film auch noch deutlich. Das eine Mal erzählt ein Studienfreund des Helden, daß er in Vietnam war und einen Vietcong umgebracht habe: ‹Ich bin nicht sicher, daß es wirklich ein VC war, im Ernst! Ich habe ein Geräusch gehört, und da hab ich ins Gebüsch geballert!› So verharmlosend das auch ist, in den Film ist es nicht übernommen worden. Das andere Mal spricht der Held zu seinem Vater von der Ausbeutung der Arbeiter: im Roman ist die Gegenwart gemeint, der Film verlegt sie ins 18. Jahrhundert. Wirklichkeit, die stören könnte, ist ausgemerzt: das macht den Film international konsumierbar.»

«Love Story» (1970) von Arthur Hiller. Mit Ryan O'Neal und Ali MacGraw. Foto: CIC.

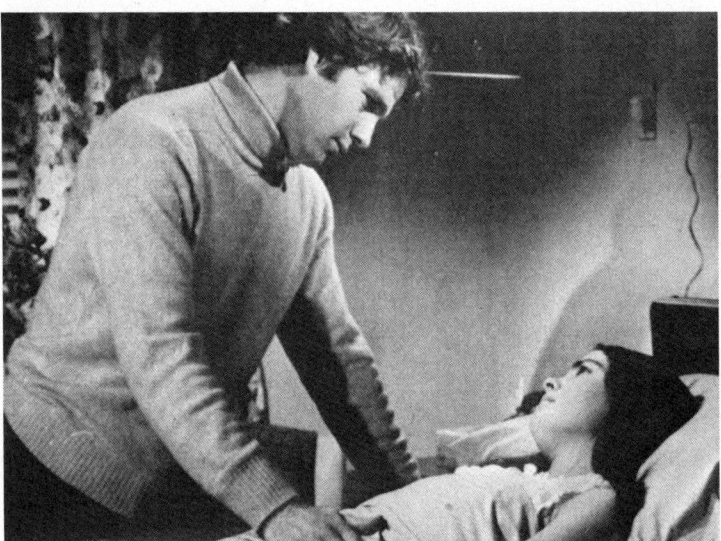

So scheint es auf der anderen Seite verständlich, daß der Film, wenn-zwar er am Anfang einer neuen «romantischen Welle» in Hollywood stand, kaum direkte Nachfolger finden konnte. Die mit großem Werbe-aufwand verbreitete Erinnerung an alte Tugenden/Untugenden des Hol-lywood-Films begleitet das Unbehagen an einer Art des kulturpoliti-schen, moralischen, gesellschaftlichen «Fortschritts», der wirkt, als wäre er mit denen, die es angeht, nicht abgesprochen. (Die Fortsetzung, «Oli-ver's Story», brachte keinem der Beteiligten etwas ein.)

In den siebziger Jahren entwickelte sich eine neue Form von Frauen-filmen in Hollywood, die sich erneut mit kritischen Impulsen aufluden, ohne ganz die Konventionen des Genres zu verleugnen. Zu deren Vor-läufern mag ein in mancherlei Hinsicht erstaunlicher Film zählen, Paul Newmans «The Effect of Gamma Rays on Man-in-the-Moon Mari-golds» (Die Wirkung von Gamma-Strahlen auf Ringelblumen – 1972), ein vielleicht zaghafter und doch mutiger Schritt über das Tennessee Williams-Bild vom amerikanischen Menschen in seiner Gesellschaft hin-aus. Es ist eine Studie über eine «unvollständige Familie»: Die Mutter

«The Effect of Gamma Rays on Man-in-the-Moon Marigolds» (1972) von Paul Newman. Mit Nell Potts und Joanne Woodward. Foto: ORF.

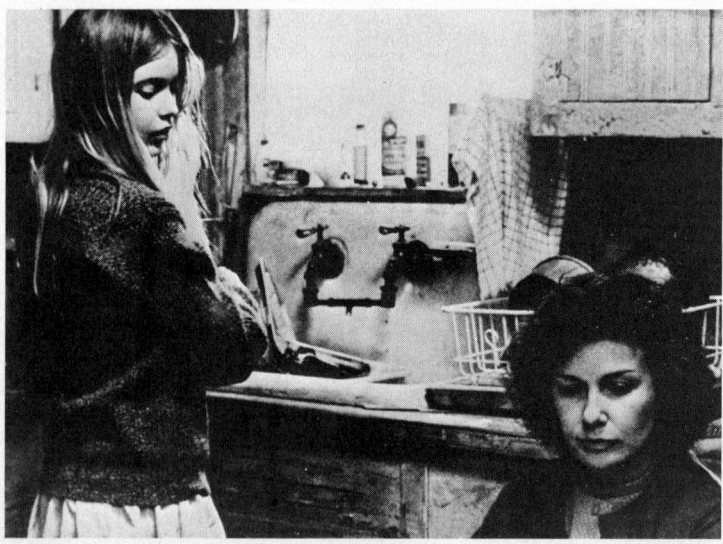

(Joanne Woodward), früh Witwe geworden, und die beiden Töchter, deren Leben sich in hilflosen Ausbrüchen und Kreisbewegungen erschöpft und die trotz bedrückender Lebensumstände und der Lieblosigkeit der Mutter in manchen Situationen versuchen sich zu behaupten, müssen miteinander leben, und in den Töchtern, so scheint es, obsiegt der Glaube, daß keine Gegenwart so schmutzig sein kann, um nicht die Basis einer großen Zukunft zu sein. Neben Filmen wie «Images» (1972 – Regie: Robert Altman) oder «A Doll's House» (das Stück von Ibsen wurde im Jahr 1973 gleich zweimal verfilmt, von Patrick Garland und von Joseph Losey) entstanden nach einer Zeit, in der fast ausschließlich die «harten Männer» den Hollywood-Film beherrscht hatten, eine Reihe von Filmen mit weiblichen Helden, weiblicher Perspektive, weiblichen Entwürfen, natürlich unter männlicher Regie. Die erste Aufgabe dieser «Frauenfilme» war es, die nun schon Jahrzehnte alten Klischees, die Mythologie des Genres zu durchbrechen und (da wir vom Hollywood-Film sprechen) zugleich fortzusetzen. Die Welle der neuen Frauenfilme Hollywoods, die nicht nur Melodramen umfaßt, hatte zwischen der reaktionären «Love Story» und dem feministischen Film zu vermitteln.

Fest gefügt war die Bildsprache des Genres. «Da entstand, am genormten Äußeren, Verhalten und Attributen zu identifizieren, der noch gut erinnerte Typ des Vamps und des anständigen Mädchens (vielleicht als überzeugendstes Äquivalent zur mittelalterlichen Personifizierung von Lastern und Tugenden), der Familienvater und der Schurke, letzterer gekennzeichnet durch schwarzen Schnurrbart und Spazierstöckchen. Eine karierte Tischdecke stand ein für allemal für ein ‹armes, aber ehrliches› Milieu; die glückliche Ehe, die bald von den Schatten der Vergangenheit gefährdet werden sollte, wird dadurch symbolisiert, daß die junge Ehefrau ihrem Mann den Kaffee beim Frühstück eingießt. Zwangsläufig wurde der erste Kuß angekündigt durch leichtes Spielen der Dame mit der Krawatte ihres Partners und wurde ebenso zwangsläufig von einem Zappeln ihres linken Fußes begleitet. Dementsprechend war auch das Verhalten der Charaktere vorgegeben», so charakterisiert Erwin Panovsky (immerhin 1934) die moralische Ikonografie des Genres. Über solche Stereotypen sind auch die kritischeren *woman's films* der vierziger Jahre selten hinausgegangen, sie versuchten vielmehr, sie in ihre Perspektive zu integrieren (so etwa hat Dorothy Arzner in manchen ihrer Filme eine inhärente Kritik an gewissen Stereotypen eingebaut, indem sie sie gerade betonte). Ganz unschuldig präsentierte sich der «weibliche Mythos» jedoch im Genre der Melodramen nicht immer: Wenn die Unterdrückung der Frau nicht zum Thema geworden wäre, wo hätte das Genre seine Themen hergenommen? Es mag für die vielen Männer-Genres stimmen, was Claire Johnston schrieb, daß nämlich im

Hollywood-Film eine steigende Differenzierung in der Charakterisierung der Männerfiguren einer immer gleichen Stereotypisierung der
Frauen gegenübersteht; im Melodram, das seine eigenen Mythen hat, ist
gerade die Differenzierung der Frauengestalten Bestandteil der Entwicklung des Genres. Diese Differenzierung freilich hat mit der ursprünglichen Teilung zwischen Vamp und guter Hausfrau und allen ihren Ableitungen zu tun, sie ist auch nicht unbedingt im Sinne einer
Emanzipation zu verstehen. Auch die Männer differenzieren sich nur
stets weiter zwischen den Polen Betrüger/impotent-gewalttätiger Mann
und verläßlicher/poetisch-potenter Mann. Die Politik von Genres ist
über Nuancen allein zu erschließen, so wie die Geschichte unseres Verhaltens.

Der neue «Frauenfilm» aus Hollywood ist also nichts anderes als die
Fortsetzung des Genres des *woman's film* unter Berücksichtigung einiger Aspekte in der öffentlichen Diskussion über weibliches Selbstverständnis und Sexualität; vom «feministischen Film» (der nicht zum Gegenstand dieses Buches gehört) trennen die neuen Genre-Filme dennoch Welten; sie sind, wie es von einem Hollywood-Film nicht anders zu
erwarten ist, an einem imaginären «Interessenausgleich» interessiert; sie
wägen, wenn man so will, den Mut der Frauen mit der Angst der Männer ab. Auch sie sollen das Leben ertragen und nicht verändern helfen.

Alice in «Alice Doesn't Live Here Anymore» (Alice lebt hier nicht
mehr – 1975 – Regie: Martin Scorsese) hat sich mit einem Mann und einem Kind mehr schlecht als recht in einem munteren belanglosen Leben
eingerichtet, ihre kaum begonnene Karriere als Sängerin hat sie aufgegeben. Als ihr Mann bei einem Unfall ums Leben kommt, scheint dies
für Alice eine Chance für den Neubeginn. Sie macht sich auf, zusammen
mit ihrem ständig maulenden Sohn, nach Monterey; sie will wieder als
Sängerin arbeiten. Auf ihrer Reise durch Amerika begegnen ihr ein paar
Männer von minderer Qualität. Bei ihren Auftritten in den mehr oder
weniger schäbigen Bars, in denen sie eine Chance bekommt, muß sie
sich zur Wehr setzen, dagegen, daß sie als Objekt von Ausbeutung und
Aggression mißbraucht wird. Aber der Traum von einer Karriere als
Sängerin ist bald ausgeträumt. Schließlich trifft Alice auf den bodenstän-
digen Farmer David (Kris Kristofferson), in den sie sich verlieben kann.
Doch auch diese Beziehung ist nicht unkompliziert; auch David muß
erst lernen, Alice als Person zu akzeptieren.

Scorseses Film ist nicht nur von der Anlage der Story, von der trickrei-
chen Konstruktion her eine Fortsetzung der *woman's films*, er arbeitet
auch mit direkten Zitaten dieses Genres. Nicht nur der Anfang mit seiner unheimlich bunten, altmodischen Kulisse, die Schilderung von Provinz-Amerika, das seit Douglas Sirk nur dreckiger geworden ist, so wie
auch die Sprache «dreckiger» geworden ist und große Gefühle in Wen-

dungen verpackt sein können, die mit *four-letter-words* gespickt sind, sondern auch die Erlösung der Frau durch den «poetischen» Mann, den «Naturburschen» erscheinen wie aus einem Film vom Ende der vierziger Jahre. Und dem Genre entspricht auch die Philosophie des Films, die Scorsese unaufdringlich vorbringt: Die Frauen haben in einer Welt, die von Männern bestimmt wird, einen harten Lebensweg, wenn sie ihre Persönlichkeit verteidigen wollen. Sie erweisen sich aber dabei als die «besseren Menschen». Und: es ist alles sehr kompliziert. Wie der *woman's film* polemisiert auch «Alice Doesn't Live Here Anymore» nicht, sondern beschreibt, durchaus parteiisch, den Leidensweg der Frau, bei aller Frustration und bei allem Schmerz, als eine Art Abenteuer, das Abenteuer der Selbsterfahrung. Das, zum Beispiel, unterscheidet einen *woman's film* von einer *soap opera*.

Wenn Ellen Burstyn die Joan Crawford der siebziger Jahre ist, so ist Jill Clayburgh die Bette Davis der Dekade. (Auch ihre Wandelbarkeit, ihre Erscheinung das eine Mal als ganz alltäglicher, dennoch unverwechselbarer Mensch, das andere Mal als «artistische», erotische Metapher, ganz und gar künstlich und stilisiert.) In «An Unmarried Woman» (Eine entheiratete Frau – 1978 – Regie: Paul Mazursky) spielt sie eine Frau, die sich im Stadium der «Entheiratung» befindet, und auch sie begreift die Auflösung ihrer Beziehung als Chance zu einem neuen Leben, das von ihrer eigenen Person bestimmt sein wird. Als der Mann sie wegen einer jüngeren Frau verlassen hat, bleibt sie mit einer kratzbürstigen, vaterfixierten Tochter allein (ein nunmehr fast schon geläufiges *topic*: die schrecklichen Kinder). Sie hat einige flüchtige Abenteuer, sie ist oft allein, sie klammert sich an Freundinnen; sie erfährt immer mehr über sich selbst, behauptet der Film. (Was sie mit der Heldin von «Alice Doesn't Live Here Anymore» gemeinsam hat – aber auch mit Bette Davis –, ist eine Form des Galgenhumors, der sie ihr Geschick tragen läßt.)

Auch die Männer in den neuen Frauenfilmen Hollywoods entsprechen den Klischees der *woman's films*: Sie sind vor allem egoistisch und schwach. In «An Unmarried Woman» muß der Mann seiner Frau in einem hysterischen Anfall erklären, daß er sich seit langer Zeit mit einer anderen Frau trifft; er winselt dabei, fast wie ein Hund. Sie sind verlogen und emotional verkrüppelt. Schließlich sind sogar die «guten» Männer nach dem Modell des Genres geformt: Es ist der «gute Wilde», der «Naturbursche» in «Alice Doesn't Live Here Anymore», es ist der erfolgreiche Künstler, der sensibel und verständig auf die Frau reagiert, in «An Unmarried Woman».

«Die Geschichte, im oberen New Yorker Mittelstand angesiedelt, ist zwar nicht undifferenziert gezeichnet und gesteht ihren Darstellern auch eine gewisse Entwicklung zu. Die aufgezeigten Risse (brüchige Ehen, Freiwildfunktion der ‹ungebundenen› Frauen, Bedürfnis der Frauen nach einer eigenen Sexualität, Besitzansprüche der Männer und Kinder) werden aber nur soweit gezeigt, wie sie zur dramatischen Gestaltung der Filmhandlung notwendig sind, und führen so niemals zum offenen Bruch und damit zu einer Neuorientierung. Jeder tastende Versuch in dieser Richtung wird durch ein Gegenbild entschärft oder nicht mehr weitergeführt: Erica heult zwar gegen das Verlassenwerden auf, kämpft aber nicht um ihre Beziehung zu Martin; sie versucht ihre sexuellen Bedürfnisse auch ohne eine feste Beziehung zu leben, gerät aber an einen Sexualprotz; sie sucht Hilfe bei ihren Freundinnen, erfährt aber nie eine solidarische Unterstützung. Erica spricht viel über ihre Einsamkeit, doch keine einzige Bildfolge zeigt sie alleine. Der Film gesteht ihr keine eigene Identität zu, auch nicht die der Hausfrau: Als Saul, ihr neuer Freund, ein Maler (zärtlich, poetisch und romantisch), Farben über die Leinwand gießt und Erica gleichzeitig ein Ei in eine Schüssel schlägt, wird durch die Montage der Bilder eine Einheit und Gleichsetzung dieser Aktivitäten suggeriert. Ericas häufiges Zusammensein mit ihren Freundinnen wird durch das einzige Diskussionsthema dieser Frauengruppe, die Männer, neutralisiert. Eine Einstellung zeigt sie, kurz nachdem sie mit Saul in einer Umarmung gezeigt wird, fast ‹schwebend› mit ihren Freundinnen über eine Eisfläche gleiten. Ericas Filmleben ist auf den Mann hin zentriert: Er löst ihre Geschichte aus (sie wird verlassen), und die Suche nach einem anderen Mann bestimmt die Filmgeschichte weiter. Erst in der Schlußeinstellung zieht Erica allein durch die Straßen, allerdings ein riesiges Bild von Saul in den Händen, das ihre Bewegungsfreiheit sichtlich einschränkt: sie kann sich jetzt frei in einer von Männern bestimmten Welt bewegen» (Regina Schmid).

«Looking for Mr. Goodbar» (Auf der Suche nach Mr. Goodbar – 1977) zeigt so etwas wie die gewandelte Figur der «bösen» («kranken») Frau in den *woman's films*. Diane Keaton spielt eine Frau, die, wenn auch aus etwas anderen Gründen als die faszinierend bösen Frauen in den vierziger Jahren, ihre Sexualität gleichsam isoliert, von ihrer Person abzuspalten versucht, in einer Tag-Nacht-Schizophrenie wie Dr. Jekyll und Mr. Hyde. Auch daß sie am Ende auf grotesk zufällige Weise ermordet wird, verbindet sie mit den Heldinnen des Genres aus früherer Zeit; sie wird ermordet just in jenem Moment, wo sie zur Besinnung zu kommen scheint, die Spaltung von Liebe und Sexualität als Riß erkennt, der durch ihre Seele geht. «Die Heldin Theresa Dunn verläßt vielmehr den angeblich schützenden Wall des patriarchalischen, super-katholischen Elternhauses – im Film zugleich ein Zerrbild des hektischen, lärmerfüllten *family way*. Sie ist geschädigt durch die schmerzvolle Erinnerung an ein Jahr ihrer Kindheit, das sie wegen einer Krankheit im Gipspanzer verbringen mußte. Im Haus blieb ihr beim familiär vertraulichen, innerlich jedoch durch Welten getrennten Vis-à-vis mit ihrer un-

«Looking for Mr. Goodbar» (1977) von Richard Brooks. Mit Richard Gere und
Diane Keaton. Foto: CIC.

komplizierten, leichtsinnigen Schwester Katherine stets die Rolle des Outlaws in den Gesetzen der Familie vorbehalten. Traumatisch ist für sie auch das sexuelle Erlebnis mit ihrem Professor, Martin Engle, einem Monster, das Zärtlichkeit – wenn überhaupt – allenfalls in homöopathischen Dosen gewährt, meistens aber nach der Devise handelt: ‹Gelobt sei, was hart macht›, und ein brutales Vergnügen darin findet, ein permanentes seelisches Blutbad in Terry anzurichten. Theresa sieht sich verlassen und beginnt nach dem Examen ihr kontrapunktisches Tag-Nacht-Dasein.

Morgens ist sie eine begeisterte, befähigte Lehrerin ihrer Taubstummen-Klasse, abends treibt es sie in obskure Bars, dann treibt sie es mit den von dort abgeschleppten Liebhabern. Zwischen möglicher ‹Love Story› à la Segal und einer konsequent über einen ‹letzten Tango› hinausgehenden Konzeption zeigt Richard Brooks (annähernd vorlagengetreu) in Terry eine Frau, die jenseits von Gut und Böse ist. Ohne erzieherischen Zeigefinger zeichnet er das Bild eines trotz aller zur Schau getragenen Burschikosität höchst verletzlichen, zarten Wesens; nachdem dieses Wesen sich seine Wunden geleckt hat, hängt es Intellekt und Empfindsamkeit sozusagen an den Nagel neben dem Bett, verstummt und läßt fürderhin seinen Körper reden – und siehe da!, das macht sogar Vergnügen; der männliche Körper ist nur eine Hülle, ich benutze ihn, weg mit ihm, der nächste bitte.

Mit traumwandlerischer Sicherheit, seiltänzerischer Eleganz bewegt sie sich in den Niederungen menschlicher Zwielichtig- und Abartigkeiten. Gelegentlich träumt sie von heiler Welt, von zarten Begegnungen, sieht sich dort als die liebende Tochter, als die von Herzen geliebte Frau. Wie Persephone – in der Unterwelt zu Haus – läßt sie das Tor zur Oberwelt einen Spalt geöffnet, will sich die Möglichkeit zur Rückkehr erhalten. Da tritt der gutmütige, wohlerzogene, als leicht trottelig karikierte Sozialarbeiter James in ihr Dasein. Er, der in der Buchvorlage wesentlich positiver gezeichnet ist als im Film, bietet sich als Retter an. Doch dieses Angebot von Ruhe und Geborgenheit wirkt für Theresa erschreckender als ihr Liebhaber Tony, der ihr außer sexueller Qualität nichts als unerwartet animalische Reaktionen, pathologisches Fingertrommeln und eine Manie für Geräusch- und Fernsehkulisse zu bieten hat» (Gisela Kalaritis).

Der *woman's film* hatte sich rekonstruiert mit einer Reihe von modischen, gar feministischen Attitüden, mit einem Stück Naturalismus; aber dieser neue Ansatz im Genre war bald wieder vergessen, und in Filmen wie Fred Zinnemanns «Julia» (Julia – 1978) oder Robert Bentons «Kramer Versus Kramer» (Kramer gegen Kramer – 1979) werden wieder alle (alten) Register der Sentimentalität gezogen. Auf die Ströme von Blut und Sperma folgt ein neuer Strom von Tränen.

Anhang

Filmografie

Die Filmografie ist nach Jahreszahlen geordnet. Sie geben das Produktionsjahr an. Innerhalb eines Jahres sind die Filme alphabetisch geordnet, da sich das genaue Datum der Fertigstellung nicht immer zweifelsfrei erschließen läßt.

Die Filmografie umfaßt die wichtigsten der im Text erwähnten Filme, sofern es sich nicht um eine beiläufige Erwähnung nur unter einem bestimmten Aspekt interessanter Filme handelt.

Die Filmografie soll den Leser nicht nur mit den wichtigsten Daten zu den Filmen versorgen, sondern auch die zeitliche Zuordnung der in diesem Buch an verschiedenen Stellen behandelten Filme erleichtern. Filmografien sind kein totes Datenmaterial; sie zu lesen mag für den «Eingeweihten» (und zu einem solchen ist der Leser unseres Buches hoffentlich geworden) ein kleines Abenteuer sein.

Angegeben wurde Produktionsjahr, der Originaltitel, bei Filmen, die in Deutschland zu sehen waren, der deutsche Verleihtitel, der Regisseur, der Drehbuchautor, der Kameramann und die wichtigsten Darsteller.

Die Abkürzungen bedeuten

R Regie	K Kamera	M Musik
B Drehbuch	D Darsteller	

1909

THE COUNTRY DOCTOR
R, B: David Wark Griffith. K: G.W. Bitzer. D: Frank Powell, Florence Lawrence, Mary Pickford, Linda Arvidson, Kate Bruce, Gladys Egan.

1919

BLIND HUSBANDS
R: Erich von Stroheim. B: Erich von Stroheim n. d. Theaterstück «The Pinacle». K: Ben Reynolds. D: Erich von Stroheim, Sam de Grasse, Francilla Billington, Fay Holderness, Valerie Germonprez.

BROKEN BLOSSOMS (Gebrochene Blüten)
R: David Wark Griffith. B: David Wark Griffith n. d. Erzählung «The Chink and the Child» von Thomas Burke. K: G.W. Bitzer. (Mus. Begl.: Louis F. Gottschalk.) D: Lillian Gish, Richard Barthelmess, Donald Crisp.

1920

WAY DOWN EAST (Weit im Osten)
R: David Wark Griffith. B: David Wark Griffith n. e. Roman von Lotte Blair. K: G.W. Bitzer. D: Lillian Gish, Richard Barthelmess, Kate Bruce, Lowell Sherman.

1921

FOOLISH WIFES (Törichte Frauen)
R: Erich von Stroheim. B: Erich von Stroheim. K: Ben Reynolds, William Daniels. (Mus. Begl.: Sigmund Romberg.) D: Erich von Stroheim, Maude George, Mae Bush, George Christians (= Robert Edison), Miss Dupont, Cesare Gravina, Dale Fuller.

1922

MERRY-GO-ROUND (Karussell/Rummelplatz des Lebens/Das goldene Wien)
R: Erich von Stroheim, Rupert Julian. B: Erich von Stroheim. K: Ben Reynolds, William Daniels. D: Norman Kerry, Dorothy Wallace, Mary Philbin, Cesare Gravina, George Siegman, Dale Fuller, Maude George.

1923

GREED (Gier/Gier nach Geld)
R: Erich von Stroheim. B: Erich von Stroheim n. d. Roman «McTeague» von Frank Norris. K: Ben Reynolds, William Daniels (n. a. Q. Ernest B. Schoedsack). D: Gibson Gowland, ZaSu Pitts, Jean Hersholt, Chester Conklin, Dale Fuller, Cesare Gravina, Sylvia Ashton.

1924

ISN'T LIFE WONDERFUL? (Ist das Leben nicht wunderschön?)
R: David Wark Griffith. B: David Wark Griffith n. e. Kurzgeschichte von Major Geoffrey Moss. K: Hal Sintzenich. (Mus. Begl.: Cesare Sodero, Louis Silvers.) D: Carol Dempster, Neil Hamilton, Helen Lowell, Erville Alderson, Frank Puglia.

1925

THE MERRY WIDOW (Die lustige Witwe)
R: Erich von Stroheim. B: Erich von Stroheim nach dem Libretto von Victor Léon und Leo Stein für die Operette von Franz Léhar. K: Ben Reynolds, William Daniels, Oliver T. Marsh. D: Mac Murray, John Gilbert, Roy d'Arcy, Tully Marshall, George Fawcett, Josephine Crowell, Dale Fuller, Albert Conti.

1926

THE WEDDING MARCH (Der Hochzeitsmarsch)
R: Erich von Stroheim. B: Erich von Stroheim. K: Ben Reynolds, Hal Mohr. D: Erich von Stroheim, Fay Wray, George Fawcett, Maude George, Cesare Gravina, Dale Fuller, Matthew Betz, Hughie Mack.

1927

SUNRISE (Sonnenaufgang)
R: Friedrich Wilhelm Murnau. B: Carl Mayer n. d. Roman «Die Reise nach Tilsit» von Hermann Sudermann. K: Charles Rosher, Karl Struss. M: Hugo Reisenfeld. D: George O'Brien, Janet Gaynor, Margaret Livingston.

1928

QUEEN KELLY
R: Erich von Stroheim. B: Erich von Stroheim. K: Ben Reynolds. M: Adolf Tandler. D: Gloria Swanson, Walter Byron, Seena Owen, Sidney Bracey, William von Brincken, Tully Marshall.

1929

APPLAUSE (Applaus)
R: Rouben Mamoulian. B: Garret Fort n. e. Roman von Beth Brown. K: George Folsey. D: Helen Morgan, Joan Peers, Henry Wadsworth, Fuller Mellish jr.

1930

DER BLAUE ENGEL
R: Josef von Sternberg. B: Carl Zuckmayer, Carl Vollmöller, Robert Liebmann n. d. Roman «Professor Unrat» von Heinrich Mann. K: Günther Rittau, Hans Schneeberger. M: Friedrich Holländer. D: Emil Jannings, Marlene Dietrich, Kurt Gerron, Rosa Valetti, Hans Albers.

1931

AN AMERICAN TRAGEDY (Eine amerikanische Tragödie)
R: Josef von Sternberg. B: Samuel Hoffenstein, Josef von Sternberg n. d. Roman von Theodore Dreiser. K: Lee Garmes. D: Phillips Holmes, Sylvia Sydney, Frances Dee, Irving Pichel, Frederick Burton.

A HOUSE DIVIDED
R: William Wyler. B: John P. Clymer, Dale Van Every, John Huston n. d. Kurzgeschichte «Heart and Hand» von Olive Edens. K: Charles Stumar. D: Walter Huston, Kent Douglass, Helen Chandler, Vivian Oakland, Frank Hagney.

WATERLOO BRIDGE
R: James Whale. B: Tom Reed, Benn W. Levy n. e. Theaterstück von Robert E. Sherwood. K: Arthur Edeson. D: Mae Clarke, Kent Douglas, Doris

Lloyd, Ethel Griffies, Enid Bennett, Frederick Kerr, Bette Davis.

1932

AS YOU DESIRE ME
R: George Fitzmaurice. B: Gene Markey n. e. Stück von Luigi Pirandello. K: William H. Daniels. D: Greta Garbo, Erich von Stroheim, Melvyn Douglas, Hedda Hopper, Owen Moore.

BLONDE VENUS (Blonde Venus)
R: Josef von Sternberg. B: Jules Furthman, S. K. Lauren. K: Bert Glennon. M: (Lieder) Sam Coslow, Ralph Rainger und Leo Robin, Dick Whiting. D: Marlene Dietrich, Herbert Marshall, Cary Grant, Dickie Moore, Gene Morgan, Rita La Roy.

1934

EVELYN PRENTICE
R: William K. Howard. B: Leonore Coffee n. e. Roman von W. E. Woodward. K: Charles G. Clarke. M: Oscar Raclin. D: Myrna Loy, William Powell, Una Merkel, Harvey Stephens, Rosalind Russell, Henry Wadsworth.

EVERGREEN
R: Victor Saville. B: Emlyn Williams, Marjorie Gaffney n. d. Theaterstück von Benn W. Levy. D: Jessie Matthews, Sonnie Hale, Betty Balfour, Barry Mackay.

HOUSEWIFE
R: Alfred E. Green. B: Manuel Seff, Lillie Hayward. K: William Rees. M: Mort Dixon. D: Bette Davis, George Brent, Ann Dvorak, John Halliday, Ruth Donnelly.

IMITATION OF LIFE
R: John M. Stahl. B: William Hurlbut n. d. Roman von Fannie Hurst. K: Merritt Gerstad. M: Heinz Roemheld. D: Claudette Colbert, Warren William, Louise Beavers, Ned Sparks, Rochelle Hudson, Fredi Washington, Alan Hale.

1935

THE GALLANT LADY
R: Gregory La Cava. B: Sam Mintz n. e. Story von Gilbert Emery und Doug Doty. K: Peverell Marley. D: Ann Harding, Clive Brook, Otto Kruger, Tullio Carminati.

THE GILDED LILY
R: Wesley Ruggles. B: Claude Binyon. K: Victor Milner. D: Claudette Colbert, Fred MacMurray, Ray Milland, C. Aubrey Smith, Donald Meek.

MAGNIFICENT OBSESSION
R: John M. Stahl. B: George O'Neil, Sarah Y. Mason, Victor Heerman n. d. Roman von Lloyd Douglas. K: John Mescall. D: Irene Dunne, Robert Taylor, Ralph Morgan, Sara Haden, Charles Butterworth.

1936

CRAIG'S WIFE
R: Dorothy Arzner. B: Mary McCally jr., George Kelly n. d. Theaterstück von George Kelly. K: Lucien Ballard. M: Moris Stoloff. D: Rosalind Russell, John Boles, Billie Burke, Jane Darwell, Dorothy Wilson, Alma Kruger, Thomas Mitchell.

1938

JEZEBEL (Jezebel)
R: William Wyler. B: Clement Ripley
Abem Finkel, John Huston n. e. Thea-
terstück von Owen Davis. K: Ernest
Haller. M: Max Steiner. D: Bette Da-
vis, Henry Fonda, George Brent, Mar-
garet Lindsay, Fay Bainter, Richard
Cromwell, Donald Crisp, John Litel,
Henry O'Neill.

1939

GONE WITH THE WIND (Vom Winde
verweht)
R: Victor Fleming (begonnen von
George Cukor, beendet von Sam
Wood). B: Sidney Howard n. d. Ro-
man von Margaret Mitchell (Vorarbei-
ten von mehreren Autoren, darunter
Ben Hecht, F. Scott Fitzgerald). K:
Ernest Haller, Ray Rennahan. M:
Max Steiner. D: Clark Gable, Vivien
Leigh, Leslie Howard, Olivia de Ha-
villand, Thomas Mitchell, Hattie
McDaniel.

1940

DANCE, GIRL, DANCE
R: Dorothy Arzner. B: Tess Slesinger,
Frank Davis n. e. Erzählung von Vicky
Baum. K: Russell Metty. D: Joan
Crawford, Lester Vail, Cliff Edwards,
William Bakewell, Clark Gable.

THE OLD MAID
R: Edmund Goulding. B: Casey Ro-
binson n. d. Theaterstück von Zoe At-
kins und d. Roman von Edith Whar-
ton. K: Tony Gaudio. M: Max Steiner.
D: Bette Davis, Miriam Hopkins,
George Brent, Donald Crisp, Jane
Bryan, Louise Fazenda.

WATERLOO BRIDGE (Abschied auf Wa-
terloo Bridge)
R: Mervyn LeRoy. B: S. N. Behrman,
Hans Rameau, Georg Froeschel. K:
Joseph Ruttenberg. M: Herbert Sto-
thart. D: Vivien Leigh, Robert Taylor,
Lucile Watson, Virginia Field, Maria
Ouspenskaya, C. Aubrey Smith.

1941

BLOSSOMS IN THE DUST (Blüten im
Staub)
R: Mervyn LeRoy. B: Anita Loos n. d.
Lebensgeschichte von Edna Gladney.
K: Karl Freund, W. Howard Greene.
M: Herbert Stothart. D: Greer Gar-
son, Walter Pidgeon, Felix Bressart,
Marsha Hunt, Fay Holden.

1942

CASABLANCA (Casablanca)
R: Michael Curtiz. B: Julius J. Ep-
stein, Philip G. Epstein, Howard Koch
n. d. Theaterstück «Everybody Comes
to Rick's» von Murray Burnett und
Joan Alison. K: Arthur Edeson. M:
Max Steiner. D: Humphrey Bogart,
Ingrid Bergman, Claude Rains, Paul
Henreid, Conrad Veidt, S. Z. Sakall,
Sydney Greenstreet, Peter Lorre,
Dooley Wilson, Marcel Dalio.

THE HARD WAY
R: Vincent Sherman. B: Daniel Fuchs,
Peter Viertel. K: James Wong Howe.
M: Leo F. Forbstein. D: Ida Lupino,
Joan Leslie, Dennis Morgan, Jack
Carson, Gladys George.

THIS ABOVE ALL
R: Anatole Litvak. B: R.C. Sheriff
n. e. Roman von Eric Knight. K: Arthur Miller. M: Alfred Newman. D:
Tyrone Power, Joan Fontaine, Tho-

mas Mitchell, Henry Stephenson, Nigel Bruce, Gladys Cooper, Alexander Knox.

1943

FOR WHOM THE BELL TOLLS (Wem die Stunde schlägt)
R: Sam Wood. B: Dudley Nichols n. d. Roman von Ernest Hemingway. K: Ray Rennahan. M: Victor Young. D: Gary Cooper, Ingrid Bergman, Akim Tamiroff, Arturo de Cordova, Katina Paxinou, Vladimir Sokoloff.

OLD ACQUAINTANCE (In Freundschaft verbunden)
R: Vincent Sherman. B: John Van Druten, Leonore Coffee n. d. Theaterstück von John Van Druten. K: Sol Polito. M: Franz Waxman, Leo F. Forbstein. D: Bette Davis, Miriam Hopkins, Gig Young, John Loder, Dolores Moran.

1944

SUMMER STORM
R: Douglas Sirk. B: Rowland Lee n. d. Erzählung «Die Jagdgesellschaft» von Anton Tschechow. K: Archie Stout. M: Karl Majos. D: George Sanders, Linda Darnell, Edward Everett Horton, Anna Lee, Hugo Haas, Sig Rumann.

1945

BRIEF ENCOUNTER (Begegnung)
R: David Lean. B: Noël Coward n. seinem Theaterstück «Still Life». K: Robert Krasker. M: (Sergej Rachmaninow). D: Celia Johnson, Trevor Howard, Stanley Holloway, Joyce Carey, Cyril Raymond.

LEAVE HER TO HEAVEN
R: John M. Stahl. B: Jo Swerling n. e. Roman von Ben Ames Williams. K: Leon Shamroy. M: Alfred Newman. D: Gene Tierney, Cornel Wilde, Jeanne Crain, Vincent Price, Mary Phillips, Ray Collins, Gene Lockhart, Chill Wills.

MILDRED PIERCE (Solange ein Herz schlägt)
R: Michael Curtiz. B: Ranald MacDougall, Catherine Turney n. e. Roman von James M. Cain. K: Ernest Haller. M: Max Steiner. D: Joan Crawford, Jack Carson, Zachary Scott, Eve Arden, Ann Blyth, Bruce Bennett, George Tobias.

1946

THE BEST YEARS OF OUR LIVES (Die besten Jahre unseres Lebens)
R: William Wyler. B: Robert Sherwood n. d. Roman «Glory for Me» von Mackinlay Kantor. K: Gregg Toland. M: Hugo Friedhofer. D: Fredric March, Myrna Loy, Teres Wright, Dana Andrews, Virginia Mayo, Cathy O'Donnell, Hoagy Carmichael, Harold Russell, Gladys George.

THE DIARY OF A CHAMBERMAID
R: Jean Renoir. B: Burgess Meredith n. d. Roman von Octave Mirbeau. K: Lucien Andriot. D: Paulette Goddard, Burgess Meredith, Hud Hatfield, Francis Lederer, Judith Anderson, Florence Bates.

MY REPUTATION
R: Curtis Bernhardt. B: Catherine Turney n. d. Roman «Instruct My Sorrows» von Clare Jaynes. K: James Wong Howe. M: Max Steiner. D: Barbara Stanwyck, George Brent, Warner Anderson, Lucile Watson, John Ridgely, Eve Arden.

SENTIMENTAL JOURNEY
R: Walter Lang. B: Samuel Hoffenstein, Elizabeth Reinhardt n. e. Story von Nelia Gardner White. K: Norbert Brodine. M: Cyril Mockridge. D: Maureen O'Hara, John Payne, William Bendix, Cedric Hardwicke, Glenn Langan.

TILL THE END OF TIME (Bis zum Ende aller Tage)
R: Edward Dmytryk. B: Allen Rivkin. K: Harry J. Wild. M: Leigh Harline. D: Dorothy McGuire, Guy Madison, Robert Mitchum.

TO EACH HIS OWN
R: Mitchell Leisen. B: Charles Brackett, Jacques Théry. K: Daniel L. Fapp. M: Victor Young. D: Olivia de Havilland, John Lund, Roland Culver, Mary Anderson, Bill Goodwin.

1947

HUMORESQUE (Humoreske)
R: Jean Negulesco. B: Clifford Odets, Zachary Gold n. e. Roman von Fannie Hurst. K: Ernest Haller. M: Franz Waxman. D: Joan Crawford, John Garfield, Oscar Levant, J. Carrol Naish, Joan Chandler, Craig Stevens.

FRIEDA
R: Basil Dearden. B: Angus Macphail, Ronald Millar n. d. Theaterstück von Ronald Millar. K: Gordon Dines. D: Mai Zetterling, David Farrar, Glynis Johns, Flora Robson, Albert Lieven.

1948

HOMECOMING
R: Mervyn LeRoy. B: Paul Osborn. K: Harold Rosson. M: Charles Previn. D: Clark Gable, Lana Turner, Anne Baxter, John Hodiak, Ray Collins, Gladys Cooper, Cameron Mitchell, Marshall Thompson.

LETTER FROM AN UNKNOWN WOMAN (Brief einer Unbekannten)
R: Max Ophüls. B: Howard Koch n. e. Erzählung von Stefan Zweig. K: Frank (Franz) Planer. M: Daniele Amfitheatrof. D: Joan Fontaine, Louis Jourdan, Mady Christians, Art Smith.

1949

FLAMINGO ROAD
R: Michael Curtiz. B: Robert Wilder n. s. Roman. K: Ted McCord. M: Max Steiner. D: Joan Crawford, David Brian, Sidney Greenstreet, Zachary Scott, Gladys George, Virginia Huston.

LOST BOUNDARIES
R: Alfred L. Werker. B: Virginia Shaler, Eugene Ling. K: William J. Miller. M: Louis Applebaum. D: Mel Ferrer, Beatrice Pearson, Richard Hylton, Susan Douglas, Canada Lee.

PINKY
R.: Elia Kazan. B: Philip Dunne n. d. Roman «Quality» von Cid Ricketts Summer. K: Joe MacDonald. M: Alfred Newman. D: Jeanne Crain, Ethel Barrymore, Ethel Waters, William Lundigan, Basil Ruysdael, Nina Mae McKinney.

1950

ALL ABOUT EVE (Alles über Eva)
R: Joseph L. Mankiewicz. B: Joseph
L. Mankiewicz. K: Milton Krasna. M:
Alfred Newman. D: Bette Davis,
Anne Baxter, George Sanders, Gary
Merrill, Thelma Ritter, Marilyn
Monroe.

THE GLASS MENAGERIE (Die Glasmenagerie)
R: Irving Rapper. B: Tennessee Williams, Peter Berneis n. d. Theaterstück
von Tennessee Williams. K: Robert
Burks. M: Max Steiner. D: Kirk Douglas, Jane Wyman, Gertrude Lawrence, Arthur Kennedy.

HARRIET CRAIG (Die Lügnerin)
R: Vincent Sherman. B: Anne Froe-
lick, James Gunn n. d. Theaterstück
«Craig's Wife» von George Kelly. K:
Joseph Walker. M: Morris Stoloff. D:
Joan Crawford, Wendell Corey, Allyn
Joslyn, Lucile Watson, William
Bishop.

THE MEN (Die Männer)
R: Fred Zinnemann. B: Carl Fore-
man. K: Robert de Grasse. M: Dimitri
Tiomkin. D: Marlon Brando, Teresa
Wright, Everett Sloane, Jack Webb.

NO SAD SONGS FOR ME
R: Rudolph Maté. B: Howard Koch
n. e. Roman von Ruth Southard. K:
Joseph Walker. M: George Duning.
D: Margaret Sullavan, Wendell Corey,
Viveca Lindfors, Natalie Wood, John
McIntire.

SEPTEMBER AFFAIR (Liebesrausch auf
Capri)
R: William Dieterle. B: Robert Thoe-
ren. K: Charles B. Lang. M: Victor
Young. D: Joseph Cotten, Joan Fon-
taine, Françoise Rosay, Jessica Tandy,
Robert Arthur.

SUNSET BOULEVARD (Boulevard der
Dämmerung)
R: Billy Wilder. B: Charles Brackett,
Billy Wilder, D. M. Marshman jr. K:
John F. Seitz. M: Franz Waxman. D:
William Holden, Gloria Swanson,
Erich von Stroheim, Nancy Olson,
Fred Clark, Lloyd Gough, Jack Webb
(...) H. B. Warner, Buster Keaton,
Cecil B. DeMille, Hedda Hopper, Ray
Evans, Jay Livingston.

1951

PAYMENT ON DEMAND (Die Ehrgeizige)
R: Curtis Bernhardt. B: Bruce Man-
ning, Curtis Bernhardt. K: Leo Tover.
M: Victor Young. D: Bette Davis,
Barry Sullivan, Jane Cowl, Kent Tay-
lor, Betty Lann, Otto Kruger, John
Sutton.

A PLACE IN THE SUN (Ein Platz an der
Sonne)
R: George Stevens. B: Michael Wil-
son, Harry Brown n. d. Bühnenstück
von Patrick Kearny, einer Bühnen-
version von Theodore Dreisers Roman
«An American Tragedy». K: William
C. Mellor. M: Franz Waxman. D:
Montgomery Clift, Elizabeth Taylor,
Shelley Winters, Anne Revere, Keefe
Brasselle, Fred Clark, Raymond Burr,
Shepperd Strudwick.

TERESA
R: Fred Zinnemann. B: Stewart Stern.
K: William J. Miller. M: Louis Apple-
baum. D: Pier Angeli, John Ericson,

Patricia Collinge, Richard Bishop, Peggy Ann Garner, Ralph Meeker, Bill Mauldin.

1952

THE BAD AND THE BEAUTIFUL (Stadt der Illusionen)
R: Vincente Minnelli. B: Charles Schnee. K: Robert Surtees. M: David Raksin. D: Kirk Douglas, Walter Pidgeon, Lana Turner, Dick Powell, Barry Sullivan, Gloria Grahame, Gilbert Roland, Leo G. Carroll, Vanessa Brown.

CLASH BY NIGHT (Vor dem neuen Tag)
R: Fritz Lang. B: Alfred Haynes n. d. Theaterstück von Clifford Odets. K: Nicholas Musuraca. M: Roy Webb. D: Barbara Stanwyck, Paul Douglas, Robert Ryan, Marilyn Monroe, J. Carroll Naish, Keith Andes.

DEATH OF A SALESMAN (Tod eines Handlungsreisenden)
R: Laszlo Benedek. B: Stanley Roberts n. d. Theaterstück von Arthur Miller. K: Franz Planer. M: Morris Stoloff. D: Fredric March, Kevin McCarthy, Cameron Mitchell, Mildred Dunnock, Howard Smith, Royal Beal, Jesse White.

JAPANESE WAR BRIDE
R: King Vidor. B: Catherine Turney. K: Lionel Lindon. M: Emil Newman. D: Shirley Yamaguchi, Don Taylor, Cameron Mitchell, Marie Windsor, James Bell, Louise Lorimer.

1953

ALL I DESIRE (All meine Sehnsucht)
R: Douglas Sirk. B: James Gunn, Robert Blees. K: Carl Guthrie. M: Jo-

seph Gershenson. D: Barbara Stanwyck, Richard Carlson, Lyle Bettger, Maureen O'Sullivan, Richard Long, Lori Nelson.

BREAK OF HEARTS
R: Philip Moeller. B: Sarah Y. Mason, Victor Heerman, Anthony Veiller. K: Robert de Grasse. M: Max Steiner. D: Katharine Hepburn, Charles Boyer, Jean Hersholt, John Beal, Sam Hardy.

FROM HERE TO ETERNITY (Verdammt in alle Ewigkeit)
R: Fred Zinnemann. B: Dalton Trumbo n. d. Roman von James Jones. K: Burnett Guffey. M: George Duning. D: Burt Lancaster, Deborah Kerr, Frank Sinatra, Donna Reed, Ernest Borgnine, Montgomery Clift, Philip Ober, Mickey Shaughnessy.

LATIN LOVERS
R: Mervyn LeRoy. B: Isobel Lennart. K: Joseph Ruttenberg. M: George Stoll. D: Lana Turner, Ricardo Montalban, John Lund, Louis Calhern, Jean Hagen.

MAGNIFICENT OBSESSION (Die wunderbare Macht)
R: Douglas Sirk. B: Robert Blees. K: Russell Metty. M: Frank Skinner. D: Jane Wyman, Rock Hudson, Agnes Moorehead, Barbara Rush, Otto Kruger, Gregg Palmer, Paul Cavanagh.

1954

ABOUT MRS. LESLIE
R: Daniel Mann. B: Ketti Frings, Hal Kanter. K: Ernest Laszlo. M: Victor Young. D: Shirley Booth, Robert Ryan, Alex Nicol, Marjie Miller, Eilene Janssen.

ACT OF LOVE
R: Anatole Litvak. B: Irwin Shaw n. d.
Roman «The Girl on the Via Flami-
nia» von Alfred Hayes. K: Armand
Thirard. M: Michael Emer, Joe Hajos.
D: Kirk Douglas, Dany Robin, Bar-
bara Lange, Robert Strauss, Gabrielle
Dorziat.

THE BAREFOOT CONTESSA (Die barfüßi-
ge Gräfin)
R: Joseph L. Mankiewicz. B: Joseph
L. Mankiewicz. K: Jack Cardiff. M:
Mario Nascimbene. D: Humphrey
Bogart, Ava Gardner, Edmond
O'Brien, Marius Goring, Valentina
Cortese, Rossano Brazzi.

CARMEN JONES (Carmen Jones)
R: Otto Preminger. B: Harry Kleiner
n. d. Libretto zu «Carmen» von Geor-
ges Bizet. K: Sam Leavitt. D: Dorothy
Dandridge, Harry Belafonte, Pearl
Bailey, Olga James, Brock Peters, Joe
Adams.

THE LAST TIME I SAW PARIS
R: Richard Brooks. B: Julius J. Ep-
stein, Philip G. Epstein, Richard
Brooks. K: Joseph Ruttenberg. M:
Conrad Salinger. D: Elizabeth Taylor,
Van Johnson, Walter Pidgeon, Donna
Reed, Eva Gabor.

ROMA, STAZIONE TERMINI/INDISCRETION
OF AN AMERICAN WIFE (Rom Station
Termini)
R: Vittorio De Sica. B: Cesare Zavat-
tini, Truman Capote. K: G. R. Aldo.
M: Aldo Cicognini. D: Jennifer Jones,
Montgomery Clift, Gino Cervi, Ri-
chard Beymer.

THREE COINS IN THE FOUNTAIN (Drei
Münzen im Brunnen)
R: Jean Negulesco. B: John Patrick
n. e. Roman von John H. Secondari.
K: Milton Krasner. M: Victor Young.

D: Clifton Webb, Dorothy McGuire,
Louis Jourdan, Jean Peters, Rossano
Brazzi, Maggie McNamara, Howard
St. John.

1955

ALL THAT HEAVEN ALLOWS (Was der
Himmel erlaubt)
R: Douglas Sirk. B: Peg Fenwick. K:
Russell Metty. M: Joseph Gershenson.
D: Jane Wyman, Rock Hudson, Ag-
nes Moorehead, Conrad Nagel, Virgi-
nia Grey, Charles Drake.

THE BIG KNIFE (Hollywood-Story)
R: Robert Aldrich. B: James Poe n. d.
Theaterstück von Clifford Odets. K: Er-
nest Laszlo. M: Frank de Vol. D: Jack
Palance, Ida Lupino, Rod Steiger,
Everett Sloane, Jean Hagen, Shelley
Winters, Wendell Corey, Ilka Chase.

THE BLACKBOARD JUNGLE
R: Richard Brooks. B: Richard
Brooks n. d. Roman von Evan Hun-
ter. K: Russell Harlan. M: Bill Haley
and the Comets. D: Glenn Ford, Anne
Francis, Louis Calhern, Margaret
Hayes, Sidney Poitier, Vic Morrow,
Emile Meyer.

THE DEEP BLUE SEA
R: Anatole Litvak. B: Terence Rattigan
n. s. Theaterstück. K: Jack Hildyard.
M: Malcolm Arnold. D: Vivien Leigh,
Kenneth Môre, Eric Portman, Emlyn
Williams, Moira Lister, Arthur Hill.

LOVE IS A MANY SPLENDORED THING
(Alle Herrlichkeit auf Erden)
R: Henry King. B: John Patrick n. d.
Roman von Han Suyin. K: Leon
Shamroy. M: Alfred Newman. D: Jen-
nifer Jones, William Holden, Torin
Thatcher, Isobel Elsom, Murray Ma-
theson, Virginia Gregg.

MARTY (Marty)
R: Delbert Mann. B: Paddy Chayefsky
n. s. Bühnen- und TV-Stück. K: Joseph La Shelle. M: Roy Webb. D: Ernest Borgnine, Betsy Blair, Esther Minciotti, Joe Mantell, Karen Steele, Jerry Paris.

REBEL WITHOUT A CAUSE (... denn sie wissen nicht was sie tun)
R: Nicholas Ray. B: Stewart Stern. K: Ernest Haller. M: Leonard Rosenman. D: James Dean, Natalie Wood, Jim Backus, Sal Mineo, Ann Doran, Dennis Hopper, Nick Adams.

SUMMERTIME (Traum meines Lebens)
R: David Lean. B: David Lean, H. E. Bates n. d. Theaterstück «The Time of the Cuckoo» von Arthur Laurents. K: Jack Hildyard. M: Sandro Cicogini. D: Katharine Hepburn, Rossano Brazzi, Isa Miranda, Darren McGavin, Mari Aldon, André Morell.

1956

ANASTASIA (Anastasia)
R: Anatole Litvak. B: Arthur Laurents n. d. Theaterstück von Marcelle Maurette und Guy Boltin. K: Jack Hildyard. M: Alfred Newman. D: Ingrid Bergman, Yul Brynner, Helen Hayes, Martita Hunt, Akim Tamiroff, Felix Aylmer, Ivan Desny.

BATTLE HYMN (Der Engel mit den blutigen Flügeln)
R: Douglas Sirk. B: Charles Grayson, Vincent B. Evans. K: Russell Metty. M: Frank Skinner. D: Rock Hudson, Anna Kashfi, Dan Duryea, Don Defore, Martha Hyer, Jock Mahoney, James Edwards.

BUS STOP (Bus Stop)
R: Joshua Logan. B: George Axelrod n. e. Theaterstück von William Inge. K: Milton Krasner. M: Alfred Newman, Cyril Mockridge. D: Marilyn Monroe, Don Murray, Betty Field, Arthur O'Connell, Eileen Heckart, Robert Bray, Hope Lange, Hans Conried, Casey Adams.

GIANT (Giganten)
R: George Stevens. B: Fred Guiol, Ivan Moffat n. d. Roman von Edna Ferber. K: William C. Mellor, Edwin DuPar. M: Dimitri Tiomkin. D: Rock Hudson, Elizabeth Taylor, James Dean, Mercedes McCambridge, Carroll Baker, Chill Wills, Jane Withers, Sal Mineo, Dennis Hopper, Rod Taylor, Judith Evelyn.

HILDA CRANE
R: Philip Dunne. B: Philip Dunne n. e. Theaterstück von Samson Raphaelson. K: Joe MacDonald. M: David Raksin. D: Jean Simmons, Guy Madison, Jean-Pierre Aumont, Evelyn Varden, Judith Evelyn.

INTERLUDE (Zwischenspiel)
R: Douglas Sirk. B: Daniel Fuchs, Franklin Coen. K: R. F. Schoengarth. M: Frank Skinner. D: Rossano Brazzi, June Allyson, Françoise Rosay, Marianne Koch («Marianne Cook»), Keith Andes, Jane Wyatt.

MY TEENAGE DAUGHTER
R: Herbert Wilcox. B: Felicity Douglas. K: Max Greene. D: Anna Neagle, Sylvia Syms, Kenneth Haigh, Norman Wooland, Wilfried Hyde White, Julia Lockwood.

PICNIC (Picknick)
R: Joshua Logan. B: Daniel Taradash n. d. Theaterstück von William Inge. K: James Wong Howe. M: George

Duning. D: William Holden, Kim Novak, Rosalind Russell, Susan Strasberg, Arthur O'Connell, Cliff Robertson, Betty Field.

WRITTEN ON THE WIND (In den Wind geschrieben)
R: Douglas Sirk. B: George Zuckerman n. e. Roman von Robert Wilder. K: Russell Metty. M: Frank Skinner. D: Lauren Bacall, Robert Stack, Dorothy Malone, Rock Hudson, Robert Keith, Grant Williams.

1957

AN AFFAIR TO REMEMBER (Die große Liebe meines Lebens)
R: Leo McCarey. B: Delmer Daves, Leo McCarey. K: Milton Krasner. M: Hugo Friedhofer. D: Cary Grant, Deborah Kerr, Cathleen Nesbitt, Richard Denning.

FEAR STRIKES OUT (Die Nacht kennt keine Schatten)
R: Robert Mulligan. B: Ted Berkman, Raphael Blau n. e. Erzählung von James A. Piersall und Albert S. Hirshberg. K: Haskell Boggs. M: Elmer Bernstein. D: Anthony Perkins, Karl Malden, Norma Moore, Perry Wilson.

THE FEMALE ANIMAL
R: Harry Keller. B: Robert Hill. K: Russell Metty. M: Hans Salter. D: Hedy Lamarr, Jan Sterling, Jane Powell, George Nader, James Gleason.

THE HELEN MORGAN STORY
R: Michael Curtiz. B: Oscar Saul, Dean Riesner, Stephen Longstreet, Nelson Gidding. K: Ted McCord. D: Ann Blyth, Paul Newman, Richard Carlson, Gene Evans, Alan King.

A HATFUL OF RAIN (Giftiger Schnee)
R: Fred Zinnemann. B: Michael V. Gazzo, Alfred Hayes n. d. Theaterstück von Michael Gazzo. K: Joe MacDonald. M: Bernard Herrmann. D: Eva Marie Saint, Don Murray, Anthony Franciosa, Lloyd Nolan, Howard da Silva.

SAYONARA (Sayonara)
R: Joshua Logan. B: Paul Osborn n. d. Roman von James A. Michener. K: Ellsworth Fredericks. M: Franz Waxman. D: Marlon Brando, Miyoshi Umeki, Miiko Taka, Red Buttons, Ricardo Montalban, Patricia Owens, Kent Smith, Martha Scott, James Garner.

THE TARNISHED ANGELS (Duell in den Wolken)
R: Douglas Sirk. B: George Zuckerman n. d. Roman «Pylon» von William Faulkner. K: Irving Glassberg. M: Joseph Gershenson. D: Rock Hudson, Robert Stack, Dorothy Malone, Jack Carson, Robert Middleton.

A TIME TO LOVE AND A TIME TO DIE (Zeit zu leben und Zeit zu sterben)
R: Douglas Sirk. B: Orin Jannings n. d. Roman «Zeit zu leben und Zeit zu sterben» von Erich Maria Remarque. K: Russell Metty. M: Miklos Rozsa. D: John Gavin, Liselotte Pulver, Keenan Wynn, Jock Mahoney, Thayer David, Agnes Windeck, Erich Maria Remarque.

1958

THE BLACK ORCHID (Die schwarze Orchidee)
R: Martin Ritt. B: Joseph Stefano. K: Robert Burks. M: Alessandro Cicognini. D: Sophia Loren, Anthony Quinn,

Ina Balin, Jimmy Baird, Mark Richman.

A CERTAIN SMILE (Ein gewisses Lächeln)
R: Jean Negulesco. B: Francis Goodrich, Albert Hackett n. e. Roman von Françoise Sagan. K: Milton Krasner. M: Alfred Newman. D: Christine Carere, Rossano Brazzi, Joan Fontaine, Bradfor Dillman, Eduard Franz.

FRAULEIN (Fräulein)
R: Henry Koster. B: Lee Townsend n. e. Roman von James McGowan. K: Leo Tover. M: Daniele Amfitheatrof. D: Dana Wynter, Mel Ferrer, Margaret Hayes, Dolores Michaels, Theodore Bikel.

IMITATION OF LIFE (Solange es Menschen gibt)
R: Douglas Sirk. B: Eleanore Griffin, Allan Scott n. e. Roman von Fannie Hurst. K: Russell Metty. M: Frank Skinner. D: Lana Turner, Juanita Moore, John Gavin, Susan Kohner, Dan O'Herlihy, Sandra Dee, Robert Alda.

TAKE A GIANT STEP (Spring über deinen Schatten)
R: Philip Leacock. B: Louis S. Peterson, Julius J. Epstein n. d. Bühnenstück. K: Arthur Arling. M: Jack Marshall. D: Johnny Nash, Frederic O'Neal, Beah Richards, Estelle Hemsley, Ruby Dee.

TOO MUCH TOO SOON
R: Art Napoleon. B: Art Napoleon n. d. Memoiren von Diana Barrymore. K: Nicholas Musuraca, Carl Guthrie. M: Ernest Gold. D: Dorothy Malone, Errol Flynn, Efrem Zimbalist jr., Neva Patterson, Martin Milner, Ray Danton, Murray Hamilton.

1959

BUT NOT FOR ME (Bei mir nicht)
R: Walter Lang. B: John Michael Hayes n. e. Theaterstück von Samson Raphaelson. M: Leith Stevens. D: Clark Gable, Carroll Baker, Lilli Palmer, Lee J. Cobb, Barry Coe, Thomas Gomez.

MIDDLE OF THE NIGHT (Mitten in der Nacht)
R: Delbert Mann. B: Paddy Chayefsky n. s. Theaterstück. K: Joseph Brun. M: George Bassman. D: Fredric March, Kim Novak, Albert Dekker, Joan Copeland.

PORGY AND BESS (Porgy und Bess)
R: Otto Preminger. B: N. Richard Nash n. d. Stück «Porgy» von Du Bose und Dorothy Heyward. K: Leon Shamroy. M: George Gershwin. D: Sidney Poitier, Dorothy Dandridge, Sammy Davis jr., Pearl Bailey, Brock Peters, Diahann Carroll, Clarence Muse.

SHADOWS (Schatten)
R: John Cassavetes. B: (Gemeinschaftsarbeit aller Darsteller). K: Erich Kollmar. M: Charles Mingus. D: Ben Carruthers, Leila Goldoni, Hugh Hurd, Rupert Crosse, Anthony Ray.

THE SOUND AND THE FURY (Fluch des Südens)
R: Martin Ritt. B: Irving Ravetch, Harriet Frank jr., n. d. Roman von William Faulkner. K: Charles G. Clarke. M: Alex North. D: Yul Brynner, Joanne Woodward, Margaret Leighton, Stuart Whitman, Ethel Waters, Jack Warden, Françoise Rosay.

1960

ALL THE FINE YOUNG CANNIBALS
R: Michael Anderson. B: Robert
Thom n. d. Roman «The Bixby Girls»
von Rosamond Marshall. K: William
H. Daniels. M: Jeff Alexander. D: Ro-
bert Wagner, Natalie Wood, Pearl
Bailey, Susan Kohner, George Hamil-
ton, Jack Mullaney, Onslow Stevens.

THE FUGITIVE KIND (Der Mann in der
Schlangenhaut)
R: Sidney Lumet. B: Tennessee Williams, Meade Roberts n. d. Theaterstück «Orpheus Descending» von Tennessee Williams. K: Boris Kaufman.
M: Kenyon Hopkins. D: Marlon Brando, Anna Magnani, Joanne Woodward, Victor Jory, Maureen Stapleton,
R. G. Armstrong.

STRANGERS WHEN WE MEET (Fremde
wenn wir uns begegnen)
R: Richard Quine. B: Evan Hunter
n. s. Roman. K: Charles Lang jr. M:
George Duning. D: Kirk Douglas,
Kim Novak, Ernie Kovacs, Walter
Matthau, Barbara Rush, Virginia
Bruce, Helen Gallagher, Kent Smith.

THE WORLD OF SUZIE WONG (Die Welt
der Suzie Wong)
R: Richard Quine. B: John Patrick n.
e. Theaterstück von Paul Osborn. K:
Geoffrey Unsworth. M: George Du-
ning. D: William Holden, Nancy
Kwan, Sylvia Syms, Michael Wilding,
Laurence Naismith, Jackie Chan.

1961

BREAKFAST AT TIFFANY'S (Frühstück
bei Tiffany)
R: Blake Edwards. B: George Axelrod n. d. Roman von Truman Capote.
K: Franz Planer. M: Henry Mancini.

D: Audrey Hepburn, George Peppard, Patricia Neal, Buddy Ebsen,
Martin Balsam, John McGiver, Mik-
key Rooney.

THE ROMAN SPRING OF MRS. STONE
(Der römische Frühling der Mrs.
Stone)
R: José Quintero. B: Gavin Lambert
n. d. Roman von Tennessee Williams.
K: Harry Waxman. M: Richard Ad-
dinsell. D: Vivien Leigh, Warren
Beatty, Lotte Lenya, Jeremy Spenser,
Coral Browne, Ernest Thesiger.

SPLENDOR IN THE GRASS (Fieber im
Blut)
R: Elia Kazan. B: William Inge. K:
Boris Kaufman. M: David Amram. D:
Natalie Wood, Warren Beatty, Pat
Hingle, Audrey Christie, Barbara Lo-
den, Zohra Lampert, Sandy Dennis.

SWEET BIRD OF YOUTH (Süßer Vogel
Jugend)
R: Richard Brooks. B: Richard
Brooks n. d. Stück von Tennessee Williams. K: Milton Krasner. M: Robert
Armbruster. D: Paul Newman, Geraldine Page, Ed Begley, Mildred Dunnock, Rip Torn, Shirley Knight, Ma-
deleine Sherwood.

1962

IN THE COOL OF THE DAY
R: Robert Stevens. B: Meade Roberts
n. e. Roman von Susan Ertz. K: Peter
Newbrook. M: Francis Chagrin. D:
Jane Fonda, Peter Finch, Arthur Hill,
Angela Lansbury, Constance Cum-
mings.

IN THE FRENCH STYLE
R: Robert Parrish. B: Irwin Shaw. K: Michel Kelber. M: Josef Kosma. D: Jean Seberg, Stanley Baker, Philippe Fouquet.

TWO WEEKS IN ANOTHER TOWN (Zwei Wochen in einer anderen Stadt)
R: Vincente Minnelli. B: Charles Schnee n. d. Roman von Irwin Shaw. K: Milton Krasner. M: David Raksin. D: Kirk Douglas, Edward G. Robinson, Cyd Charisse, Daliah Lavi, George Hamilton, Claire Trevor, Rosanna Schiaffino, James Gregory, George Macready.

1963

BITTER HARVEST (Bittere Ernte)
R: Peter Graham Scott. B: Ted Willis. K: Ernest Steward. M: Laurie Johnson. D: Janet Munro, John Stride, Anne Cunningham, Alan Badel, Thora Hird.

THE STRIPPER (Die verlorene Rose)
R: Franklin Schaffner. B: Meade Roberts n. d. Theaterstück «A Loss of Roses» von William Inge. K: Ellsworth Fredericks. M: Jerry Goldsmith. D: Joanne Woodward, Richard Beymer, Claire Trevor, Carol Lynley, Robert Webber, Louis Nye, Gypsy Rose Lee.

TO KILL A MOCKINGBIRD (Wer die Nachtigall stört)
R: Robert Mulligan. B: Horton Foote n. d. Roman von Harper Lee. K: Russell Harlan. M: Elmer Bernstein. D: Gregory Peck, Mary Badham, Brock Peters, Philip Alford, John Megna, Frank Overton, Rosemary Murphy.

1964

DEAR HEART
R: Delbert Mann. B: Tad Mosel. K: Russell Harlan. M: Henry Mancini. D: Glenn Ford, Geraldine Page, Angela Lansbury, Michael Anderson jr., Barbara Nichols, Patricia Barry, Charles Drake.

PSYCHE 59 (Das Verlangen)
R: Alexander Singer. B: Julian Halevy n. e. Roman von Françoise de Ligneris. K: Walter Lassally. M: Kenneth V. Jones. D: Patricia Neal, Curd Jürgens («Curt Jurgens»), Samantha Eggar, Ian Bannen, Beatrix Lehmann.

THE PUMPKIN EATER (Schlafzimmerstreit)
R: Jack Clayton. B: Harold Pinter n. d. Roman von Penelope Mortimer. K: Oswald Morris. M: Georges Delerue. D: Anne Bancroft, Peter Finch, James Mason, Maggie Smith, Cedric Hardwicke, Richard Johnson.

1965

HARLOW
R: Gordon Douglas. B: John Michael Hayes. K: Joseph Ruttenberg. M: Neal Hefti. D: Caroll Baker, Peter Lawford, Mike Connors, Red Buttons, Raf Vallone, Angela Lansbury, Martin Balsam.

INSIDE DAISY CLOVER (Verdammte süße Welt)
R: Robert Mulligan. B: Gavin Lambert n. s. Roman. K: Charles Lang. M: André Previn. D: Natalie Wood, Robert Redford, Ruth Gordon, Christopher Plummer, Roddy MacDowall.

1966

MADAME X (Madame X)
R: David Lowell Rich. B: Jean Holloway. K: Russell Metty. M: Frank Skinner. D: Lana Turner, John Forsythe, Ricardo Montalban, Constance Bennett, Burgess Meredith, Keir Dullea, Virginia Grey, Warren Stevens.

A PATCH OF BLUE (Träumende Lippen)
R: Guy Green. B: Guy Green n. d. Roman «Be Ready with Bells and Drums» von Elizabeth Kata. K: Robert Burks. M: Jerry Goldsmith. D: Sidney Poitier, Elizabeth Hartman, Shelley Winters, Wallace Ford, Ivan Dixon, John Qualen.

1967

THE GRADUATE (Die Reifeprüfung)
R: Mike Nichols. B: Calder Willingham, Buck Henry n. d. Roman von Charles Webb. K: Robert Surtees. (Lieder: Paul Simon, Art Garfunkel.) M: Dave Grusin. D: Dustin Hoffman, Anne Bancroft, Katharine Ross, Murray Hamilton, William Daniels.

GUESS WHO'S COMING TO DINNER (Rat mal, wer zum Essen kommt)
R: Stanley Kramer. B: William Rose. K: Sam Leavitt. M: Frank de Vol. D: Spencer Tracy, Katharine Hepburn, Katharine Houghton, Sidney Poitier, Cecil Kellaway, Roy E. Glenn, Beah Richards.

VALLEY OF THE DOLLS (Das Tal der Puppen)
R: Mark Robson. B: Helen Deutsch, Dorothy Kingsley n. d. Roman von Jacqueline Susann. K: William H. Daniels. M: John Williams. D: Barbara Parkins, Patty Duke, Susan Hayward,

Paul Burke, Sharon Tate, Martin Milner, Tony Scotti, Charles Drake, Alex Davison.

1968

FACES (Gesichter)
R: John Cassavetes. B: John Cassavetes. K: Al Ruban. M: Jack Ackerman. D: John Marley, Gena Rowlands, Lynn Carlin, Fred Draper.

FOR LOVE OF IVY (Liebling)
R: Daniel Mann. B: Robert Alan Arthur n. e. Story von Sidney Poitier. K: Joseph Coffey. M: Quincy Jones. D: Sidney Poitier, Abby Lincoln, Beau Bridges, Carroll O'Connor, Nan Martin, Lauri Peters.

ISADORA (Isadora)
R: Karel Reisz. B: Melvyn Bragg, Clive Exton. K: Larry Pizer. M: Maurice Jarre. D: Vanessa Redgrave, Jason Robards jr., James Fox, Ivan Tchenko, John Fraser, Bessie Love.

THE LEGEND OF LYLAH CLARE (Große Lüge Lylah Clare)
R: Robert Aldrich. B: Hugo Butler, Jean Rouverol n. e. Fernsehspiel von Robert Thom und Edward de Blasio. K: Joseph Biroc. M: Frank de Vol. D: Peter Finch, Kim Novak, Ernest Borgnine, Coral Browne, Milton Seltzer, Rossella Falk, Gabriele Tinti, Valentina Cortese, George Kennedy.

1969

LAST SUMMER (Petting)
R: Frank Perry. B: Eleanor Perry n. e. Roman von Evan Hunter. K: Gerald Hirschfeld. M: John Simon. D: Barbara Hershey, Richard Thomas, Bruce Davison, Cathy Burns, Ernesto Gonzales.

ME, NATALIE (Ich, Natalie)
R: Fred Coe. B: A. Martin Zweiback.
K: Arthur J. Ornitz. M: Henry Manci-
ni. D: Patty Duke, James Farentino,
Martin Balsam, Elsa Lanchester, Salo-
me Jens, Al Pacino.

THEY SHOOT HORSES, DON'T THEY?
(Nur Pferden gibt man den Gnaden-
schuß)
R: Sydney Pollack. B: James Poe, Ro-
bert E. Thompson n. e. Roman von
Horace McCoy. K: Philip Lathrop. M:
John Green. D: Jane Fonda, Michael
Sarrazin, Gig Young, Susannah York,
Red Buttons, Bonnie Bedelia, Bruce
Dern.

1970

HUSBANDS (Ehemänner)
R: John Cassavetes. B: John Cassave-
tes. K: Victor Kemper. D: Peter Falk,
John Cassavetes, Ben Gazzara.

LOVE STORY (Love Story)
R: Arthur Hiller. B: Erich Segal n. s.
Erzählung. K: Dick Kratina. M: (Johann Sebastian Bach, Wolfgang Ama-
deus Mozart, Georg Friedrich Hän-
del). D: Ali MacGraw, Ryan O'Neal,
Ray Milland, John Marley.

RABBIT, RUN
R: Jack Smight. B: Howard B. Kreit-
sek n. d. Roman von John Updike. K:
Philip Lathrop. M: Ray Burton, Brian
King. D: James Caan, Anjanette Comer, Arthur Hill, Jack Albertson, Car-
rie Snodgress.

1971

FRIENDS (Friends – Eine Liebesgeschichte)
R: Lewis Gilbert. B: Jack Russell,

Vernon Harris. K: Andrew Winding.
M: Elton John. D: Sean Bury, Anicee
Alvina, Toby Robbins, Ronald Lewis.

1972

THE EFFECT OF GAMMA RAYS ON MAN-
IN-THE-MOON MARIGOLDS (Die Wirkung von Gammastrahlen auf Ringelblumen)
R: Paul Newman. B: Alvin Sargent
n. e. Theaterstück von Paul Zendel. K:
Adam Holender. M: Maurice Jarre.
D: Joanne Woodward, Nell Potts, Ro-
berta Wallach, Judith Lowry.

LOVE AND PAIN AND THE WHOLE DAMN
THING (Liebe, Schmerz und das ganze
verdammte Zeug)
R: Alan J. Pakula. B: Alvin Sargent.
K: Geoffrey Unsworth. M: Michael
Small. D: Maggie Smith, Timothy Bot-
toms.

IMAGES (Spiegelbilder)
R: Robert Altman. B: Robert Altman
(Märchentext: Susannah York). K:
Vilmos Zsigmond. M: John Williams
(Geräusche: Stomu Yamash'ta). D:
Susannah York, René Auberjonois,
Marcel Bozzuffi, Hugh Millais, John
Marley.

1973

BREEZY (Begegnung am Vormittag)
R: Clint Eastwood. B: Jo Heims. K:
Frank Stanley. M: Michel Legrand. D:
William Holden, Kay Lenz, Roger C.
Carmel, Marj Dusay, Joan Hotchkis.

A DOLL'S HOUSE (Nora)
R: Joseph Losey. B: David Mercer
n. d. Theaterstück «Et dukkehjem»
von Henrik Ibsen. K: Gerry Fisher. M:
Michel Legrand. D: Jane Fonda, David Warner, Trevor Howard, Edward
Fox, Delphine Seyrig, Anna Wing.

JEREMY (Jeremy)
R: Arthur Barron. B: Arthur Barron.
K: Paul Goldsmith. M: Lee Holdridge.
D: Robby Benson, Glynnis O'Connor,
Leni Bari, Leonardo Cimino.

SUMMER WISHES, WINTER DREAMS
(Sommerwünsche – Winterträume)
R: Gilbert Cates. B: Stewart Stern. K:
Gerald Hirschfeld. M: Johnny Mandel. D: Joanne Woodward, Martin
Balsam, Sylvia Sidney, Dori Brenner,
Win Forman.

TWO PEOPLE (Zwei Menschen unterwegs)
R: Robert Wise. B: Richard de Roy.
K: Gerald Hirschfeld. M: David Shire.
D: Peter Fonda, Lindsay Wagner,
Estelle Parsons, Alan Fudge.

1974

LENNY (Lenny)
R: Bob Fosse. B: Julian Barry n. s.
Theaterstück. K: Bruce Surtees. M:
Ralph Burns. D: Dustin Hoffman, Valerie Perrine, Jan Miner, Stanley
Beck, Gary Morton.

A WOMAN UNDER THE INFLUENCE (Eine
Frau unter Einfluß)
R: John Cassavetes. B: John Cassavetes. K: Mitch Breit. M: Bo Harwood.
D: Peter Falk, Gena Rowlands, Matthew Cassel, Katherine Cassavetes,
Christina Grisanti.

1975

INSERTS (Nahaufnahme)
R: John Byrum. B: John Byrum. K:
John Harris. M: Jessica Harper. D:
Richard Dreyfuss, Jessica Harper,
Veronica Cartwright, Bob Hoskins,
Stephen Davies.

1976

THE SAILOR WHO FELL FROM GRACE
WITH THE SEA (Der Weg allen Fleisches)
R: Lewis John Carlino. B: Lewis John
Carlino n. d. Roman «Gogo No Eiko»
von Mishima Yukio. K: Douglas Slocombe. M: John Mandel. D: Sarah
Miles, Kris Kristofferson, Jonathan
Kahn, Margo Cunningham, Earl
Rhodes.

1977

ALICE DOESN'T LIVE HERE ANYMORE
(Alice lebt hier nicht mehr)
R: Martin Scorsese. B: Robert
Getchell. K: Kent Wakeford. M:
(Rock, Country & Western). D: Ellen
Burstyn, Kris Kristofferson, Billy
Green Bush, Diane Ladd, Larry
Cohen.

1978

LOOKING FOR MR. GOODBAR (Auf der
Suche nach Mr. Goodbar)
R: Richard Brooks. B: Richard
Brooks n. d. Roman von Judith Rossner. K: William A. Fraker. D: Diane
Keaton, Tuesday Weld, William
Atherton, Richard Gere, Richard Kiley, Alan Feinstein.

AN UNMARRIED WOMAN (Eine entheiratete Frau)
R: Paul Mazursky. B: Paul Mazursky.
K: Arthur Ornitz. M: Bill Conti. D:
Jill Clayburgh, Alan Bates, Michael
Murphy, Cliff Gorman.

1979

KRAMER VERSUS KRAMER (Kramer gegen Kramer)
R: Robert Benton. B: Robert Benton n. e. Roman von Avery Corman. K: Nestor Almendros. M: (Henry Purcell, Antonio Vivaldi u. a.). D: Dustin Hoffman, Merryl Streep, Jane Alexander, Justin Henry.

Verzeichnis der im Text zitierten Bücher und Zeitschriftenartikel

Leo Balet/E. Gerhard: Die Verbürgerlichung der deutschen Kunst, Literatur und Musik im 18. Jahrhundert. Frankfurt/Berlin/Wien 1972.

Jeanine Basinger: When Women Wept. In: «American Film» Vol. II, Nr. 10. Washington 1977.

Ernst Bloch: Der glänzende Filmmensch. In: Ders.: Ästhetik des Vor-Scheins 1. (Hg. Gert Ueding). Frankfurt 1974.

Donald Bogle: Toms, Coons, Mulattoes, Mammies & Bucks. An Interpretative History of Blacks in American Films. New York 1974.

Thomas Brandlmeier: Mutter braucht kein Wasser, sie braucht Geld. Eine Analyse des Werks von Douglas Sirk anläßlich der Retrospektive im Münchner Stadtmuseum. In: «FILM-Korrespondenz» Nr. 2, 3 und 4. 1974.

John Cassavetes zit. nach «Ich will in meinem Wahnsinn fortfahren». Gespräch mit John Cassavetes von Georg Alexander. In: «Süddeutsche Zeitung» vom 20./21. Mai. München 1978.

John G. Cavelti: Adventure, Mystery, and Romance. Formula Stories as Art and Popular Culture. Chicago/London 1969.

Peter Conrad: In Praise of Profligacy. In: «Times Literary Supplement» Nr. 10. New York 1976.

Wolf Donner: Die Melodramen kommen wieder. Douglas Sirk in München und im Ersten Fernsehen. In: «Die Zeit» Nr. 45. Hamburg 1973.

Klaus Eder: Alle weinen, aber warum? In: «TV heute» Nr. 10. Velber 1971.

Thomas Engel: Coming Home – Sie kehren heim. In: «Filmbeobachter» Nr. 12. Frankfurt 1978.

Hartmut Engmann: Regisseur-Biographie: David Wark Griffith. Aachen o. J.

Harun Farocki: Zum letzten Mal Psychologie. In: «Filmkritik» Nr. 230. München 1976.

Rainer Werner Fassbinder: Imitation of Life. In: «Fernsehen + Film» Nr. 2. Velber 1971.

Bernhard Giger: From Here to Eternity (Verdammt in alle Ewigkeit). In: «Zoom»/«Filmberater» Nr. 15. Zürich/Bern 1976.

Jean Luc Godard: Tränen und Geschwindigkeit. A Time to Love and a Time to Die. In: Ders.: Godard/Kritiker. München 1971.

Frieda Grafe: Stroheim. Der Von-Effekt. In: «Süddeutsche Zeitung» vom 24./25. März. München 1973.

Ulrich Gregor: Die besten Jahre unseres Lebens (The Best Years of Our Lives). In: «Filmkritik» Nr. 5. Frankfurt 1960.

Ulrich Gregor/Enno Patalas: Geschichte des modernen Films. Gütersloh 1969.

Leslie Halliwell: Halliwell's Film Guide. Frogmore/London 1977.

R. B. Heilman zit. nach Balet/Gerhard.

Peter W. Jansen: Kino-Notizen (XXXVIII). In: «Epd Kirche und Film» Nr. 7. Frankfurt 1978.

Claire Johnston: Frauenfilm als Gegenfilm. In: «Kino» Nr. 9 und 10. Berlin 1974.

Gisela Kalaritis: Schmetterling mit versengten Flügeln. Auf der Suche nach Mr. Goodbar. In: «F» Nr. 2. Ulm 1978.

R. Keller: Die Gezeichneten (The Search). In: Filmbesprechungen der Arbeits-
gemeinschaft für Jugendfilmarbeit und Medienerziehung, Bundesarbeitsge-
meinschaft der Jugendfilmclubs. Aachen o. J.

Siegfried Kracauer: Theorie des Films. Die Errettung der äußeren Wirklichkeit.
Frankfurt 1964.

Dieter Krusche/Jürgen Labenski: Reclams Filmführer. Stuttgart 1973.

Ulrich Kurowski: Piranyas in einem kinetoskopischen Aquarium, oder Die Welt
des Josef von Sternberg. In: «Medium» Nr. 4. Frankfurt 1973.

Ulrich Kurowski: Maienblumen vom Asternbeet. Anmerkungen zum Werk Douglas Sirks. In: «Film & ton-magazin» Nr. 11. München 1977.

Wolfgang Limmer: Das Leid der gefallenen Götter. Über die hermetische Welt
des Melodramas. In: «Fernsehen + Film» Nr. 2. Velber 1971.

Louis Marcolles: (Cahiers du Cinéma Nr. 81. Paris 1958) zit. nach Presseheft des
8. Internationalen Forum des Jungen Films. Berlin 1978.

Jean Mitry: Griffith (1965) zit. nach Engmann.

Laura Mulvey: Notes on Sirk & Melodrama. In: «Movie» Nr. 25. London 1977.

Gary Null: Black Hollywood. The Negro in Motion Pictures. Secaucus, N. J. 1975.

Walter Nutz: Der Trivialroman – seine Formen und seine Hersteller. Köln 1962.

Erwin Panofsky: (Style and Medium in the Motion Picture. 1934) zit. nach Claire
Johnston.

Enno Patalas: Ein gewisses Lächeln (A Certain Smile). In: «Filmkritik» Nr. 11.
Frankfurt 1958.

Enno Patalas: Sayonara (Sayonara). In: «Filmkritik» Nr. 4. Frankfurt 1958.

Laurence J. Quirk: The Great Romantic Films. Secaucus, N. J. 1974.

Rudolf Rach: Literatur und Film. Möglichkeiten und Grenzen der filmischen
Adaption. Köln/Berlin 1964.

Curt Riess: Bestseller. Wie Bücher zu Welterfolgen wurden. Hamburg 1960.

Marjorie Rosen: Popcorn Venus. Women, Movies and the American Dream.
New York 1973.

Wolfgang Ruf: Nur Pferden gibt man den Gnadenschuß. In: «Jugend, Film, Fernsehen» Nr. 6. München 1970.

Martin Schaub: Echt wie das Leben, aber zielgerichtet. John Cassavetes' neuer
Film «A Woman Under the Influence». In: «Weltwoche» Nr. 21. Zürich 1976.

Hans Scheugl: Sexualität und Neurose im Film. Die Kinomythen von Griffith bis
Warhol. München 1972.

Viktor Schklowskij: Schriften zum Film. Frankfurt 1966.

Johann N. Schmidt: Ansätze zu einer politischen Ästhetik des Melodramas: Genese und Aktualität des «mode of excess». Vortragsmanuskript 1979.

Regina Schmidt: An Unmarried Woman. In: «Zoom»/«Filmberater» Nr. 18. Zü-
rich/Bern 1978.

Douglas Sirk zit. nach «Das Happy-End – ein Notausgang». Gespräch mit dem
Regisseur Douglas Sirk von Wolfgang Limmer. In: «Süddeutsche Zeitung»
vom 17./18. November. München 1973.

Emanuel Steck: Einblicke in das filmische Universum Erich von Stroheims. In:
«Cinema» Nr. 74/75. Adliswil 1973.

Günter Peter Straschek: Handbuch wider das Kino. Frankfurt 1975.

Erich von Stroheim: Zum Tod von D. W. Griffith. In: «Filmkritik» Nr. 220. München 1975.

Klaus Theweleit: Männerphantasien. Frankfurt 1977/78.

Jerzy Toeplitz: Geschichte des Films. 1934–1939. Berlin (DDR)/München 1979/1980.

François Truffaut: Douglas Sirk. Written on the Wind. In: Ders.: Die Filme meines Lebens. Aufsätze und Kritiken. München 1976.

Gert Ueding: Glanzvolles Elend. Versuch über Kitsch und Kolportage. Frankfurt 1973.

Franz Ulrich: Gone With the Wind. In: «Zoom»/«Filmberater» Nr. 19. Zürich/Bern 1977.

Gero von Wilpert: Sachwörterbuch der Literatur. Stuttgart 1969.

Bibliografie zur Geschichte, Mythologie und Ästhetik des Melodrams

(zusammengestellt von Jürgen Berger)

1. Selbständige Veröffentlichungen

Adriano Aprà/Patrizia Pistagnesi: I favolosi anni trenta. Cinema Italiano 1929–1944. Milano/Roma 1979.

Martin Auty (Hg.): Melodrama in the Cinema. Glasgow 1977.

James Lee Baird: The Movie in Our Head. An Analysis of three Film Versions of Theodore Dreiser's «An American Tragedy». Dissertation. University of Washington 1967.

John Belton: Frank Borzage. In: Ders.: The Hollywood Professionals. Volume Three: Howard Hawks, Frank Borzage, Edgar Ulmer. London/New York 1974.

Roberto Campari: Vincente Minnelli. Firenze 1977.

Marcel Carné: Children of Paradise. New York 1968.

David Carroll: The Matinee Idols. New York 1972.

David Chierichetti: Hollywood Director. The Career of Mitchell Leisen. New York 1973.

Anthony Curtis (Hg.): The Rise and Fall of the Matinee Idol. Past Deities of Stage and Screen, Their Roles, Their Magic, and Their Worshippers. New York 1974.

Brenda Davies: John Cromwell. London 1974.

Cathérine de la Roche: Vincente Minnelli. Lyon 1966.

Raymond Durgnat: Sexus Eros Kino. Der Film als Sittengeschichte. Bremen 1964.

Olivier Eyquem/Michael Henry: Le Mélodrame Américain, 1930–1960. Créteil 1973.

Rainer Werner Fassbinder: Schatten der Engel. Frankfurt 1976.

Jon Halliday (Hg.): Sirk on Sirk. Interviews With Jon Halliday. London 1971.

Molly Haskell: From Reverence to Rape. The Treatment of Women in the Movies. New York 1974.

Peter W. Jansen/Wolfram Schütte (Hg.): Rainer Werner Fassbinder. Mit Beiträgen von Peter Iden, Yaak Karsunke, Hans Helmut Prinzler, Wilhelm Roth, Wilfried Wiegand. München 1979[3].

Vernon Jarratt: The Italian Cinema. New York 1951.

Eleanor Knowles: The Films of Jeanette MacDonald and Nelson Eddy. South Brunswick/New York 1974.

John Kobal: Romance in the Cinema. London 1973. In Amerika unter dem Titel erschienen: Gods and Goddesses of the Movies. New York 1973.

Kalton C. Lahue: Ladies in Distress. New York 1971.

Gavin Lambert: GWTW. The Making of Gone With the Wind. Boston 1973.

Raymond Lee: The Films of Mary Pickford. Cranbury 1970.

Claude Lelouch: A Man and a Woman. New York 1971.

Joseph L. Mankiewicz: All About Eve. New York 1951.

Joseph L. Mankiewicz: More About All About Eve. New York 1972.

Roger Manvell: Love Goddesses of the Movies. London 1975.

Jane Mercer: Great Lovers of the Movies. London/New York 1975.

Nicholas Meyer: The Love Story Story. New York 1971.

Laura Mulvey/Jon Halliday (Hg.): Douglas Sirk. Edinburgh 1972.

James Robert Parish: Hollywood's Great Love Teams. New Rochelle 1974.

Hans Günther Pflaum/Rainer Werner Fassbinder: Das bißchen Realität, das ich brauche. Wie Filme entstehen. München 1976, 1979[2].

Gerald Pratley: The Cinema of David Lean. Cranbury 1974.

Lawrence J.Quirk: The Films of Joan Crawford. New York 1968.

Lawrence J.Quirk: The Great Romantic Films. Secaucus 1974.

Terry Ramsaye: The ‹Story Picture ist Born›. In: Ders.: A Million and One nights. New York 1926.

Tony Rayns (Hg.): Fassbinder. London 1976.

Sharon Rich: Jeanette MacDonald. A Pictorial Treasury. Los Angeles 1973.

Gene Ringgold: The Films of Bette Davis. New York 1966.

Gian Luigi Rondi: Italian Cinema Today, 1952–1965. New York 1966.

Marjorie Rosen: Popcorn Venus. Women, Movies and the American Dream. New York 1973.

Paul Rotha: Adventure and Melodrama. Romance. In: Ders.: Movie Parade. London 1936.

Martha Saxton: Jayne Mansfield and the American Fifties. Boston 1975.

Ted Sennett: Lunatics and Lovers. A Tribute to the Giddy and Glittering Era of the Screen's Screwball and Romantic Comedies. New Rochelle 1973.

François Truchard: Vincente Minnelli. Paris 1966.

Parker Tyler: The Hollywood Hallucination. New York 1944.

Parker Tyler: Sex, Psyche, etcetera in the Film. New York 1969.

The University of Connecticut Film Society (Hg.): Douglas Sirk. The Complete American Period. 1974.

Jerry Vermilye: Bette Davis. Ihr Leben – Ihre Filme. München 1979.

Marion Vidal: Vincente Minnelli. Paris 1973.

Robert Windeler: Sweetheart. The Story of Mary Pickford. New York 1974.

2. Zeitschriftenartikel

André Abet: ‹Tout ce que le ciel ferme›. In: «Les Cahiers de la Cinémathèque» Nr. 28, Perpignan 1979.

Guy Allombert: Une vision politique de notre société. 4ᵉ Festival de Bondy: France-Mélo/1929–1940. In: «La Révue du Cinéma Image et Son «Nr. 336. Februar. Paris 1979.

Barthélémy Amengual: Entre l'horizon d'un seul et l'horizon de tous (sur ‹La Grande Parade› et ‹La Foule›). In: «Positif» Nr. 161. September. Paris 1974.

Barthélémy Amengual: Propos pédants sur le mélodrame d'hier et le faux mélo d'aujourd'hui. In: «Les Cahiers de la Cinémathèque» Nr. 28. Perpignan 1979.

Adriano Apia: Matarazzo et le mélodrame. In: «Les Cahiers de la Cinémathèque» Nr. 28. Perpignan 1979.

Philippe Ariotti/Claude Beylie/Gérard Langlois/Max Tessier: Mélo, quand tu nous tiens … (Ce vice impuni: le mélo. Le visage du péché. Celle par qui le scandale arrive. Les mélo-dames. Notes sur 23 mélodrames. Le dernier mélo de Franju. In: «Ecran» Nr. 75. Dezember. Paris 1978.

José Baldizzone: ‹Le Calvaire d'une Courtisane› ou le mélo mis à nu. In: «Les Cahiers de la Cinémathèque» Nr. 28. Perpignan 1979.

José Baldizzone: Mensonges: un mélo libéré? In: «Les Cahiers de la Cinémathèque» Nr. 28. Perpignan 1979.

Jeanine Basinger: The Lure of the Gilded Cage (Über Douglas Sirk). In: «Bright Lights» Nr. 6, Winter. London 1977/78.

Jeanine Basinger: When Women Wept. In: «American Film» Nr. 10. September. Washington 1977.

John Belton: Souls Made Great by Love and Adversity: Frank Borzage. In: «Monogram» Nr. 4. London 1972.

Jean-Pierre Berthomé: Entretien avec Rowland V. Lee. Biofilmographie. In: «Positif» Nr. 220/221. Juli–August. Paris 1979.

Claude Beylie: ‹Le Confessioni di una Donna›. «Cineromanzo Modernissimo» d'Amleto Palermi. In: «Les Cahiers de la Cinémathèque» Nr. 28. Perpignan 1979.

Claude Beylie: Guirlande pour le mélo. In: «Les Cahiers de la Cinémathèque» Nr. 28. Perpignan 1979.

Claude Beylie: Propositions pour le mélo. In: «Les Cahiers de la Cinémathèque» Nr. 28. Perpignan 1979.

Jean-Claude Biette: Entretien avec Douglas Sirk. In: «Cinéma» Nr. 238. Oktober. Paris 1978.

Jean-Claude Biette/Dominique Rabourdin: Entretien avec Douglas Sirk. In: «Cahiers du Cinéma» Nr. 293. Oktober. Paris 1978.

Jean-Claude Biette: Les noms de l'auteur (Über Douglas Sirk). In: «Cahiers du Cinéma» Nr. 293. Oktober. Paris 1978.

Charles Bitsch/Jean Domarchi: Entretien avec Vincente Minnelli. In: «Cahiers du Cinéma» Nr. 74. August–September. Paris 1957.

Jean-Pierre Bleys/Olivier Eyquem/Yann Tobin: Biofilmographie de John M. Stahl. In: «Positif» Nr. 220/221. Juli–August. Paris 1979.

Jean-Pierre Bleys: John Cromwell ou la mélodie du mélodrame. In: «Les Cahiers de la Cinémathèque» Nr. 28. Perpignan 1979.

Jean-Loup Bourget: Romantic Dramas of the Forties. An Analysis. In: «Film Comment» Nr. 1. Januar–Februar. New York 1974.

Jean-Loup Bourget: Aspects du mélodrame américain. 1. «Back Street». 2. Joan Crawford. In: «Positif» Nr. 131. Oktober. Paris 1971.

Jean-Loup Bourget: «An Affair to Remember» (Aspects du mélodrame américain 3). In: «Positif» Nr. 144/145. November–Dezember. Paris 1972.

Jean-Loup Bourget: Frank Borzage's Seventh Heaven. In: «Monogram» Nr. 4. London 1972.

Jean-Loup Bourget: Au ciel j'irai la voir un jour (à propos de Seventh Heaven). In: «Positif» Nr. 183/184. Juli–August. Paris 1976.

Jean-Loup Bourget: Faces of the American Melodrama: Joan Crawford. In: «Film Reader» Nr. 3. Februar. Evanston 1978.

Jean-Loup Bourget: Entretien avec John Cromwell. In: «Positif» Nr. 216. März. Paris 1979.

Jean-Loup Bourget: Situation de Sirk (Sur Douglas Sirk. 1)/L'Apocalypse selon Douglas Sirk (Sur Douglas Sirk. 2). In: «Positif» Nr. 137. April/Nr. 142. September. Paris 1972.

Eithne Bourget/Jean-Loup Bourget: Note sur Sirk et le theatre (Sur Douglas Sirk. 3). In: «Positif» Nr. 142. September. Paris 1972.

Jean-Loup Bourget: God is dead, or Through a Glass Darkly. In: «Bright Lights» Nr. 6. Winter. London 1977/78.

Jean-Loup Bourget: Sirk and the Critics. In: «Bright Lights» Nr. 6. Winter. London 1977/78.

Christian Braad Thomsen: Quatre entretien avec Rainer Werner Fassbinder. In: «Positif» Nr. 183/184. Juli–August. Paris 1976.

Thomas Brandlmeier: «Mutter braucht kein Wasser, sie braucht Geld». Eine Analyse des Werks von Douglas Sirk. In: «Film-Korrespondenz» Nr. 2. Februar. Nr. 3. März. Nr.4. April. Köln 1974.

François de la Bretèque: Le jardin d'Allah. In: «Les Cahiers de la Cinémathèque» Nr. 28. Perpignan 1979.

François de la Bretèque: ‹Nuit de Décembre› et la structure du double dans le mélodrame. In: «Les Cahiers de la Cinémathèque» Nr. 28. Perpignan 1979.

Patrick Brion/Dominique Rabourdin: Biofilmographie de Douglas Sirk. In: «Cahiers du Cinéma» Nr. 189. April. Paris 1967.

Ernst Burkel: Reagieren auf das, was man erlebt. Ein Gespräch mit den Filmregisseuren Douglas Sirk und Rainer Werner Fassbinder. In: «Süddeutsche Zeitung» vom 8. 3. München 1979.

Werner Burzlaff: ‹Le Lac aux Chimères›: le film et son sources. In: «Les Cahiers de la Cinémathèque» Nr. 28. Perpignan 1979.

Pierre Cadars: Le charme discret du mélo. In: «L'Avant-Scène du Cinéma» Nr. 218. Dezember. Paris 1978.

Pierre Cadars: L'enfer aux rideaux de soie. Quelques réflexions à propos et à partir du mélodrame nazi. In: «Les Cahiers de la Cinémathèque» Nr. 28. Perpignan 1979.

Patrice Caillot: ZEVACO cinéaste. In: «Les Cahiers de la Cinémathèque» Nr. 28. Perpignan 1979.

Fred Camper: The Films of Douglas Sirk (Sirk: The American Period). In:

«Screen» Nr. 2. Sommer. London 1971.

Fred Camper: The Tarnished Angel (Sirk: The American Period). In: «Screen» Nr. 2. Sommer. London 1971.

Etienne Chaumeton: L'œuvre de Vincente Minnelli. In: «Positif» Nr. 12. November–Dezember. Paris 1954.

Raymond Chirat: La Sainte Russie dans le studios parisiens. In: «Les Cahiers de la Cinémathèque» Nr. 28. Perpignan 1979.

Lorenzo Codelli: Vivan las Cadenas (notes sur ‹Catene› – Raffaello Matarazzo). In: «Positif» Nr. 183/184. Juli–August. Paris 1976.

Bernard Cohn: Entretien avec King Vidor. In: «Positif» Nr. 161. September. Paris 1974.

Bernard Cohn: Sur quelques films muets meconnus de Vidor. In: «Positif» Nr. 161. September. Paris 1974.

Enrique Colina/Daniel Diaz Torres: Ideologia del melodrama en el viejo cine latinoamericano. In: «Cine Cubano» Nr. 73–75. Habana 1972.

Jean-Louis Comolli: L'Aveugle et le miroir ou l'impossible cinéma de Douglas Sirk. In: «Cahiers du Cinéma» Nr. 189. April. Paris 1967.

Clive Coultass: The German Film 1933–1945 (Sirk: The German Period). In: «Screen» Nr. 2. Sommer. London 1971.

Barbara Creed: The Position of Women in Hollywood Melodramas. In: «The Australian Journal of Screen Theory» Nr. 4. Kensington 1978.

Susan Dalton/John Davis: An Interview with John Cromwell. In: «The Velvet Light Trap» Nr. 10. Winter. Cottage Grove 1972.

Serge Daney/Jean-Louis Noames: Entretien avec Douglas Sirk. In: «Cahiers du Cinéma» Nr. 189. April. Paris 1967.

Documents on Sirk. With a Postscript by Thomas Elsaesser. In: «Screen» Nr. 2. Sommer. London 1971.

Jean Domarchi/Jean Douchet: Rencontre avec Vincente Minnelli. In: «Cahiers du Cinéma» Nr. 128. Februar. Paris 1962.

Jean Douchet: Vincente Minnelli. La tentation du rêve. In: «Objectif» Nr. 64. Februar–März. Paris 1964.

Raymond Durgnat: King Vidor (I)/(II). In: «Film Comment» Nr. 4. Juli–August/ Nr. 5. September–Oktober. New York 1973.

Richard Dyer: Lana. Four Films of Lana Turner. In: «Movie» Nr. 25. Winter. London 1977/78.

David Ehrenstein: Melodrama and the New Woman. In: «Film Comment» Nr. 5. September/Oktober. New York 1978.

Bernard Eisenschitz: Entretien avec Raffaello Matarazzo. In: «Positif» Nr.183/184. Juli–August. Paris 1976.

Thomas Elsaesser: Vincente Minnelli. In: «The Brighton Film Review» Nr. 15. Dezember/Nr. 18. März. Brighton 1969/1970.

Thomas Elsaesser: Tales of Sound and Fury. In: «Monogram» Nr. 4. London 1972.

Olivier Eyquem: Un retour du mélodrame américain (I). In: «Positif» Nr. 228. März. Paris 1980.

Olivier Eyquem: Repères biofilmographiques (John Cromwell). In: «Positif» Nr. 216. März. Paris 1979.

Olivier Eyquem: Biofilmographie d'Ida Lupino. In: «Les Cahiers de la Cinémathèque» Nr. 28. Perpignan 1979.

Olivier Eyquem: Un mélo familial des années cinquante ‹There's always tomorrow› de Douglas Sirk. In: «Les Cahiers de la Cinémathèque» Nr. 28. Perpignan 1979.

Olivier Eyquem: Note sur ‹L'Homme qui n'a pas d'etoile› (King Vidor). In: «Positif» Nr. 163. November. Paris 1974.

Rainer Werner Fassbinder: Imitation of Life. Über 6 Filme von Douglas Sirk. In: «Fernsehen und Film» Nr. 2. Februar. Velber 1971. Auf englisch in: «Film Comment» Nr. 6. November–Dezember. New York 1975. Auf französisch in: «Positif» Nr. 183/184. Juli–August. Paris 1976.

Rainer Werner Fassbinder: Liebe ist kälter als der Tod. Filmtext. In: «Film» Nr. 8. August. Velber 1969.

Lise Frenkel: Autour du festival de Bondy. In: «Les Cahiers de la Cinémathèque» Nr. 28. Perpignan 1979.

Dennis Lee Galling: Vincente Minnelli. In: «Films in Review» Nr. 3. März. New York 1964.

Jose Luis Garcia: Minnelli, el artista. In: «Dirigido por . . .» Nr. 4. Januar–Februar. Rio de Janeiro 1973.

H. F. Garten: The Theatre of Expressionism (Sirk: The German Period). In: «Screen» Nr. 2. Sommer. London 1971.

Bernhard Giger: Lana Turner ist zusammengebrochen. Sirk's Amerikabilder. In: «Cinema» Nr. 3. August. Zürich 1978.

Jean-Luc Godard: Des larmes et de la vitesse (A Time to Love and a Time to Die). In: «Cahiers du Cinéma» Nr. 94. April. Paris 1959.

Jacques Goimard: Le mot et la chose. 1. Le mot. Quelques Points d'histoire. Le Mélo avant le mélo. 2. Le mot. Nouveaux points d'histoire. Voyage à travers la synchronie. 3. Du mot à la chose. Encore quelques points d'histoire. Excursion à travers la diachronie. 4. La chose. Peut-on la définir? Survol des théories et des théoriciens. 5. Quelques applications pratiques. In: «Les Cahiers de la Cinémathèque» Nr. 28. Perpignan 1979.

Frieda Grafe: Wie das Leben spielt. Der Film-Kongress in Toulouse. Die schönsten Melodramen der Welt. In: «Filmkritik» Nr. 10. Oktober. München 1971.

Robert Grelier: D'un détournement toujours possible au bonheur impossible. In: «La Révue du Cinéma Image et Son» Nr. 336. Februar. Paris 1979.

Dave Grosz: The First Legion: Vision and Perception in Sirk (Sirk: The American Period). In: «Screen» Nr. 2. Sommer. London 1971.

Jon Halliday: Notes on Sirk's German Films. In: «Screen» Nr. 2. Sommer. London 1971.

Jon Halliday: Douglas Sirk's All That Heaven Allows. In: «Monogram» Nr. 4. London 1972.

Stephen Handzo: Imitations of Lifelessness: Sirk's Ironic Tear-Jerker. In: «Bright Lights» Nr. 6. Winter. London 1977/78.

Louis Reeves Harrison: Melodrama. In: «Moving Picture World» v. 13. 5. New York 1911.

James Harvey: Sirkumstantial Evidence. In: «Film Comment» Nr. 4. Juli–August. New York 1978.

Stephen Heath/Geoffrey Nowell-Smith: A Note on ‹Family Romance›. In: «Screen» Nr. 2. Sommer. London 1977.

Brian Henderson: Romantic Comedy Today: Semi Tough or impossible? In: «Film Quarterly» Nr. 4. Sommer. Berkeley 1978.

Michael Henry: Le Fra Angelico du mélodrame (Frank Borzage). In: «Positif» Nr. 183/184. Juli-August. Paris 1976.

Michael Henry: Le ble, l'acier et la dynamite (de ‹An American Romance› à ‹Ruby Gentry› ou l'apres-guerre de King Vidor). In: «Positif» Nr. 163. November. Paris 1974.

Bill Horrogan: An Afterword to Jean-Loup Bourget's Article (Faces of the American Melodrama: Joan Crawford). In: «Film Reader» Nr. 3. Februar. Evanston 1978.

Arthur Hullett: Sweethearts. Some Romantic Teams at MGM. In: «Films in Review» Nr. 2. Februar. New York 1977.

Roger Icart: Le mélodrame dans le cinéma muet. In: «Les Cahiers de la Cinémathèque» Nr. 28. Perpignan 1979.

Diane Jacobs: Where Love Has Gone. In: «American Film» Nr. 3. Dezember–Januar. Washington 1979.

Markus Jakob: No Exit, Rock Hudson, Robert Stack und Dorothy Malone. In: «Cinema» Nr. 3. August. Zürich 1978.

Brigitte Jeremias: Das Gespenst der Vergangenheit bannen. Douglas Sirk – Die Geschichte einer Emigration. In: «Frankfurter Allgemeine Zeitung» vom 26. 11. Frankfurt 1977.

Albert Johnson: The Films of Vincente Minnelli (I)/(II). In: «Film Quarterly» Nr. 2. Winter/ Nr. 3. Frühjahr. Berkeley 1958/1959.

Paul Joannides: Two Films by Douglas Sirk. In: «Cinema» Nr. 6/7. Cambridge 1970.

Chuck Kleinhans: Notes on Melodrama and the Family under Capitalism. In: «Film Reader» Nr. 3. Februar. Evanston 1978.

Wolfram Knorr: Das Prinzip Leiden, «Imitation of Life». In: «Cinema» Nr. 3. August. Zürich 1978.

Michel Lebrun: Les «figures imposées» du mélo. In: «Les Cahiers de la Cinémathèque» Nr. 28. Perpignan 1979.

Raymond Lefèvre: Le mélo qui ose dire son nom, ce musée des valeurs désuètes. In: «La Révue du Cinéma Image et Son» Nr. 336. Februar. Paris 1979.

Wolfgang Limmer: Das Happy-End – ein Notausgang. Gespräch mit Douglas Sirk. In: «Süddeutsche Zeitung» vom 17./18. 11. München 1973.

Wolfgang Limmer: Das Leiden der gefallenen Götter. Über die hermetische Welt des Melodramas. In: «Fernsehen und Film» Nr. 2. Februar. Velber 1971.

Peter Lloyd: Some Affairs to Remember. In: «Monogram» Nr. 4. London 1972.

James McCourt: Douglas Sirk: Melo Maestro. In: «Film Comment» Nr. 6. November–Dezember. New York 1975.

Michael McKegney: On Imitation of Life. In: «Film Comment» Nr. 2. Sommer. New York 1972.

Douglas McVay: The Magic of Minnelli. In: «Films and Filming» Nr. 9. Juni. London 1959.

John Mariani: First You Cry. The Intelligent Heart. In: «Film Comment» Nr. 5. September–Oktober. New York 1979.

John Mariani: Music to Cry to Music By. In: «Film Comment» Nr. 5. September–Oktober. New York 1979.

Raffaello Matarazzo: «37 millions de spectateurs ont vu mes films». In: «Positif» Nr. 183/184. Juli–August. Paris 1976.

Pascal Mérigeau: Un cinéma de perversion. «Le sang, les larmes, la violence, la haine, la mort et l'amour». In: «La Révue du Cinéma Image et Son» Nr. 336. Februar. Paris 1979.

Peter Milne: Quelques mots de Frank Borzage. In: «Positif» Nr. 183/184. Juli–August. Paris 1976.

David Morse: Every Article on the Cinema Ought to Talk About Griffith (American Melodramas). In: «Monogram» Nr. 4. London 1972.

Laura Mulvey: Douglas Sirk and Melodrama. In: «The Australian Journal of Screen Theory» Nr. 3. Kensington 1977.

Laury Mulvey: Notes on Sirk & Melodrama. In: «Movie» Nr. 25. Winter. London 1977/78.

Laura Mulvey: Rainer Fassbinder. In: «Spare Rib» Nr. 30. London 1976.

Steve Neale: Douglas Sirk. In: «Framework» Vol. II. Nr. 5. Winter. London 1976/77.

Bill Nichols: Revolution & Melodrama. A Marxist View of some Recent Films. In: «Cinema» Vol. 6. Nr. 1. Beverly Hills 1970.

Geoffrey Nowell-Smith: Dossier on Melodrama. Minnelli and Melodrama. In: «Screen» Nr. 2. Sommer. London 1977. Auch in: «The Australian Journal of Screen Theory» Nr. 3. Kensington 1977.

Marcel Oms: ‹Les Enfants du Paradis›: la mutation cinématographique du mélodrame. In: «Les Cahiers de la Cinémathèque» Nr. 28. Perpignan 1979.

Hélène Oms: Interlude. In: «Les Cahiers de la Cinémathèque» Nr. 28. Perpignan 1979.

Lawrence O'Toole: Whatever Happened to Trash. In: «Film Comment» Nr. 5. September–Oktober. New York 1979.

Rémy Pithon: Les constantes d'un style. Sur quelques films allemands de Douglas Sirk. In: «Cinema» Nr. 3. August. Zürich 1978.

Rémy Pithon: Douglas Sirk et le Cinéma suisse. Un apport de Douglas Sirk au cinéma suisse: Accord Final. In: «Travelling» Nr. 49. Frühjahr. Lausanne 1977.

Pierre Pitiot: «Structures orphelines ...» In: «Les Cahiers de la Cinémathèque» Nr. 28. Perpignan 1979.

Janey Place: Douglas Sirk: Film as a subversive Art. In: «Film Notebooks». Winter. Santa Cruz 1977.

Griselda Pollock: Dossier on Melodrama. Report on the Weekend School. In: «Screen» Nr. 2. Sommer. London 1977.

Dominique Rabourdin: Brèves Rencontres avec Vincente Minnelli. In: «Cinéma» Nr. 229. Januar. Paris 1978.

Heinz-Gerd Rasner/Reinhard Wulf: Begegnung mit Douglas Sirk. In: «Filmkritik» Nr. 11. November. München 1973.

Maurice Roelens (Hg.): Pour une histoire du mélodrame au cinéma. Ganzes Heft von «Les Cahiers de la Cinémathèque» Nr. 28. Perpignan 1979.

Maurice Roelens: Mélodrame, cinéma, histoire ... In: «Les Cahiers de la Cinémathèque» Nr. 28. Perpignan 1979.

Maurice Roelens: ‹Maddalena› et ‹Comet over Broadway› baroque et Lumière. In: «Les Cahiers de la Cinémathèque» Nr. 28. Perpignan 1979.

Maurice Roelens: La mise à mort. In: «Les Cahiers de la Cinémathèque» Nr. 28. Perpignan 1979.

Maurice Roelens: «Mon ciné» (1922–1924) et le mélodrame. In: «Les Cahiers de la Cinémathèque» Nr. 28. Perpignan 1979.

Wilhelm Roth: Versuchsanordnung: ein Mann, eine Frau ... In: «Süddeutsche Zeitung» v. 19./20. 4. München 1975.

Pierre Roura: Filmographie du mélo. In: «Les Cahiers de la Cinémathèque» Nr. 28. Perpignan 1979.

Joseph Ruttenberg: Souvenirs d'un directeur de la Photographie. In: «Positif» Nr. 142. September. Paris 1972.

Andrew Sarris: Andrew Sarris' Guilty Pleasures. In: «Film Comment» Nr. 5. September–Oktober. New York 1979.

Daniel Sauvaget: Fassbinder. In: «La Révue du Cinéma Image et Son» Nr. 333. November. Paris 1978.

Martin Schaub: «Geben Sie acht, Sirk, ich besitze Sie». Denkwürdige Wiederentdeckung des Hollywood-Regisseurs Douglas Sirk. In: «Tages-Anzeiger-Magazin» Nr. 12 v. 23. 3. Bern 1974.

Pierre Sefani: Les gens du voyage. In: «Les Cahiers de la Cinémathèque» Nr. 28. Perpignan 1979.

Jacques Segond: De cendrillon à Ophélie (Frank Borzage). In: «Positif» Nr. 183/184. Juli–August. Paris 1976.

Jaques Segond: Le chevallier Cromwell. In: «Positif» Nr. 216. März. Paris 1979.

Jacques Segond: Le Baiser du vampire (Rainer W. Fassbinder). In: «Positif» Nr. 183/184. Juli–August. Paris 1976.

Jacques Segond: The Bad and the Beautiful (sur ‹Stella Dallas› et ‹The Wedding Night›). In: «Positif» Nr. 163. November. Paris 1974.

Ernesto Serebrinsky/Oscar Garaycochea: Vincente Minnelli interviewed in Argentina. In: «Movie» Nr. 10. Juni. London 1963.

Mark Shivas: Minnelli's Method. In: «Movie» Nr. 1. Juni. London 1962.

Jacques Siclier: Le cinéma feminin d'Ida Lupino. In: «Les Cahiers de la Cinémathèque» Nr. 28. Perpignan 1979.

Douglas Sirk: L'Homme au violoncelle, nouvelle. In: «Cinema» Nr. 3. August. Zürich 1978.

Robert E. Smith: Love Affairs That Always Fade. In: «Bright Lights» Nr. 6. Winter. London 1977/78.

Jane Stern: Two Weeks in Another Town. In: «Bright Lights» Nr. 6. Winter. London 1977/78.

Michael Stern: Interview with Douglas Sirk. In: «Bright Lights» Nr. 6. Winter. London 1977/78.

Michael Stern: Patterns of Power and Potency, Repression and Violence. Sirk's Films of the 1950s. In: «The Velvet Light Trap» Nr. 16. Cottage Grove 1976.

Yann Tobin: John M. Stahl. In: «Positif» Nr. 220/221. Juli–August. Paris 1979.

Jean-Paul Török: Minnelli existe, j'ai vu tous ses films et je l'ai rencontré. In: «Positif» Nr. 180. April. Paris 1976.

Gerry Turvey: The Moment of It Always Rains on Sunday. In: «Framework» Nr. 9. Winter. London 1978/79.

Christian Viviani: Qui est sans péché? Le mélo maternel dans le cinéma américain des années 1930–39. In: «Les Cahiers de la Cinémathèque» Nr. 28. Perpignan 1979.

Christian Viviani: Margaret Sullivan: Un visage dans la foule (Frank Borzage). In: «Positif» Nr. 183/184. Juli–August. Paris 1976.

Christian Viviani: Joan Crawford 1930–1939. Joan Crawford Superstar. In: «Positif» Nr. 215. Februar. Paris 1979.

Christian Viviani: «Tout le monde veut être dieu, dans ce métier!» (Sur Joseph Ruttenberg). In: «Positif» Nr. 142. September. Paris 1972.

Michael Walker: Claude Chabrol into the Seventies. In: «Movie» Nr. 20. London 1975.

Sheila Whitacker: It Always Rains on Sunday (Part II). In: «Framework» Nr. 9. Winter. London 1978/79.

Paul Willemen: Distanciation and Douglas Sirk. In: «Screen» Nr. 2. Sommer. London 1971.

Paul Willemen: Towards an Analysis of the Sirkian System. In: «Screen» Nr. 4. Winter. London 1972/73.

Don Willis: Fritz Lang: Only Melodrama. In: «Film Quarterly» Nr. 2. Winter. Berkeley 1979/80.

George Zuckerman on Sirk. In: «Bright Lights» Nr. 6. Winter. London 1977/78.

George Zuckerman, Sohn des 20. Jahrhunderts. Rock Hudson erzählt von Robert Stack. In: «Cinema» Nr. 3. August. Zürich 1978.

Albert Zugsmith on Sirk. In: «Bright Lights» Nr. 6. Winter. London 1977/78.

Register der Filmtitel

Kursive Seitenzahlen verweisen auf Abbildungen

Personenregister

Das Register bezieht sich auf den Text. Nicht aufgenommen wurden die Namen aus der Filmografie. *Kursive Seitenzahlen verweisen auf Abbildungen.*

Filmbücher für alle, die schon immer wissen wollten, warum sie das «gewöhnliche» Kino so lieben

Grundlagen des populären Films

Programm Roloff und Seeßlen

Kino, das ist Faszination, Traum und Vergnügen. Das Kino spiegelt unsere Ängste und Wünsche. Das Kino entführt uns aus der Alltagswirklichkeit und ist doch zugleich ein Kommentar zu ihr. Das Kino verstehen heißt deshalb auch, die Gesellschaft und unsere Rolle in ihr verstehen.

Der populäre Film ist die Form des Kinos, die Unterhaltung für alle bieten will. Er bedient sich dazu bestimmter Genres. Sie werden hier zum erstenmal systematisch erschlossen: ihre Geschichte beschrieben, ihre Merkmale erklärt und ihre sozialen Bezüge ermittelt.

1 Western-Kino
Geschichte und Mythologie
des Western-Films
(7290 / DM 7,80)

2 Kino des Phantastischen
Geschichte und Mythologie
des Horror-Films
(7304 / DM 7,80)

3 Der Asphalt-Dschungel
Geschichte und Mythologie
des Gangster-Films
(7316 / DM 8,80)

4 Kino des Utopischen
Geschichte und Mythologie
des Science-fiction-Films
(7334 / DM 9,80)

5 Kino der Angst
Geschichte und
Mythologie des
Film-Thrillers
(Juli '80)

6 Kino der Gefühle
Geschichte und Mythologie
des Film-Melodrams
(September '80)

7 Ästhetik des erotischen Kinos
Geschichte und Mythologie
des erotischen Films
(November '80)

8 Mord im Kino
Geschichte und Mythologie
des Detektiv-Films
(Januar '81)

9 Der Abenteurer
Geschichte und Mythologie
des Abenteuer-Films
(März '81)

10 Klassiker der Filmkomik
Geschichte und
Mythologie des
komischen Films
(Mai '81)

rororo sachbuch

FOTO, VIDEO UND FILM in der Praxis

Diese Bücher vermitteln die notwendigen technischen Kenntnisse, fördern aber auch den Mut zur individuellen Auseinandersetzung mit der Wirklichkeit und führen weg von der Versuchung, bestehenden «professionellen» Normen nachzueifern.

Lechenauer, Gerhard
Filmemachen mit Super 8
Arbeitspraxis, Technische Grundlagen, Geräte. Erfahrungsberichte zu drei Super 8-Filmprojekten.
(7069)

Lechenauer, Gerhard
Videomachen
Technische Grundlagen, Geräte, Arbeitspraxis.
(7182)

Lechenauer, Gerhard (Hg.) u.a.
Alternative Medienarbeit mit Video und Film
(7184)

Kuball, Michael
Familienkino
Geschichte des Amateurfilms in Deutschland.
Band 1: 1900–1930 (7186)
Band 2: 1931–1960 (7187)

Paech, Joachim / Silberkuhl, Anne (Hg.) u.a.
Foto, Video und Film in der Schule
Didaktische und pädagogische Voraussetzungen, technische Grundlagen, Geräte, Arbeitspraxis, Organisation.
(7183)

Richter, Peter-Cornell
Fotografieren
(7185)

«Familienkino» ist nicht nur interessant für Hobbyfilmer; es dokumentiert ein Stück deutscher Geschichte aus ungewohnter Perspektive: die von Amateuren durch das Objektiv ihrer Kamera.

Bis Ende 1980 werden voraussichtlich noch folgende Bände erscheinen:

Richter, Peter-Cornell
Kinder fotografieren – Fotografieren mit Kindern

Lustig, Peter
Vertonen
Der Ton zu den Bildern:
Dia, Film und Video

Lechenauer, Gerhard
Filmemachen mit 16 mm
Technische Grundlagen, Geräte, Arbeitspraxis, Erfahrungsberichte.

«Eine Reihe, die als Einheit aufgefaßt werden kann . . . Es gibt nichts Besseres auf diesem Gebiet: Praxis-Bücher, die nicht nur Tips und Tricks verbreiten, sondern auch das Selbstverständnis von Foto-, Film- und Videoarbeit diskutieren . . . Besseres muß erst noch geschrieben werden!»
(aus «filter», Mai 1980)

Film lexikon

Film als Kunst
Film als Unterhaltung
Film als Sprache
Film als Mythos
Film als Ware
Film als Handwerk
Film als Technik
Film als Industrie
Alles über Film

Filmbeispiele, Genres, Länder, Institutionen, Technik, Theorie

Regisseure, Schauspieler, Kameraleute, Produzenten, Autoren

Herausgegeben
von Liz-Anne Bawden
Edition der
deutschen Ausgabe
von Wolfram Tichy

Taschenbuchausgabe
in 6 Bänden
rororo handbuch
6234/DM 49,–
Jeder Band ist auch
einzeln zum Preis von
DM 9,80 erhältlich.

Das rororo Filmlexikon erfaßt in 3000 Stichwortartikeln das Medium weltweit und in allen seinen Aspekten – als Kunstform und Unterhaltungsware, als Technologie und Industrie – von den Anfängen bis heute. Kein anderes Nachschlagewerk in deutscher Sprache bietet dem Filminteressierten mehr Informationen.

Die **Bände 1–3** behandeln
– etwa 800 Filme mit künstlerischer, kommerzieller oder historischer Bedeutung

– Bewegungen, Stile und Genres, wichtige theoretische und kritische Arbeiten, gesellschaftspolitische Rahmenbedingungen (Zensur, Propaganda)
– Produktionsfirmen und Filmländer
– technische Entwicklungen und Verfahren

Die **Bände 4–6** beschreiben die wichtigsten Personen der Filmgeschichte und -gegenwart:
– Schauspieler, Regisseure, Kameraleute
– Produzenten, Kritiker,

Theoretiker
– Drehbuchautoren, Komponisten, Designer.

Bibliographische Hinweise zu jedem Stichwort und ein umfassendes Sach- und Filmregister mit allen erwähnten Filmen nach Verleih- und Originaltitel sowie ein vollständiges Personenregister machen das Lexikon auch zu einem Arbeitsbuch für alle, die sich mit Film professionell befassen.

FILMBÜCHER ZUM EINLESEN UND NACHLESEN

sachbuch rororo

Gregor, Ulrich/Patalas, Enno
Geschichte des Films
Bd. 1: 1895–1939 (6193)
Bd. 2: 1940–1960 (6194)

Jeder, der im Kino oder Fernsehen auf klassische Filme und wichtige Regisseure trifft, kann mit dieser Geschichte des Films sein Verständnis des Einzelwerks vertiefen und Zusammenhänge erkennen lernen. Dokumentation und Nachschlagewerk zugleich.

Filmlexikon
Herausgegeben von Liz-Anne Bawden
Edition der deutschen Ausgabe von Wolfram Tichy
Taschenbuchausgabe in 6 Bänden
(rororo handbuch 6234)
Jeder Band ist auch einzeln erhältlich.
Die Bände 1–3 behandeln:
– etwa 800 Filme mit künstlerischer, kommerzieller oder historischer Bedeutung.
Bewegungen, Stile und Genres, wichtige theoretische und kritische Arbeiten, gesellschaftspolitische Rahmenbedingungen (Zensur, Propaganda)
– Produktionsfirmen und Filmländer
– technische Entwicklungen und Verfahren.
Die Bände 4–6 beschreiben die wichtigsten Personen der Filmgeschichte und -gegenwart:
– Schauspieler, Regisseure, Kameraleute
– Produzenten, Kritiker, Theoretiker
– Drehbuchautoren, Komponisten, Designer.

Monaco, James
Film verstehen
Kunst – Technik – Sprache
Geschichte und Theorie des Films
(6271) Oktober '80

„Film verstehen" schlüsselt alle Aspekte des Mediums und ihre Beziehungen zueinander auf. Anschaulichkeit der Vermittlung, Sorgfalt der Bebilderung und Klarheit des Erkenntnisinteresses machen selbst schwierige Sachverhalte
– wie Filmtechnik oder Semiotik des Films – ohne Vorkenntnisse zugänglich.

ANDERS sachbuch rororo REISEN

die anderen Reisebücher
für alle
die eine konsumgerechte Touristenwelt
satt haben,
die neugierig sind auf die Stadt oder das Land
hinter den Kulissen des Fremdenverkehrs,
die den anderen Alltag aufspüren und seine
Geschichte kennenlernen wollen,
die ihre Erfahrungen mit politisch-sozialen
Konflikten erweitern und Gleichgesinnte
treffen wollen,
die Interesse haben an Kultur von unten oder
Gegenkultur,
die mit wenig Geld viel erleben wollen.

Die ersten Bände:

Tips und Tricks für Tramps und Travellers
anders reisen 7501

London
anders reisen 7502

Berlin
anders reisen 7503 / Sept. 80

Kopenhagen
anders reisen 7504 / Febr. 81

USA
anders reisen 7505 / März 81

ist ein jährlich erscheinendes Magazin der populären Musik

«Ein unterhaltsames und kritisches Jahrbuch der Rockmusik» *Nürnberger Nachrichten*

«Pubertäres Geschwätz» *Neue Zürcher Zeitung*

«Ich wüßte nicht, wie man es hätte besser machen sollen.» *Badische Zeitung*

«Gute Bücher zur Rock- und Popmusik sind spärlich gesät. Rock Session ist eins.» *Saarländischer Rundfunk*

Rock Session 1 (rororo sachbuch 7086)
Schwerpunkt: Regionale Musik
Hg. Jörg Gülden/Klaus Humann

Rock Session 2 (rororo sachbuch 7156)
Schwerpunkt: New Wave
Hg. Jörg Gülden/Klaus Humann

Rock Session 3 (rororo sachbuch 7270)
Schwerpunkt: Außenseiter
Hg. Klaus Humann/
Carl-Ludwig Reichert

Rock Session 4 (rororo sachbuch 7358)
Schwerpunkt: 80-er Rock
Hg. Klaus Humann/Carl-Ludwig Reichert

981/2

Siegfried Schmidt-Joos / Barry Graves

« . . . die bisher lesbarste und am gründlichsten recherchierte Übersicht über die Rockmusik, die es bisher in irgendeiner Sprache gibt.»
Westdeutsche Allgemeine

Dieses Rock-Lexikon führt Fans und Verächter durch das Labyrinth der Rock-Szene. Einleitende Essays zeichnen die verschlungenen Wege der musikalischen Entwicklung vom Rock 'n' Roll bis zum Pop-Jazz nach, informieren faktensicher und kritisch über 15 Jahre Musikexplosion. Vierhundert stilprägende Musiker und Gruppen werden ausführlich in Einzelartikeln vorgestellt: Wo kommen sie her, wann, mit wem und was haben sie gespielt, was sagen sie selbst und die Kritiker über ihre Musik, welches sind ihre wichtigsten Stücke, und was wollen sie mit ihren Texten ausdrücken, welche Platten haben sie eingespielt.

(rororo handbuch 6177)

aktualisiert und erweitert 150 neue Biographien

SCHACH FÜR ANFÄNGER & KÖNNER

Siegbert Tarrasch

Das Schachspiel

Systematisches Lehrbuch
für Anfänger und Geübte
(rororo sachbuch 6816)

Bobby Fischer

Bobby Fischer lehrt Schach

(rororo sachbuch 6870)

Aleksandr Rosal
Anatolij Karpov

Schach mit Karpov

Leben und Spiele des Weltmeisters
(rororo sachbuch 7149)

J. N. Walker

Juniorschach Anfangen mit Schach

Vom Brett zum Spiel
in einfachen Schritten
(rororo sachbuch 7291)

J. N. Walker

Juniorschach Die ersten Züge

Eröffnungsspiele spielend gelernt
(rororo sachbuch 7144)

J. N. Walker

Juniorschach Angriff auf den König

Mittelspiele spielend gelernt
(rororo sachbuch 7145)

Alan Phillips

Juniorschach Der Schachlehrer

Grundkurs für ehrgeizige Spieler
(rororo sachbuch 7311)

Simon Webb

Schach für Tiger

Gewinnen mit allen Mitteln
(rororo sachbuch 7383)
(Dezember 1980)